PROFESSEUR LECA

CHIRURGIEN DU CŒUR

Ouvrage publié sous la direction de
Véronique de BURE

Elizabeth Drévillon

PROFESSEUR LECA
CHIRURGIEN DU CŒUR

Editions Anne Carrière

Du même auteur :

Dans l'enfer du Pérou, Tsuru, Paris, 1990.

Cet ouvrage comporte un cahier photos
en couleurs hors-texte de 16 pages.

ISBN : 2-84337-216-X

www.anne-carriere.fr

A Yvonne et Jacques,
et à Raymonde et Paul.

« La vraie générosité envers l'avenir consiste à tout donner au présent. »

Albert Camus, *L'Homme révolté*.

– Aorte clampée, sauce en route. Maintenant, le cœur va s'arrêter, voilà, c'est bon... Oh ! là, elle est à perpette, cette branche pulmonaire ! Ça ne va pas être facile de l'attraper... Eric ! J'ai de la buée sur mes lunettes, peux-tu faire quelque chose ?

Eric, un grand gringalet décontracté et toujours le sourire aux lèvres, se tient à une certaine distance du champ opératoire. Infirmier, il ne porte pas de casaque stérile et ne peut donc s'approcher trop près. Courbée en arrière, Francine lui tend son visage. Prestement, il lui ôte ses lunettes et les frotte avec une compresse. Elle s'impatiente :

– Alors, ça vient ?

– Voilà, voilà, c'est bon, madame, elles sont propres.

Après une autre contorsion, elle récupère ses « yeux ».

– Zut, c'est pire !

– C'est peut-être parce que j'ai mis trop d'alcool. Il faut attendre quelques secondes.

– Tu as raison, ça va mieux, ça s'évapore. Bon, revenons à nos moutons.

Au bloc opératoire, Francine se bat avec une artère pulmonaire. En face d'elle se trouve Wassim, un jeune chirurgien d'origine syrienne. Elle le considère un peu comme son second, il faut dire qu'il est arrivé « tout petit dans son service » et qu'elle l'a formé. A ses côtés, il y a un interne et, en face de lui, une instrumentiste. Dans la salle d'opération, une dizaine de personnes s'activent : anesthésistes, infirmiers anesthésistes, infirmières de bloc – appelées, dans le jargon, des « panseuses circulantes » –, le pompiste – le technicien en charge de la circulation extracorporelle, la machine cœur-poumons artificiels – et son aide.

– Wassim, il va falloir construire un tube pour remplacer la branche pulmonaire droite qui n'existe pas. Dis-moi, est-ce que tu as regardé, avant de commencer, quel est le calibre théorique ? 7, 8... ?

– C'est du 8, répond Wassim.

Pour construire ce tube, elle a donc besoin d'une bougie de calibre 8, d'une ficelle, de papier et d'un crayon, des instruments stériles que lui tend l'instrumentiste. Ici, c'est comme de la couture : sur le papier, elle dessine un patron et la pièce de péricarde animal est ensuite découpée aux cotes requises. La pièce adéquate à la main, elle la suture pour en faire un tube qu'elle met en remplacement de la branche pulmonaire. Les gestes sont délicats et précis, tout est au millimètre près. Dans le bloc, on n'entend plus que le bruit des appareils respiratoire et d'anesthésie. Le moment est critique : un moindre dérapage et ce peut être la catastrophe, la déchirure et l'hémorragie. Une fois la branche réparée, la communication anormale entre les deux ventricules sera fermée à l'aide d'un petit patch rond de péricarde de cheval, cousu à points séparés.

Francine s'adresse ensuite à son interne, le deuxième aide placé à sa droite. L'intervention, c'est aussi, pour ce professeur, le moment du cours et du compagnonnage.

– Tiens-moi ce fil avec douceur, prends appui pour ne pas bouger, je sens ta main trop dure, tu n'es pas assez concentré. Je sais que c'est ingrat de faire si peu de chose pendant toutes ces heures, mais c'est ainsi que l'on se forme au métier de chirurgien. Tu dois avoir de la patience, de la concentration, et beaucoup d'abnégation. C'est comme ça, c'est le métier. Bon, alors, qu'est-ce que ça donne ? Bien, cela me paraît parfait. J'ai toujours dit que ce n'était que de la couture et de la plomberie... Attention, maintenant c'est la minute de vérité.

Puis, s'adressant au pompiste :

– Régis, je déclampe l'aorte. Aorte déclampée. Eh bien, voilà, tac, tac, tac, il repart comme un grand.

Soudain, le cœur se met à ralentir, et un bip sonore retentit dans la salle. Francine jette un œil sur le scope. En fait, le cœur est reparti mais le rythme est trop faible, la pression artérielle ne monte pas. Autour d'elle, c'est subitement le brouhaha. Une agitation. Elle, qui ne supporte pas ce genre d'attitude, rétablit très vite l'ordre.

– On ne parle pas tous en même temps, s'il vous plaît, on se calme. Je vais donner une pression aortique, patience, ça va aller.

Dans le bloc, tout le monde retient son souffle et tous les regards sont rivés sur le scope où sont affichés, en rouge et vert, les chiffres de l'électrocardiogramme et de la pression artérielle. Ce sont les chiffres de la vie. Crispé, Wassim regarde Francine. Elle semble sereine, elle est calme, mais il sait que ce n'est qu'une apparence, qu'à l'intérieur son cœur bat plus vite, que l'angoisse est là. Pourquoi ? Parce que c'est la vie qui est en jeu et que si le cœur réparé n'est pas suffisamment efficace, l'enfant va mourir, là, sur la table, sans qu'elle puisse faire quoi que ce soit. Il sait aussi qu'elle se bat contre elle-même. Combien de fois ne lui a-t-elle pas dit qu'il fallait refouler ses sentiments d'angoisse, de peur, d'affectivité, de responsabilité, éviter de trop penser aux parents, sinon on n'avance plus ? Combien de fois ne lui a-t-elle pas dit : « Wassim, nous devons avant tout être le meilleur technicien possible, tu ne dois penser qu'à une chose : tout faire pour que l'affaire se termine bien. Tu dois perpétuellement avoir du sang-froid, ne l'oublie jamais. »

Du sang-froid, au vu de l'atmosphère dans la pièce, tout le monde s'efforce d'en avoir. Petit à petit, le calme revient mais la tension reste élevée. Derrière les dos, certains doigts se croisent pendant que l'anesthésiste s'affaire. Puis, soudain, sur le scope, les chiffres remontent. Doucement, le rythme cardiaque est redevenu normal. C'est le soulagement.

Le coup de chaud terminé, Francine regarde son second. Sous son masque, on ne voit pas son sourire mais on le devine dans ses yeux. Une opération de plus, des angoisses accumulées, mais aussi un succès.

– Bon, tu refermes, il n'y a plus rien à craindre, vous m'appelez quand vous le sortez. Merci à tous.

En quittant le champ opératoire, elle ne peut s'empêcher de se dire, comme souvent, et cela malgré les sueurs froides : « C'est complètement génial de faire d'un enfant malade un enfant bien portant. C'est une motivation nécessaire et suffisante. »

1.

Elève moyenne, peut mieux faire

La nuit enveloppe progressivement l'hôpital Necker-Enfants malades. Dehors, le parking s'est vidé. Les unes après les autres, les lumières s'éteignent et les stores se baissent. A l'arrière du bâtiment Sèvres, côté bureaux, la façade est mouchetée de points lumineux. Il est plus de 20 heures, mais ils sont encore nombreux, médecins, infirmières, aides soignantes, à s'activer dans les bureaux, les chambres et les couloirs. Au deuxième étage, la quatrième fenêtre, en partant de la gauche, renvoie dans la nuit sa lumière blanche. Elle émane d'une pièce chaleureuse, composée d'un canapé de cuir vert, d'une table de marbre noir, de trois fauteuils en tissu noir et de multiples cadres qui donnent de la vie aux murs blancs. Les jambes allongées sur son bureau pour les reposer, encore vêtue de son pyjama vert de chirurgien, recouvert d'une blouse blanche, le téléphone collé à l'oreille, le Pr Leca écoute patiemment son interlocuteur. Derrière une paire de drôles de lunettes rondes en écaille jaune et marron, les yeux sont brillants, le regard attentif et expressif. Le visage est allongé et concentré.

– Je vous assure, monsieur Lorca, tout se passera bien.

Professeur Leca, chirurgien du cœur

A soixante-quatre ans, Francine Leca, cheveux blancs, stature élancée et élégante, dirige aujourd'hui le service de chirurgie cardiaque pédiatrique de l'hôpital Necker. A l'autre bout du fil, elle s'efforce de rassurer le père d'un de ses petits malades. Son fils de trois ans sera opéré dans quelques jours. Elle lui a déjà dit qu'il n'avait pas à s'inquiéter, que la malformation était réparable, mais c'est plus fort que lui, il a besoin qu'elle le lui redise. Il sait que sa réputation n'est plus à faire, que son petit garçon est entre de bonnes mains, mais le cœur, c'est la vie, et le sien battra de plus en plus vite tant que l'opération n'aura pas eu lieu.

Chirurgien depuis trente-sept ans, professeur depuis vingt-trois ans et chef de service depuis treize ans, elle a, tout au long de sa carrière, fonctionné ainsi : répondre aux inquiétudes des parents, être toujours là pour eux, à l'écoute de leurs attentes, pour les soutenir, les aider, les soulager, leur donner de son temps afin d'apaiser leurs craintes, et cela, quels que soient l'heure et le jour.

Tout en écoutant son interlocuteur, elle laisse les doigts de sa main droite pianoter sur sa jambe. En dehors de son « casque blanc », ce sont ses mains que l'on remarque. Elles sont nues, soignées, avec des doigts longs et carrés au bout. De ces mains, qui sont l'outil majeur de sa profession, peuvent dépendre l'échec ou la réussite. Elles sont la baguette qui rythme les symphonies, les concertos et, parfois, à son corps défendant, certains requiems.

Depuis dix minutes qu'elle l'écoute, les questions posées par ce père inquiet sont toujours les mêmes. Elle lui a pourtant bien expliqué les choses, la veille, en consultation, mais ça ne suffit pas. Son fils est son unique enfant. Alors, il continue. Et c'est comme un vieux disque rayé qui fait sauter l'aiguille du gramophone : n'y a-t-il vraiment pas d'autre solution que de l'opérer ? Et si on ne l'opère pas, va-t-il mourir ? Est-ce que c'est grave ? Est-ce qu'il vivra ? Et après l'opération, aura-t-il une vie normale ? Et combien de temps durera l'intervention ? Si la voix des questions est angoissée, celle des réponses est plus douce, plus tranquille, car à l'angoisse de ce père, elle doit opposer le calme et la solidité de la personne qui sait, et entre les mains de laquelle il a placé l'avenir de son enfant. Et comme les questions, les réponses se répètent, toujours les mêmes : oui, la malformation est grave. Oui, il faut opérer vite. Oui, c'est une chirurgie importante. Oui, il mourra si l'on ne fait rien. Oui, il a beaucoup de chances de guérir et de guérir complètement si l'on opère. L'opération durera une demi-journée, et après, il y aura la réanimation pendant plusieurs jours. Et ce n'est qu'à sa sortie de réanimation que nous pourrons être vraiment rassurés. La dernière phrase aussi se répète : « Ne vous angoissez pas trop. »

Il s'excuse de l'avoir dérangée, il n'aurait pas dû. Une fois encore, elle rassure : il se trompe de dire cela ; au contraire, il a eu raison d'appeler.

– Je vous ai toujours dit que ma porte était ouverte, vous pouvez venir me voir ou me téléphoner quand vous le souhaitez, je serai toujours là pour vous. N'ayez pas peur.

– Merci de m'avoir écouté... Bonsoir, professeur.

Après avoir raccroché, elle prend sa tête entre ses mains. Ce fut une journée difficile. Elle a passé près de huit heures au bloc. Une journée où, comme le dit un de ses collègues chirurgiens, on lui a demandé, une fois de plus, « de monter en haut de l'Everest sans tomber ». Une journée où elle a passé son temps, hors bloc opératoire, à rassurer, à mettre en confiance. Parce qu'en médecine, l'angoisse est souvent alimentée par l'ignorance. Lorsqu'on a mal quelque part, mais que l'on sait que ce n'est pas grave, on supporte la douleur. Mais si l'on a mal et que l'on a peur que cela soit grave, alors la douleur devient intolérable ; ce ressenti est identique pour la douleur psychologique. Et l'appel de ce père est le reflet de cette douleur.

Après avoir refermé les dossiers étalés sur son bureau, elle retire sa blouse, passe dans son cabinet de toilette, troque son uniforme d'hôpital contre un tailleur, puis éteint les lumières.

Il est 21 h 30. A cette heure-ci, le couloir est vide et calme. Le service s'est endormi. Dans la salle des infirmières, le personnel de nuit vient de prendre son service. En passant, elle leur fait un signe :

– Bonsoir, Juliette ; bonsoir, Catherine.

– Bonsoir, madame. A demain.

*

« C'est une enfant qui a toujours aimé diriger. Elle était même un peu rebelle. Elle était et elle est restée gaie, volontaire et réfléchie. C'était un chef de bande, elle l'est toujours un peu, d'ailleurs. » Pour Yvonne, surnommée affectueusement « Boman » par la famille, pas besoin de longs discours pour évoquer sa fille Francine. Ces quatre phrases la résument bien telle qu'elle est encore aujourd'hui, et sans doute telle qu'elle sera dans l'avenir. Car, à soixante-quatre ans, on ne se refait pas.

Francine Leca est née le 20 mai 1938, à Neuilly-sur-Seine, en banlieue parisienne, d'une mère belge, Yvonne

Dutrieux, qui avait vingt ans, et d'un père corse, Jacques Leca, qui en avait vingt et un. Elle est l'aînée de trois enfants. Entre elle et ses frères Yves et Philippe, il y a cinq et quatorze ans d'écart. Cette même année 1938, hasard ou pas, outre la venue au monde de celle qui allait devenir la première femme chirurgien cardiaque en France, naissait aux Etats-Unis la chirurgie cardiaque : c'est en effet cette même année, le 13 août 1938, qu'un Américain du nom de Robert E. Gross pratique pour la première fois une opération non pas à l'intérieur du cœur, parce qu'on ne sait pas encore l'arrêter, mais à l'extérieur de celui-ci. C'est ce qu'on appellera une « opération à cœur fermé », en opposition à l'opération pratiquée « à cœur ouvert », qui verra le jour des années plus tard. Au cours de cette intervention, Gross supprime un canal artériel qui relie l'aorte et l'artère pulmonaire. C'est une réussite, et un pas immense dans ce domaine.

Enfant pendant la guerre, elle se rappelle peu cette période de sa vie. D'ailleurs, de ses premières années, elle garde peu de traces : non pas qu'elle ait gommé de son conscient enfance et adolescence, mais parce que, tout simplement, et c'est de notoriété publique, elle n'a pas de mémoire.

Ses souvenirs d'enfance, ce sont essentiellement les vacances, des moments inoubliables de gaieté, de jeu et d'insouciance. Chaque année, au début de juillet, Jacques Leca entassait sa petite famille dans la Peugeot orange qui filait sur la route de la baie de Somme, destination le port du Crotoy. En dehors des bagages – il y en a tout de même pour deux mois –, il y avait Francine, son frère Yves, Yvonne, et grand-mère Dutrieux. Le Crotoy est un petit village portuaire des mers du Nord, rendu célèbre par les séjours qu'y effectuèrent nombre d'artistes, tels Toulouse-Lautrec, les impressionnistes Seurat et Sisley, sans oublier la grande Colette qui écrivit, s'imprégnant des lumières de la baie : « Ses ciels turquoise, égyptiens, cendre verte, cendre bleue... qui se mirent dans des chenaux oblongs parmi les sables blonds... »

Chenaux et sables blonds furent les premières vacances de Francine, les vacances d'après-guerre. Elle séjourna au Crotoy, les mois de juillet et août, de l'âge de huit ans à l'âge de quatorze ans, très précisément au 56 de la rue Carnot, dans une petite maison blanche aux volets bleus, que Jacques louait chaque année. Levée à sept heures du matin, le petit déjeuner vite avalé, son barda sur le dos : sac, râteau, pelle, pull, filet de pêche, elle partait retrouver ses amis sur la plage. Il y avait là Bernard, son meilleur ami, Yves son frère, Francis et quelques autres dont elle ne se souvient plus des noms. Après avoir déposé ses affaires dans la cabine de bain blanche au liséré bleu, la pelle sur l'épaule, elle entraînait sa petite troupe à l'assaut de la mer et du sable. Physiquement, c'était une enfant assez carrée, grande, ni trop costaude, ni maigrichonne. « Malgré mes deux nattes qui flottaient dans mon dos, j'étais plutôt ce qu'on appelle un garçon manqué : très dynamique, pas toujours de caractère facile, et assez autoritaire. Finalement, j'étais, petite fille, ce que je suis adulte ! »

Suivant l'humeur du matin et les désirs de Francine, la bande élevait châteaux et murailles, ou creusait un trou dans le sable pour y mettre une énorme chambre à air que Jacques Leca, qui dirigeait à l'époque une petite affaire de tracteurs agricoles, avait offerte à sa fille. Pour creuser, si les copains étaient munis des simples pelles en plastique adaptées à leur jeune âge, Francine, elle, utilisait déjà une pelle en fer, une vraie pelle de chantier qui coupe et creuse bien. Le trou achevé, ce qui en général leur prenait une bonne partie de la matinée, ils jetaient la chambre à air à l'intérieur. Puis, les uns derrière les autres, ils sautaient dans le trou, rebondissaient sur les côtés de la chambre et, projetés en l'air, atterrissaient jambes pliées sur le sable. Le jeu durait des heures : c'était à celui qui réussirait le meilleur rebond.

A midi, la faim se faisant sentir, transis de froid – la température de l'eau atteignait à peine 16 degrés, et l'air matinal était plutôt frais –, les enfants rejoignaient leurs mères dans leurs cabines de bain. Là, une fois secs, et après avoir enfilé short et pull, ils avalaient de bon appétit sandwichs, gâteaux fourrés et autres gourmandises.

Quant aux après-midi, ils se déroulaient le plus souvent aux clubs sportifs de la plage. Il y en avait deux : celui de M. Deneu et celui de M. Podevin. Francine et ses amis appartenaient au premier. Là, ils s'adonnaient à la gymnastique, à la course à pied et au ballon prisonnier, ils grimpaient à la corde, jouaient au volley-ball et, surtout, ils se préparaient pour les compétitions lors desquelles ils affronteraient les équipes du club adverse. « A chaque compétition sportive, se remémore Yvonne, il y avait un lot à gagner, et Francine disait toujours, avant de commencer : “ C'est moi qui vais gagner et le lot sera pour moi. ” Et elle gagnait. Je me souviens d'un de ses trophées, c'était un immense crocodile gonflable. Elle s'est baladée tout l'été avec, il était aussi grand qu'elle mais elle l'emportait partout, elle en était très fière ! »

Lorsqu'elle repense à ces vacances, Francine se demande souvent pourquoi elle n'a pas été scoute, elle qui adorait les ouvrages de la collection Signe de piste et qui, en dehors des jeux de plage, entraînait ses camarades dans la reproduction de ce qu'elle avait lu dans ses livres. Pour mieux coller à la réalité, elle les avait même affublés de noms évocateurs, du style « Œil vigilant » ou « Taureau assis », et autres totems divers et variés.

Les vacances au Crotoy durèrent six ans. Par la suite, la famille a changé de lieu de villégiature : il y a d'abord eu Le Touquet, puis Knokke-le-Zoute, en Belgique. La Belgique, ce fut la période peinture : chevalet sous le bras, tubes et pinceau dans une mallette, elle partait des journées entières à Bruges, coucher sur la toile maisons et petits ponts, un peu à la façon d'Utrillo. Peindre, dessiner, notamment au fusain, fut et reste toujours une de ses passions; et si, aujourd'hui, sa vie beaucoup trop remplie l'empêche de s'y adonner autant qu'elle le souhaiterait, dans son adolescence, elle pouvait lui consacrer des heures entières. Enfin, après la Belgique, place au soleil : ce fut le Midi de la France. A partir de ses dix-huit ans, elle passera toutes les grandes vacances à la Tour Blanche, une maison que Jacques a achetée au bord de la mer, à Cavalaire; une tradition qui se perpétue encore aujourd'hui.

Si Francine est une grande sportive, si elle aime la compétition et se retrouve toujours première à la course, au grimper de corde et autres activités physiques, en ce qui concerne l'école, sans lui donner le bonnet d'âne, elle est ce qu'on peut appeler une élève moyenne : peu d'efforts, peut mieux faire. Tradition oblige, tout comme sa mère avant elle, Francine effectue sa scolarité chez les religieuses. Pour Yvonne comme pour Jacques, ce n'est pas un choix dicté par la religion. Certes, ils sont catholiques, mais peu pratiquants. L'école privée, c'est plus une question de meilleure préparation à l'avenir et de meilleurs résultats au bac : car chez les sœurs, on ne badine pas avec la morale, le travail et le sérieux. Bien sûr, le privé coûte plus cher, mais la société de matériel de travaux publics et de génie civil que Jacques a créée quelques années plus tôt marche bien, la famille est aisée, et l'argent n'est pas un problème. Les Leca ne font pas partie de la catégorie « grande famille, gants blancs et valets de pied », mais plutôt de ces bourgeois humanistes, dont les valeurs morales sont fondées sur l'homme, le devoir, l'obligation. Jacques a construit sa vie et celle de sa famille à force de travail, d'ingéniosité et de pugnacité, et si Yvonne descend, elle, d'une famille de naissance bourgeoise, lui n'oublie pas que son père était simple sous-officier greffier de l'armée. L'aisance dans laquelle vit la famille, c'est lui et lui seul qui la lui a offerte. Loin d'avoir dressé un plan de carrière pour ses enfants, et sans se l'avouer vraiment, il mise beaucoup sur sa fille dont il perçoit l'intelligence et l'éveil.

Cependant, l'élève Leca est loin de se projeter dans l'avenir : ce qui compte, c'est l'immédiat, et le sien consiste surtout à s'amuser, courir et jouer au ballon prisonnier. Apprendre, travailler, étudier, on ne peut pas dire que ça la motive vraiment. La discipline non plus. Et en cours, tandis que le professeur parle de Napoléon, racontant Austerlitz et Waterloo, la jeune Leca rêve à la composition de son équipe pour le prochain match de basket. Mais attention, ce n'est pas un cancre. D'ailleurs, sans se donner de mal, elle n'a jamais redoublé. Elle fait le strict minimum, juste ce qu'il faut pour passer dans la classe supérieure.

Enfant, les études n'étaient donc pas une passion, et entre la dépense physique et la dépense intellectuelle, elle avait choisi la première. Un jour, alors que toutes les élèves sont rentrées en cours, Francine continue de jouer au basket. S'apercevant soudain qu'il n'y a plus personne dans la cour, elle laisse tomber son ballon et se dirige d'un pas rapide vers le bâtiment principal. Arrivée devant la porte, impossible de l'ouvrir, les religieuses l'ont verrouillée. S'apercevant alors que la fenêtre des WC est restée ouverte, elle décide de rejoindre sa classe en passant par là. La voilà donc escaladant « sa porte de salut », toute fière d'elle et se croyant sauvée. Elle sort des toilettes, et là, surprise, les sœurs l'attendent. La scène a lieu à l'institut Barral, une école privée de Neuilly. Ni une, ni deux et sans passer par la classe, elle est amenée chez la mère supérieure. Le sermon est bref mais explicite : ses parents viennent d'être convoqués, elle est renvoyée du collège.

C'est que Francine n'en est pas à sa première incartade. Combien de fois a-t-elle été surprise en train de dessiner au lieu d'écouter le professeur, à rêvasser au lieu de travailler ? Dans ce collège où l'on ne plaisante pas avec la discipline et où l'on doit marcher au pas, les sœurs ne peuvent en supporter plus. On ne se moquera pas plus longtemps d'elles ni du sérieux de cet établissement. La collégienne ne dit rien mais n'en pense pas moins. Surtout, elle sent que son avenir tout proche risque d'être chaud.

Des années après, ce renvoi, elle ne le comprend pas vraiment : « Aujourd'hui, avec le recul, je me dis qu'elles avaient peut-être raison, et encore... Je n'ai pas eu l'impression d'avoir porté atteinte à leur rigueur, de les avoir outragées. C'est vrai que j'étais plus attirée par le sport que par les études, mais en même temps je n'étais pas si mauvaise élève que ça. Je crois que ce qui les agaçait, surtout, c'est que je ne voulais pas rentrer dans leur moule de petite fille modèle. J'étais nature, insouciante, je rêvais ct, surtout, jc vivais au jour le jour. En fait, le seul regret que j'ai par rapport à ces renvois, c'est d'avoir fait de la peine à mes parents ; je regrette uniquement pour cela ; pour le reste... »

Renvoyée de Barral... Ses parents ne vont pas apprécier. D'autant que ce n'est pas la première fois ; avant Barral, elle avait déjà été exclue de Sainte-Marie de Neuilly, et toujours pour le même motif : enfant dissipée, chahute au lieu de travailler. Elle a alors quinze ans. Sur le chemin de la maison, enfoncée sur son siège à l'arrière de la voiture, elle ne dit rien, pas plus que ses parents ne lui adressent la parole. « Nous étions très inquiets pour son avenir, se rappelle Yvonne. Elle avait quand même été renvoyée de deux collèges, son père était très en colère. Et je peux vous assurer qu'elle a passé de mauvais jours. »

Après ce renvoi, Jacques décide de prendre sa fille en main. Si jusqu'alors il n'a jamais sévi, cette fois-ci, il va le faire, et la punition ne se fait pas attendre : interdiction de sortir avec ses camarades et obligation de descendre tous les matins acheter le pain et le lait, et cela quel que soit le temps. Mais là n'est pas le pire : ce qui traumatise le plus Francine, c'est que son père ne lui parle plus. « Je me souviendrai toujours de sa colère, je ne l'avais jamais vu comme ça. Il ne me parlait plus, sauf pour me dire que j'étais une bonne à rien, une " B.A.R. ". Le matin, il me disait : " Bonjour B.A.R. " et le soir, c'était : " Bonsoir B.A.R. " Cela a duré des mois ! Je n'ai pas beaucoup de mémoire, mais cet épisode-là restera gravé, je m'en souviendrai toute ma vie. »

Heureusement pour Francine, le renvoi a lieu un mois avant les grandes vacances. Ses parents ont donc tout l'été pour lui trouver un autre collège. Mais qui acceptera une élève turbulente, indisciplinée, et loin de caracoler en tête de classe ? Qui acceptera une élève déjà renvoyée de deux établissements à la réputation irréprochable ? Si Jacques et Yvonne se font du souci, à l'approche des vacances, l'adolescente turbulente, elle, ne pense qu'aux amis qu'elle va bientôt retrouver. Et, comme d'habitude, les vacances se déroulent dans la joie, l'amitié et la grande liberté. Tandis qu'elle se défoule sur les plages du Nord, à Paris, Jacques et grand-mère Dutrieux passent une grande partie de leur temps à la recherche d'un collège qui accepte de prendre Francine. Et le 23 septembre 1953, quelques jours avant de quitter Le Touquet, elle reçoit une lettre de son père.

> *Ma chère petite Filou,*
>
> *Je te confirme que tu es admise en classe de seconde à l'institution Sainte-Clotilde-de-la-Tour. Je tiens à te signaler que nous avons eu beaucoup de peine à trouver un collège qui veuille bien te recevoir, ce qui n'est pas très grave, mais nous avons subi de très grosses humiliations dans les établissements que tu as fréquentés et dans ceux auxquels nous nous sommes adressés pour la rentrée* [...].
>
> *Je tiens à prendre ton avis avant de commencer cette année scolaire. Ou tu es d'accord pour rentrer à Sainte-Clotilde et y finir tes études suivant tes moyens intellectuels et avec la docilité et l'assiduité nécessaires, ou, ne te sentant pas capable de ces deux qua-*

> *lités, tu te refuses à faire un nouvel essai pour lequel le résultat ne serait pas certain ; je voudrais donc que tu choisisses, sans aucune espèce d'obligation de ma part, et que tu prennes vis-à-vis de moi un engagement. Je ne te pose aucune condition, je ne te promets aucune punition conditionnée à une réussite que je puis exiger. Je veux simplement qu'avec honnêteté, tu signes un contrat, et que tu en remplisses ta part.*
>
> *Tu sais que la rentrée des classes a lieu le 2 octobre et qu'il y a des quantités de démarches à faire pour ton inscription et pour la confection de ton uniforme. Prends le temps de réfléchir, et adresse-moi ta réponse au plus tôt. [...] La seule chose qu'il soit important de considérer, c'est la joie ou la peine que les parents peuvent avoir du succès ou de l'inconduite de leurs enfants.*
>
> *A bientôt, ma petite fille chérie. Et dans l'attente du plaisir de te lire, je t'embrasse bien affectueusement.*

Cette lettre, Francine la ressent comme un coup de poing dans l'estomac. Pour qui la prend-on ? Bien sûr qu'elle est capable de poursuivre ses études ! Et s'il faut signer ce contrat pour le prouver, eh bien, elle le signera. Ce n'est pas parce que sa conception de la vie déplaît aux religieuses qu'elle n'est pas intelligente et qu'elle est incapable de mener à bien son avenir. Et puis, elle s'en veut d'avoir fait de la peine à ses parents. On lui reproche de ne pas travailler, elle travaillera.

Et c'est ainsi que le 2 octobre 1953, elle entre en seconde à Sainte-Clotilde. « Là, se souvient sa mère, elle s'est vraiment mise à étudier. Mais elle a quand même continué à se rebeller, surtout à propos de l'uniforme : elle ne supportait pas d'en porter un, et pourtant, c'était obligatoire. De toute façon, ma fille a toujours eu une très forte personnalité, un très fort caractère, ce n'était pas le genre d'enfant à répondre oui lorsqu'on lui demandait de s'arrêter. Nous étions d'ailleurs obligés de nous fâcher. Ce caractère, elle l'a toujours, on ne contredit pas Francine, c'est vrai, même ses frères sont au garde-à-vous devant elle. »

Cette rébellion n'a rien à voir avec de l'agressivité ou de la révolte contre ses parents. Il s'agit plutôt d'une opposition générale aux choses, qui lui permet aussi d'affirmer sa personnalité. En fait, ce qu'elle ne supporte pas, c'est qu'on lui impose des situations sans avoir pris son avis et en avoir débattu avec elle. Elle est tout simplement comme tous les adolescents du monde, elle veut faire le contraire de tout ce qu'on lui dit, car elle est en opposition avec le carcan familial ; un carcan que, en même temps, elle respecte, et une famille qu'elle aime. « Cette opposition se traduisait par des choses banales, se rappelle-t-elle. Par exemple, si ma mère me disait de raccourcir mes jupes, vous pouvez être sûr que je les rallongeais ; c'était comme ça, c'est d'une grande banalité, tous les adolescents du monde ont cette attitude une fois dans leur vie. »

Toutefois, sans rien retirer de sa personnalité, la rebelle s'assagit un peu. Elle ne sera plus renvoyée et passera son baccalauréat à Sainte-Clotilde. Un bac qu'elle obtient sans trop forcer. Nous sommes en 1956 et elle vient tout juste d'avoir dix-huit ans. Dès la publication des résultats, la jeune fille, qui a décidé de faire médecine, s'est inscrite en PCB : Physique, Chimie, Biologie, l'année de préparation avant la fac. Après son inscription, alors qu'elle discute sur le trottoir avec son ami Bernard – celui du Crotoy, avec lequel elle faisait des châteaux de sable, des trous et construisait des avions –, un ami de ce dernier vient les rejoindre. Bernard fait les présentations :

– Georges Chetochine, Francine Leca.

Tout comme Francine, Georges vient de s'inscrire à la fac de sciences, située en face du Jardin des Plantes, mais en section MPC : Maths, Physique, Chimie. Il se destine à l'étude des mathématiques, même si, quelques années plus tard, il déviera vers le marketing. Si les jeunes gens ne se sont encore jamais rencontrés, Georges, lui, a déjà beaucoup entendu parler d'elle. D'abord par son ami Bernard, mais aussi chez lui, par ses parents. Leca, c'est un nom qui revient souvent à la maison, et pour cause : le père de Georges, qui possède une petite entreprise d'outillage, est l'un des fournisseurs du père de Francine. Les deux hommes se connaissent et se voient régulièrement, dans un cadre strictement professionnel, bien sûr.

Francine tient un Solex à la main. A l'époque, c'est son moyen de transport favori. Elle ne se déplace que comme ça, ses bouquins maintenus par deux tendeurs sur le porte-bagages, et, l'hiver, les oreilles couvertes de deux boules accrochées à un serre-tête, le tout couleur vert pomme, de quoi ne pas passer inaperçue. Remarquant le Solex, Georges lui demande s'il peut l'essayer et faire le tour du pâté de maisons ; d'abord étonnée, elle accepte. Au premier coup d'œil, elle lui trouve beaucoup de charme. Il faut dire que Jo est un garçon grand, élancé, un beau brun avec de grands yeux noirs, et qui parle bien.

« Il est parti faire son tour, et puis il est revenu, ravi de sa balade. Il me rend le Solex et là, je m'aperçois qu'il a perdu tous mes bouquins ! Mon sang n'a fait qu'un tour, je l'ai engueulé, et puis, la colère passée, nous avons ri, nous sommes allés boire une bière, et puis voilà, c'est comme ça qu'on tombe amoureux ! Et nous sommes véritablement tombés amoureux l'un de l'autre. »

Après l'aventure du Solex, Georges et Francine ne se quittent plus. Ils passent tout leur temps libre ensemble, week-ends, vacances, en poursuivant avec assiduité leurs études. Pour payer les siennes, Georges, dont la famille n'a pas les moyens de celle de Francine, travaille comme démonstrateur au palais de la Découverte, dans la salle de l'énergie atomique. Francine, qui vient régulièrement le chercher, est admirative quand elle le voit, dans sa blouse blanche, expliquer les atomes et les molécules aux visiteurs de tous âges. Parmi les charmes de Chetochine, en dehors de son côté « séducteur intellectuel », de son aisance dans le verbe, il y a également une profondeur, comme en atteste le désir qu'il eut, à un moment de sa vie, d'entrer au séminaire. A ce sujet, Francine demeure perplexe : « Je me suis souvent demandé... S'il ne m'avait pas rencontrée, serait-il vraiment devenu prêtre ? Je n'en suis pas sûre. D'ailleurs, je n'ai aucun souvenir d'être allée à l'église avec lui, sauf le jour de mon mariage ! »

Après son année de prépa, Francine entre à la faculté de médecine, rue des Saints-Pères. Dans le cadre de ses études, elle passe trois heures par jour, le matin, à l'hôpital Cochin, et devient ce qu'on appelle une « stagiaire ». Dès ses premiers pas dans le service de médecine générale, elle est séduite par l'atmosphère du lieu. Le milieu hospitalier l'attire et, de toute façon, depuis sa décision de faire médecine, elle veut devenir chirurgien ; donc, l'hôpital s'impose.

A la fin de sa première année, elle bûche le concours qui lui permettra de devenir externe des hôpitaux, un concours qu'elle n'a aucun mal à obtenir. A l'époque, pourtant, seulement le quart des étudiants deviennent externes.

Après s'être fréquentés pendant trois ans, Georges et Francine décident de se fiancer. Nous sommes en 1959. Pour Francine, fiançailles et mariage sont des concepts qui n'ont pas beaucoup de contenu. D'ailleurs, ce n'est pas elle qui souhaite cet engagement officiel, mais Jo. Pour elle, ce qui compte, c'est l'amour et la confiance que deux êtres se portent, les responsabilités qu'ils acquièrent l'un vis-à-vis de l'autre ; ce n'est pas une définition sociale. « Le mariage me paraissait quelque chose d'un peu inéluctable, mais ce n'est ni la parole devant monsieur le maire ou devant le curé qui engage un individu. Alors, fiançailles, mariage, pourquoi pas ? Mais j'estimais que nous avions le temps. » Jo, lui, considère en avoir un peu moins. Il sait qu'il va bientôt partir pour l'Algérie. Alors, s'ils pouvaient au moins se fiancer, ce serait bien.

Et en effet, à la fin de l'année, Jo est envoyé dans le Sud algérien. Sous-lieutenant dans les commandos parachutistes, il est chargé, avec son unité, d'arrêter les commandos FLN. 1959, c'est l'entrée en fonction du général de Gaulle, la nomination de Michel Debré comme Premier ministre, l'attentat contre François Mitterrand ; 1959, c'est aussi le rapport d'un jeune énarque, Michel Rocard, qui dénonce les regroupements de population en Algérie, une technique consistant à rassembler les gens en des lieux contrôlés par l'armée et à décréter le reste du territoire « zone interdite », faisant ainsi de toute personne qui s'y trouve un « rebelle ». Et ce sont, entre autres, ces rebelles-là que les commandos parachutistes de Georges sont chargés d'arrêter. Selon Michel Rocard, il y aurait environ un million de personnes regroupées dans des camps, en majorité des femmes et des enfants, vivant dans des conditions misérables.

Les regroupements, les opérations de police, les assassinats, les exactions, la guerre, toute la France en parle, des usines aux lycées, des bureaux aux maisons, mais aussi dans les salles de garde, qui voient chaque jour leur personnel masculin se réduire comme une peau de chagrin. Les uns après les autres, les jeunes étudiants en médecine tout juste âgés d'une vingtaine d'années partent pour l'Algérie où ils seront médecins militaires, pour les plus anciens, ou infirmiers.

En dehors de Jo, à qui elle envoie régulièrement lettres et colis, Francine voit également ses copains partir chacun leur tour de l'autre côté de la Méditerranée. Elle sera d'ailleurs la marraine de guerre de Mario, un de ses meilleurs amis. Même si elle n'est pas, loin s'en faut, indifférente à la situation, il reste que la guerre d'Algérie n'est pas une préoccupation majeure pour la jeune fille, déjà complètement absorbée par ses études. La médecine est devenue une véritable passion et elle s'y adonne avec fougue. Malgré tout, les lettres qu'elle reçoit de Jo et de Mario la ramènent régulièrement à la réalité du conflit. Des lettres où, à chaque ligne, les deux hommes lui dépeignent leur vision de cette guerre, parlant d'horreur, de massacres, d'embuscades et de leur peur quotidienne. Et de semaine en semaine, les lettres qui se suivent rapportent des nouvelles de plus en plus inquiétantes.

« Lorsque je dis que la guerre n'était pas ma préoccupation première, je veux dire que je n'étais pas partisane, que je n'étais pas une pasionaria politique comme l'étaient certaines femmes engagées, que je ne parlais pas des " salauds de Français " qui vont faire une guerre coloniale chez les " pauvres Algériens ", ni des " pauvres Français " qui se font rôtir les orteils par les fellaghas. Moi, j'ai toujours considéré que dans la guerre, et quelle que soit cette guerre, les deux partis ont tort. La guerre est une connerie absolue, mais l'être humain ne peut pas s'en passer, ça doit être inscrit dans les gènes. L'Algérie, c'était une guerre horrible, j'en étais consciente, je savais que ce qui se passait là-bas était grave, et je comprenais, comme beaucoup de jeunes, le désir et la soif d'indépendance des Algériens ; tout comme je comprenais aussi que les pieds-noirs, qui vivaient là-bas depuis des générations, ne voulaient pas perdre la terre qu'ils avaient travaillée. Je dois avouer, très égoïstement, que je n'ai jamais pris parti, et que mes études étaient, de très loin, la chose la plus importante à mes yeux. »

Outre les lettres qu'il lui envoie, Jo arrive de temps à autre – mais très rarement, car sur le terrain la situation se dégrade de jour en jour – à obtenir une permission. Une fois à Paris, il ne pense qu'à une chose : retrouver sa fiancée. De plus en plus, Jo souhaite qu'ils se marient, mais la guerre s'éternise. Et si la jeune femme ne court pas après le mariage, l'absence de Georges lui pèse, même si elle ne se sent pas l'âme d'une femme de marin. Au bout de vingt-huit mois d'Algérie, une blessure à la jambe signe pour le sous-lieutenant Georges Chetochine la fin de la guerre.

Jo reprend ses études. Francine poursuit les siennes, avec un objectif précis : elle sera chirurgien. Si elle a décidé de faire médecine, c'est dans ce seul but, même si, pour l'instant, elle n'en a parlé à personne. La chirurgie, elle en est sûre, c'est le métier qui lui correspond, et cela pour plusieurs raisons : tout d'abord, soigner les autres, c'est sa motivation principale ; mais pourquoi les soigner de cette façon « agressive » ? Parce que, explique-t-elle, la chirurgie, c'est la médecine du maître d'œuvre. Mais c'est aussi la médecine de l'impatience, et Francine est une impatiente de la vie. La chirurgie, c'est la médecine qui tranche et qui reconstruit, au propre comme au figuré. Et puis, il y a cette fascination qu'elle a toujours eue pour le travail manuel, pour la gestuelle du bon ouvrier : « Sur le marché, je peux rester dix minutes à regarder un poissonnier préparer des coquilles Saint-Jacques : en quelques secondes, la coquille est ouverte, nettoyée, le corail tient à la noix, le geste est parfait, et l'on passe à la suivante. Essayez de le faire : même si vous êtes adroit, ce sera besogneux, et je vous parie que vous avez toutes les chances d'enlever le corail en retirant les saletés ! »

Quant au mariage, ils ont attendu cinq ans, ils peuvent encore attendre un peu. Rien ne presse.

2.

« Allez-y, incisez »

Les rayons encore timides du soleil inondent les chambres du service de chirurgie cardiaque pédiatrique. Les uns après les autres, les enfants se réveillent. Dans le couloir, le bruit des roulettes d'un chariot annonce le petit déjeuner. Dans la salle de soins, les infirmières préparent les tablettes de médicaments des patients. Il est tout juste 8 h 30 du matin et l'activité bat déjà son plein, comme dans le bureau de Pascale Grais, l'assistante de Francine Leca. Si les effluves de café embaument la pièce, le sujet de conversation du matin laisse un goût âpre dans la bouche. Assise face à Pascale, Francine écoute Adèle, la surveillante en chef du service, lui assener l'inévitable :

– Madame, nous allons cruellement manquer de personnel, à la fois dans les unités hospitalisation et réanimation, mais aussi au bloc. D'ici à la fin de l'année, l'hémorragie va toucher tout le service...

Adèle est inquiète. C'est que la liste s'allonge : manque de panseuses, pénurie d'infirmières, d'aides soignantes...

Lorsqu'en 1999, Francine quitte l'hôpital Laennec, elle arrive à Necker-Enfants malades avec une belle dotation en personnel. Les différentes unités de son service fonctionnent dans l'aisance. Alors, si la loi sur les trente-cinq heures l'a fait frémir sur le plan politique et idéologique, sur un plan pratique, elle ne pensait pas être immédiatement concernée. Mais depuis janvier 2002, la vie du service a évolué : les départs à la retraite ne sont pas remplacés, les congés de maternité, les arrêts de travail, les infirmières qui partent en stage dans d'autres services non plus. Le personnel s'amenuise et, pour la première fois, l'application des trente-cinq heures se ressent, la rentrée de septembre clignote au rouge. Comment faire ? Recruter ? Il y a quelques années, considérant qu'il y avait assez d'infirmières, on a petit à petit fermé certaines écoles. Bilan : depuis la loi Aubry, la pénurie se fait sentir. A tel point que les hôpitaux franchissent les frontières pour recruter en Espagne ou dans quelques autres pays de la Communauté européenne. Moins d'effectifs, autant de malades qu'avant : le personnel hospitalier n'en peut plus et les directions des hôpitaux tentent désespérément d'embaucher, n'hésitant pas à faire les « sorties » biannuelles des écoles d'infirmières dans l'espoir de trouver chaussure à leur pied.

Les jambes croisées, les doigts tapotant le dossier de son fauteuil, Francine écoute Adèle. Elle savait que le couperet tomberait un jour, mais la catastrophe, elle l'imaginait pour plus tard. Trois panseuses en moins au bloc, moins d'infirmières en réanimation, cela veut dire moins d'opérations et plus d'attente pour les malades. Une situation inacceptable. De calme, elle explose, une explosion tempérée. Le personnage se met en colère mais ses colères sont toujours contrôlées.

« Gouverner, c'est prévoir ! s'insurge-t-elle. Avant de penser appliquer les trente-cinq heures, il faut former le personnel et augmenter le budget des hôpitaux pour le recrutement. La France entière le sait : nous n'avons plus d'infirmières. Je ne peux pas comprendre comment les politiques ont pu mettre cette loi en application sans prévoir ce qui allait se passer, et ce qui se passe, malheureusement, est inévitable, un enfant de dix ans comprend ça ! Rien n'est fait en amont, aucune simulation ! Et s'ils osent me dire qu'ils l'ont fait, eh bien alors, c'est suicidaire. »

Gauche ou droite, pour elle il n'y a pas de différence : avant d'agir, il faut réfléchir. Si elle estime que les politiques sont responsables, elle n'est pas de ceux qui tirent à boulets rouges sur Martine Aubry, le personnage ne lui est pas fondamentalement antipathique. L'ancienne ministre, pour ses convictions et son énergie, trouve grâce à ses yeux, mais il n'empêche, « en ce qui concerne cette loi, elle a quand même pété les plombs ». Pour cette femme qui ne cache pas avoir des sensibilités plus à droite qu'à gauche, la réduction du temps de travail est le reflet des démagos pris dans leur idéologie socialiste, du style : les gens doivent travailler moins, profiter de la vie, s'occuper de leurs enfants, de leur famille, etc. Sur le principe, elle n'est pas tout à fait contre, mais à condition que cela « ne foute pas le bordel » et que les promesses lancées soient tenues :

– Si j'ai bien compris, ce système-là devait contribuer à réduire le chômage. Pour l'instant, je n'ai pas l'impression qu'il ait réellement diminué.

Dans la pièce, Adèle et Pascale écoutent attentivement. Elles savent que leur patronne tempête depuis longtemps sur le sujet. Prise dans sa dissertation, le chirurgien en appelle à la politique :

– Moi, je ne suis pas aussi intelligente qu'un ministre, mais je réfléchis un peu, et je me dis diminution de travail à salaire égal, comment ça peut fonctionner si on ne met pas la main au porte-monnaie ? Tout cela n'est plus de la gentille utopie, c'est un véritable mensonge. Alors si Martine Aubry veut bien m'expliquer comment nous devons faire pour moins travailler, sans baisser le salaire et sans faire exploser la société, je me ferai un plaisir de l'écouter.

Adèle opine, pour elle aussi cette histoire des trente-cinq heures n'est qu'une manœuvre politicienne de plus, destinée à dévaloriser le travail et à mettre en exergue l'individualisme chez l'être humain.

– A l'hôpital, on ne parle pratiquement plus de devoirs mais de droits. Ces fameuses RTT sont devenues un droit qui déstabilise ce pour quoi nous avons choisi ce métier : le devoir de prendre soin des autres, assène-t-elle, galvanisée par la virulence de son patron.

Sur ce thème, les trois femmes sont intarissables, même Pascale, et pourtant c'est celle dont le cœur penche plus à gauche qu'à droite. Socialiste la rose à la main, socialiste du Panthéon, socialiste de l'âme, du cœur et de l'esprit, lorsqu'il s'agit de ce sujet, elle devient radicale. Pas le radicalisme à la Mendès France, non, et encore, aurait-il compris les trente-cinq heures ? Un radicalisme de survie dans une société qui à ses yeux s'égare et qui doit cesser l'application de la philosophie à la Rousseau :

– Pourquoi pas trente heures, pendant qu'on y est ? Nous sommes en train de préparer des générations de fainéants ! Et si l'on veut que notre société soit performante et évoluée, on n'en prend pas le chemin. Aider, comprendre, tendre la main, c'est une chose louable, certes, mais dévaloriser l'être humain en est une autre. Quelle société sommes-nous en train de construire ?

Ce discours de femmes en colère n'est que la traduction de la profonde inquiétude qui règne dans les hôpitaux. Inquiétude pour l'avenir de la médecine en milieu hospitalier, mais surtout inquiétude pour le patient, considéré dans ce service comme la première victime du dysfonctionnement des hôpitaux. Chez Francine Leca, pas besoin d'une boule de cristal pour voir l'avenir : le manque de personnel va entraîner dans les mois à venir une réduction de l'activité opératoire, car sans personnel, pas d'opération et des malades qui devront attendre plus longtemps. Dans certains services, le nombre d'interventions a déjà été réduit de quatre à trois par jour, et le délai d'attente, par voie de conséquence, de trois à quatre mois !

– Ceux qui parlaient alors d'une « médecine à deux vitesses », critique non justifiée à l'époque, vont peut-être finir par un jour avoir raison ; voulons-nous d'une médecine comme en Angleterre, par exemple, où votre pontage sera fait dans dix mois à l'hôpital public ou dans les quinze jours en clinique privée ? Nous avions un magnifique système de santé, il ne faut pas le démolir, surtout pour des problèmes de démagogie politique... Le malade va râler et il aura raison. Il va me dire qu'il ne comprend pas et je lui dirai que je comprends qu'il ne comprenne pas. Qu'est-ce que je peux faire d'autre ? Alors, bien sûr, nous réussirons toujours à pallier, nous opérerons toujours les cas les plus urgents, et je ne pense pas que nous ayons de graves problèmes, comme mort d'hommes, enfin, je ne le pense pas...

Lorsqu'elle regarde sa montre, mettant ainsi fin à la discussion, elle constate qu'il est déjà 9 h 30. Le temps passe, elle devrait être en salle d'opération depuis une bonne demi-heure.

– Bon, Adèle, vous essayez de trouver une solution, vous me tenez informée, et puis on s'efforcera de gérer cette crise au mieux. Pascalou, appelle le bloc, je voudrais bien savoir ce qu'ils font. Il est déjà 9 h 30 et je n'ai toujours pas de nouvelles de mon malade.

Après avoir rangé sa tasse de café, elle passe dans son bureau pour y troquer son tailleur de lin beige contre le traditionnel pyjama vert des chirurgiens. Dans l'autre pièce, Pascale appelle le bloc opératoire.

Opérer, c'est la raison de vivre de Francine Leca. Après sa nomination au poste de chef de service, beaucoup auraient pensé qu'elle lèverait le pied, mais une passion ne s'efface pas avec des titres, et si on lui avait demandé d'abandonner la chirurgie pour obtenir les « honneurs » d'une chefferie de service, elle aurait jeté à la poubelle les honneurs, pour conserver le bonheur.

Depuis trente ans qu'elle exécute les mêmes gestes, elle ne s'en lasse pas. Lorsqu'elle opère, elle ressent une véritable sensation de bien-être : « C'est même olfactif », dit-elle, car elle aime cette odeur de salle d'opération et ce mélange des effluves indescriptibles, qui n'a certes rien de poétique mais qui la place immédiatement au cœur de sa passion. Parce que la chirurgie cardiaque, pour elle, c'est cela : une passion qui la pousse en avant et qui la dévore.

Ce matin-là, l'opération tant attendue est une routine pour ce vieux briscard de la chirurgie : une tétralogie de Fallot, dont souffre Lucas, un petit garçon de deux ans. Cette malformation cardiaque, communément appelée la « maladie bleue », provoque une cyanose, c'est-à-dire un teint bleuté de la peau, des lèvres et surtout des ongles. Elle comporte deux malformations anatomiques : un « trou » entre les deux ventricules, et un rétrécissement sur l'artère pulmonaire. Chez une personnc normalcmcnt constituée, le sang veineux, dit « sang bleu », passe par les poumons pour y être oxygéné. Dans le cas de Lucas, le sang bleu, qui a du mal à passer du fait du rétrécissement de l'artère pulmonaire, « s'échappe » par le trou et va polluer le sang rouge de l'autre ventricule. C'est donc le sang qui différencie un enfant bien portant d'un enfant atteint de cette cardiopathie congénitale. Et chez ce petit garçon, la couleur de son sang artériel, qui est foncé, donne à tout son organisme un aspect bleuté que l'on appelle la cyanose.

Lorsqu'elle la décrit, l'opération paraît simple : il suffit de boucher le trou avec un morceau de péricarde, au choix de cheval ou de porc, et de mettre un petit bout de tuyau là où l'artère est rétrécie, laissant ainsi assez de place au sang pour passer. Une simple affaire de plomberie et de couture, a-t-elle coutume de dire. De la plomberie et de la couture, car c'est comme un artisan qu'elle se définit, une manuelle au vrai sens du terme, et surtout pas une intellectuelle. Une soignante attirée par les êtres humains et pour qui il y a toujours une solution aux problèmes. Cette opération, elle l'a pratiquée des centaines de fois, une habitude, un rituel. Mais pour Francine Leca, rien n'est jamais acquis, car elle sait que de la qualité de son geste dépend l'avenir de l'enfant. Si l'opération se déroule bien, dans deux heures et demie, de bleu Lucas deviendra rose. Donner une autre couleur à la vie de ces nourrissons, de ces enfants, de ces adolescents, à la vie des parents, c'est ce qu'elle aime, parce que c'est immédiat, réel, tangible, des mots qui lui correspondent.

De son bureau, elle hèle Pascale :

– Alors, où en sommes-nous ?

– Il vient juste d'arriver au bloc, madame Leca.

– Je vois que l'on n'a pas perdu les bonnes habitudes ! C'est pas vrai ça, ils se foutent de moi ! Qu'est-ce qui s'est passé, cette fois ? Non, laisse-moi deviner, l'anesthésiste est en retard ?

– Gagné. Vous serez au bloc dans une petite heure.

Il lui arrive parfois de penser au passé, de se remémorer l'époque de Jean Mathey, qui fut son patron pendant huit ans. C'était un temps où il y avait de l'ordre, de la discipline et du respect. Un temps où un anesthésiste en retard se serait fait durement remonter les bretelles, et se serait excusé. Un temps où l'attitude désinvolte qui caractérise certains médecins d'aujourd'hui était inimaginable. Une époque où lorsque le grand patron parlait, les autres exécutaient, où seule existait la toute-puissance du chirurgien et où l'on s'exprimait en disant : « Oui, monsieur, bien, monsieur. » En ce temps-là, les mots « grand patron » signifiaient quelque chose, aujourd'hui l'expression est passée de mode.

Qui étaient-ils ? Des hommes. Pas des femmes, il n'y en avait pas. Ils occupaient la fonction de chef de service des hôpitaux de l'Assistance publique. Leur rôle était plus simple et plus noble que celui d'aujourd'hui, car il consistait surtout à faire évoluer la chirurgie, à publier des travaux de recherches, bref à briller. Quant à la gestion, contrairement au chef de service du XXIe siècle, c'était un peu moins leur préoccupation. Outre leurs qualités professionnelles et personnelles, ils avaient une aura et une grande autorité sur les gens de leur service. Ils étaient admirés, respectés, craints des médecins mais aussi des malades. Ils étaient considérés comme des dieux, des hommes de l'art et du savoir, que l'on ne dérangeait pas avec du quotidien. Ils étaient, en quelque sorte, les rois qui décrochaient un rendez-vous avec le directeur de l'hôpital dans la seconde suivant leur coup de fil, qui obtenaient ce dont ils avaient besoin juste en claquant des doigts.

Francine n'est pas femme à se fustiger, loin de là, mais elle est femme à se remettre en question – qualité de plus en plus rare que certains, dans cette « nouvelle » société, qualifient de « désuète ». Il lui arrive donc parfois de se demander si elle ne manque pas d'autorité, de prestance, d'opiniâtreté, pour s'imposer à ceux qui travaillent avec elle. Si l'on en croit son entourage, qu'elle se rassure : de l'autorité et de la prestance, tous sont unanimes pour dire qu'elle en a. D'ailleurs, dans son service, on file droit. Pas de coups de bâton, pas de coups de gueule, mais lorsque le Pr Leca demande quelque chose, tout le monde sait qu'il ne vaut mieux pas qu'elle se répète. Ce qu'elle s'applique à elle-même, elle l'exige aussi des autres, et les mots d'ordre sont : respect du malade et droiture.

Maryline Levy vient d'arriver dans le bureau de Pascale. Entrée en fonction dans le service en 1992 comme cardiologue et chef de clinique, elle ne l'a jamais quitté depuis.

– Mme Leca est au bloc ? demande-t-elle.

– Non, pas encore, l'anesthésiste est en retard.

– Ah...

Maryline se souvient de sa première rencontre avec Francine. C'était en 1989, elle était jeune interne et c'était une petite fourmi avide de faire et d'apprendre, une passionnée, elle aussi. A la fin de son stage, Francine, qui l'avait très vite repérée, lui avait proposé de revenir comme chef de clinique dans son service, une fois son internat terminé. En 1991, elles avaient repris contact : le poste était toujours libre, mais avant de prendre ses fonctions, il était souhaitable que la future chef de clinique parte une année en Angleterre, là où se trouvait l'un des deux plus grands centres de recherche dans le domaine de l'hypertension pulmonaire, afin de se spécialiser. La jeune cardiologue avait accepté sans hésiter ; une telle chance ne se représenterait pas de sitôt, et un an plus tard, de nouvelles compétences en plus, Maryline Levy arrivait comme chef de clinique dans le service de chirurgie cardiaque de l'hôpital Laennec.

Pour le Dr Levy, ce qui caractérise son patron, c'est son humanisme : « Elle m'a beaucoup appris, tant sur le plan humain que professionnel. Elle m'a aussi appris que l'on pouvait avoir une hiérarchie respectueuse, que l'on pouvait rencontrer dans ce milieu des patrons droits, honnêtes. Bien sûr, elle est autoritaire, mais c'est une autorité sans agressivité. Avec elle, il n'y a pas de mensonge, il n'y a rien de faux. Sa porte est toujours ouverte et ce n'est pas le genre de patron à filtrer, à ne pas être disponible. »

Pascale acquiesce, elle veut rajouter quelque chose mais la sonnerie du téléphone l'interrompt.

– Allô ?

A l'autre bout du fil, Marie-Laure, la surveillante responsable du bloc opératoirc, annonce que Francine peut venir : le malade est prêt.

– OK, dit Pascale. Je la préviens.

Elle se tourne vers Maryline :

– C'est bon, elle va pouvoir y aller. Les records sont battus, il est quasiment 11 heures.

Puis elle décroche le combiné :

– Madame, on vous attend au bloc.

Dans le bureau attenant, une porte claque. Pascale et Maryline se regardent. C'est clair, elle est en colère. Pascale soupire ; si la mécanique est bien huilée, régulièrement le même grain de sable vient l'enrayer. Il a un nom, toujours le même dans ce service : les anesthésistes.

Que se passe-t-il ? Certains disent que Mme Leca est en conflit permanent avec eux. Entériner ces propos serait travestir la vérité. Il n'y a pas de conflit, les uns et les autres se respectent, le problème est ailleurs. Il réside dans la méthode de fonctionnement. L'histoire commence dans les années quatre-vingt, lorsque les anesthésistes, las de subir les affres des chirurgiens, agacés d'être considérés comme leurs « larbins », d'être obligés de leur obéir au doigt et à l'œil, fatigués de se sentir dévalorisés et de n'être que « les marchands de sable » de service, décident de se regrouper et de créer le corps des anesthésistes-réanimateurs, mettant ainsi fin à la toute-puissance des chirurgiens dont ils étaient jusqu'alors complètement dépendants. Ils ne veulent plus être, et ne seront plus, la simple « petite main » de « l'opérateur », ceux à qui l'on ne confie rien, même pas les soins postopératoires, ni la réanimation, ce moment délicat après l'intervention que, là encore, le chirurgien se réserve. Ils veulent plus de responsabilités et revaloriser leur métier. Regroupés au sein du DAR, le Département des anesthésistes-réanimateurs, ils sont aujourd'hui totalement autonomes. Ils ont d'ailleurs leur propre patron et ont acquis au fil des ans un pouvoir croissant. Ils sont devenus des spécialistes, des médecins de plus en plus scientifiques et de plus en plus pointus, parce que les anesthésies sont, elles aussi, devenues plus compliquées, plus sophistiquées. Ce changement leur a très vite permis de se rendre compte qu'ils détenaient un pouvoir immense : celui d'endormir, celui de permettre une intervention chirurgicale. Et du simple rôle d'exécutants, ils sont passés au stade de décideurs, mettant à bas la toute-puissance du chirurgien longtemps considéré comme le seul maître à bord après Dieu.

Il est vrai aussi que les anesthésistes ont une énorme responsabilité. Si le malade ne se réveille pas, si une infection surgit, si le patient est victime d'un infarctus sur la table parce que tous les examens n'ont pas été faits, le malade se retournera contre lui. De tout cela, Francine est consciente. Elle reconnaît que les anesthésistes ont cette rigueur de la protection que les chirurgiens ont parfois tendance à perdre, voulant toujours aller de l'avant et opérer le malade coûte que coûte. L'anesthésiste, lui, ouvre le parapluie. Il veut une sécurité à 100 %. Avant d'endormir le patient, il doit être assuré qu'aucun microbe ne traîne quelque part, car si tel était le cas, il pourrait provoquer une infection après l'intervention. Attitude honorable mais, à force, les heurts entre chirurgiens et certains anesthésistes sont de plus en plus fréquents et le dialogue est souvent rompu. Une situation que connaît bien Francine qui, malgré cela, ne veut pas leur jeter la pierre, « charger la mule », comme elle dit : « Je ne suis pas toujours d'accord avec leur décision, je ne les approuve pas toujours. Avec certains, c'est un bras de fer, avec d'autres non, mais je dois reconnaître que ce sont aussi des hommes et des femmes très attentifs au malade. J'ai souvent constaté leur dévouement en réanimation. Ils peuvent rester des nuits entières debout, soignant, apaisant le corps et l'esprit. Eux et nous, nous ne sommes pas faits différemment. Nous avons un cœur et du sentiment. Disons que nous ne fonctionnons pas de la même manière. Quoi qu'il en soit, il restera toujours chez eux un petit côté revanchard par rapport au chirurgien et à la toute-puissance qu'il a longtemps eue. »

Parmi ces conflits qu'elle a pu avoir avec les anesthésistes, il en est un qu'elle n'oubliera pas. C'était en 1997. Une Tahitienne de soixante-dix ans est hospitalisée en urgence dans son service. Elle doit être opérée rapidement. C'est alors que la vieille dame lui dit appartenir aux Témoins de Jéhovah : sa religion lui interdit de recevoir la moindre goutte de sang et, avant de prendre une décision, elle doit en référer à sa nièce qui s'occupe d'elle. Francine accepte de recevoir celle-ci le lendemain. Le soir même, elle demande à l'un des anesthésistes attachés à son service de venir dans son bureau. En quelques mots, elle lui expose l'affaire et lui explique qu'elle compte bien dire à la nièce que tout sera fait pour qu'on ne lui passe pas de sang. De toute façon, insiste-t-elle, il faut absolument l'opérer, sinon la vieille dame n'en a plus pour longtemps.

– Madame, rétorque l'anesthésiste, il n'est pas question que j'endorme cette femme si je n'ai pas un papier signé de sa main m'autorisant à la transfuser si nécessaire.

Dans son fauteuil, Francine s'agite :

– Tu sais très bien que les Témoins de Jéhovah ne signent pas ce genre de papier ! Laisse tomber. Laisse-moi m'arranger avec la nièce, il est indispensable que j'opère la tante, sinon je ne garantis pas la suite. Réfléchis, on en reparle demain.

Le lendemain, à 16 heures, dans le bureau du chirurgien – qui a une opinion très tranchée sur les Témoins de Jéhovah qu'elle considère comme une secte –, se joue l'avenir de Mme Z. La jeune femme qui prend place en face de Francine lui paraît sereine, intelligente et ouverte au dialogue. D'entrée, elle lui annonce qu'elle n'est pas d'accord avec leurs principes, mais qu'elle respecte la pensée de chacun. Cela posé, elle lui explique que, certes, elle comprend le problème soulevé par l'éventualité d'une transfusion, mais que celle-ci n'est pas systématique, loin de là :

– Je vous assure que la probabilité que nous soyons obligés de la transfuser est de 1 sur 100. Toutefois, vous devez comprendre, vous aussi, ma position : si jamais votre tante, pour une raison X ou Y, a besoin de sang, en tant que médecin je la transfuserai. Je ne resterai pas sans rien faire, je ne regarderai pas ma malade mourir. Vous me comprenez.

La nièce de Mme Z. opine du chef. En confiance, Francine poursuit :

– L'état de votre tante exige une intervention d'urgence, c'est sa vie qui est en jeu. Et nous avons, nous aussi, des règles : les anesthésistes ont besoin d'une autorisation de transfusion. Vous devez prendre une décision très rapidement. Nous ne pourrons attendre trop longtemps.

La jeune femme, qui n'a toujours pas ouvert la bouche, acquiesce. Mais elle ne peut rien signer maintenant, elle doit d'abord en parler avec son « entourage ». Ce dernier mot fait frémir le chirurgien : ce n'est pas la première fois qu'elle a affaire aux Témoins de Jéhovah. Elle sait qu'ils sont organisés, qu'ils ont une batterie d'hommes de loi, que chaque adepte fait corps avec les autres, et que si l'un des membres détecte une faiblesse chez un de ses coreligionnaires, tout sera mis en œuvre pour le ramener dans le « droit chemin ».

Après le départ de la jeune femme, Francine appelle son collègue et lui demande de revenir la voir. Si la bataille s'annonce rude côté Témoins de Jéhovah, l'affaire est loin d'être gagnée côté anesthésiste.

Le voici à nouveau assis en face d'elle. Elle lui résume brièvement l'entretien.

– Laisse tomber le papier, l'autorisation et tout le bazar, insiste-t-elle, ça va leur arracher les tripes. Si nous devons passer du sang, nous le passerons, un point c'est tout. Je n'ai encore jamais laissé mourir un malade parce qu'une religion à la con a décidé que le sang des autres était je ne sais trop quoi, impur et tout le reste !

– Pas question. Sans autorisation, nous avons toutes les chances d'être attaqués. Si vous passez du sang, ne croyez surtout pas qu'ils ne le sauront pas. Ils sont très puissants. Ils ont des moyens énormes, des avocats, des contacts partout. Il n'y aura pas d'anesthésie sans autorisation et je ne reviendrai pas là-dessus.

Au fond d'elle-même, Francine ne s'attendait pas à une autre réponse, mais comme à son habitude elle ne veut pas baisser les bras. Reste que dans cette histoire, son plus gros handicap, c'est lui : s'il ne s'entêtait pas à demander un papier signé, elle réussirait à convaincre la famille. Elle l'avait déjà fait par le passé.

Le lendemain, dans les couloirs du service de chirurgie cardiaque, une dizaine de personnes bloquent quasiment la porte de Mme Z. A son arrivée, Francine perçoit un brouhaha. Très vite mise au courant par le personnel, elle entre dans la chambre de sa patiente, qui s'habille. Sa nièce est à ses côtés. Un homme et une femme prennent la vieille dame par le bras. La nièce se tourne vers Francine : elle et ses amis ont trouvé un chirurgien qui s'est engagé à ne pas passer de sang.

Elle ne peut rien faire. Chaque être humain est libre, sa vie lui appartient. Elle ne peut pas garder Mme Z. de force.

Entourée de sa garde prétorienne, la vieille dame quitte le service. Le chirurgien la regarde, c'est la dernière fois qu'elle la voit. Quelques semaines plus tard, elle apprendra son décès.

Il y a une vingtaine d'années, pourtant, cette personne ne serait peut-être pas morte. Elle aurait été opérée à l'hôpital Laennec, dans le service de chirurgie cardiaque. Il y a une vingtaine d'années, l'anesthésiste n'aurait pas eu le pouvoir de dire non, il se serait plié à la décision du chirurgien. Il y a une vingtaine d'années, un anesthésiste ne serait pas arrivé en retard et Francine Leca ne serait pas rentrée au bloc à 11 heures du matin. Les temps ont changé, la société a évolué, et elle est loin l'époque où, jeune interne, elle aurait payé pour pouvoir apprendre et travailler.

*

Il est presque minuit, ce soir de novembre 1963. Dehors, il fait froid et il n'y a pas un chat dans la portion du boulevard Emile-Augier qui jouxte la place de la Muette. Tout est calme et les habitants de ce quartier chic du XVIe arrondissement paraissent avoir tous plongé dans les bras de Morphée depuis longtemps. Au troisième étage d'un de ces immeubles cossus brille encore une lumière. Dans la pièce éclairée par un lustre plafonnier, Jean-Yves Neveux, vingt-sept ans, interne des hôpitaux de Paris, termine le cours qu'il dispense une fois par semaine à des externes en médecine, candidats au concours de l'internat.

En fait de cours, c'est plus un entraînement destiné à aider les jeunes à répondre aux questions qui leur seront posées le jour de l'examen. Ils sont douze, onze hommes et une femme, Francine Leca, devenue depuis son mariage avec Georges, il y a un an, le 10 avril 1962, Francine Leca-Chetochine. Depuis quatre heures qu'ils planchent et après avoir passé leur journée à l'hôpital, ils sont encore tous très attentifs. Assise à la table de la salle à manger, ses papiers étalés sur le Bulgomme, Francine prend note sur note. Régulièrement, elle interrompt Jean-Yves, posant des questions, demandant des éclaircissements, des explications plus concrètes sur telle et telle maladie. « De tous, c'était la plus curieuse mais aussi la plus douée », dira quelques années plus tard Jean-Yves Neveux qui déjà, à l'époque, était sûr qu'elle passerait brillamment son concours.

Minuit trente, Jean-Yves met fin au cours, les étudiants se lèvent. A contrecœur, Francine suit le mouvement. Elle aurait aimé poursuivre mais en jetant un coup d'œil sur sa montre, elle constate qu'il se fait vraiment tard.

Dans sa voiture, en direction de son appartement du boulevard Suchet, elle se demande comment annoncer à Georges que, pour la énième fois, ils ne passeront pas la prochaine soirée ensemble. Elle doit « sous-coller » chez Eliane Albaréa, étudiante en médecine comme elle, et, surtout, une grande amie.

En dehors du cours hebdomadaire de Jean-Yves Neveux, les externes en médecine qui préparent le concours de l'internat se réunissent deux soirs par semaine, par petits groupes, en général quatre ou cinq copains, pour sous-coller ensemble. Dans le groupe de Francine, ils sont deux filles, Eliane et elle, et deux garçons. Le concours de l'internat n'est pas une mince affaire, les questions posées concernent à la fois la pathologie médicale et chirurgicale, plus l'anatomie. En volume, cela fait environ l'épaisseur de cinq bottins qu'il faut apprendre quasiment par cœur. Les descriptifs sont hallucinants, il faut tout savoir jusqu'au moindre détail, et un étudiant peut passer des heures à réviser ne serait-ce que la clavicule. Un travail de dingue.

Lorsqu'elle arrive chez elle, la maisonnée est silencieuse et c'est à pas de loup qu'elle entre dans la chambre. Jo dort. Dans son berceau, Caroline, leur petite fille de trois mois, gazouille. La croyant réveillée, Francine se penche au-dessus d'elle, mais tout comme son père, Caroline est profondément endormie, sans doute en train de rêver. Décidément, sa fille est un merveilleux bébé. Comme toujours, une question la taraude : s'en occupe-t-elle assez ? Non. Mais culpabiliser serait ridicule ; bien sûr, elle fera tout pour que Caroline soit heureuse, mais il est vrai qu'elle ne sera pas comme sa propre mère, une maman à la maison. Elle le sait, elle devra compenser ce manque par autre chose.

Aussi doucement qu'elle l'a ouverte, elle referme la porte, revient dans le salon et se jette sur le canapé. Combien de temps a-t-elle passé en famille dans cet appartement depuis leur emménagement, à la naissance de Caroline ? Peu, trop peu sûrement. Mais ses études l'accaparent. Avec l'externat d'une part, et les études théoriques d'autre part, elle partage sa vie entre l'hôpital le matin, la fac l'après-midi, et, depuis quelques mois, les sous-colles le soir. La médecine, c'est sa vie, elle ne l'a jamais caché à Jo, il a d'ailleurs l'air de le comprendre, mais elle le sent parfois tendu. C'est vrai qu'ils ne passent pas assez de moments ensemble. Francine est externe depuis maintenant quatre ans. A vingt-six ans, c'est une jeune femme hyperactive qui a un besoin quotidien de mouvement, et l'hôpital lui en donne. Tournant la tête, elle remarque une feuille de papier sur la table de la salle à manger, elle se lève, la prend. C'est un mot de Jo :

Caroline et moi, nous t'embrassons. Il se fait tard et nous allons nous coucher. Aurons-nous le bonheur de te voir demain ? Il n'y a plus rien dans le frigo. Si tu as le temps, peux-tu faire quelques courses ? N'oublie pas que dans deux jours, nous dînons chez Christian et Néna. Bonne nuit. Jo.

Elle soupire et s'agace : il pourrait quand même s'occuper un peu des tâches ménagères. Semi-colère, semivexée, elle froisse la feuille, s'allonge sur le canapé et s'endort aussitôt.

Après leur mariage, Francine et Georges ont vécu quelque temps boulevard Lannes, chez les parents de Francine. La cohabitation a duré un an, mais le jeune couple ne se sentait pas très à l'aise. Au fil des semaines, le besoin d'indépendance s'accentuait. Le plus désireux de partir était Jo, qui ne voulait pas vivre aux crochets de sa bellefamille. De plus, il était convaincu que son beau-père, Jacques Leca, n'avait jamais véritablement souhaité ce mariage : « Il ne voyait pas d'un bon œil un garçon comme moi, qui ne gagnait pas sa vie. Au bout du compte, je crois qu'il a accepté ce mariage parce qu'à force de me voir et de me revoir, je faisais partie du panorama ; Yvonne, elle, n'était pas contre ce mariage. La grand-mère de Francine disait de moi que j'étais un *kiquebiche* : un mot flamand qui veut dire “ un gentil bon à rien ”! Ce n’était pas méchant... » De toute façon, cette union, Jacques ne pouvait pas s’y opposer, car Francine ne lui en laissait pas le choix. Et lorsqu’elle voulait quelque chose, elle l’obtenait, surtout de la part de son père, ces deux-là se vouant une admiration mutuelle. Quant à elle, si elle aspirait aussi à l’indépendance et souhaitait une vie de famille à elle, la présence de ses parents ne la dérangeait pas outre mesure. L’amour et la tendresse qu’elle leur portait étaient tels qu’elle aurait pu vivre toute sa vie auprès d’eux. De leur côté, ses parents comprenaient. Ils savaient que le couple avait besoin de voler de ses propres ailes. Il fallait un appartement. Mais voilà, comment faire, et qui allait payer ? Le salaire de la jeune externe ne dépassait pas trois cents francs par mois. Jo n’avait pas encore terminé ses études, et malgré le petit job qu’il avait trouvé dans le marketing, leur revenu cumulé ne devait pas excéder mille trois cents francs par mois, autant dire pas grand-chose, même à l’époque. Jacques et Yvonne, conscients de la situation, décidèrent de les aider et leur achetèrent un appartement, pas très loin de chez eux, au deuxième étage du 62 boulevard Suchet.

Francine et Jo sont enfin indépendants. Une nouvelle vie commence. Et s’ils n’ont pas de grands moyens, ce n’est pas le luxe, ils semblent heureux, même si Francine passe plus de temps à l’hôpital et à la faculté qu’à la maison. De son côté, Georges, qui a plus de liberté, attend patiemment sa femme. Ce n’est pas toujours facile, mais il la soutient. Et puis, elle est là quelques soirs, et il y a aussi les week-ends, lorsqu’elle décide de ne pas être indispensable à l’hôpital. Mais elle est comme cela. Jo le sait, il l’a épousée parce qu'il l'aimait comme elle était, et il se sent capable de vivre avec, même si, de temps en temps, il se demande comment sera l'avenir, surtout lorsqu'elle sera interne. Quant au jour où elle deviendra médecin, il n'ose même pas l'imaginer.

Pour l'instant, c'est un peu la vie de bohème. Lorsqu'elle n'étudie pas, Francine aime s'amuser, aller danser le rock dans les boîtes à la mode, partager bonne bouffe et bon vin avec des amis, bref, vivre la vie des années soixante comme tous les jeunes de cette époque.

Aussi extravagants l'un que l'autre, Georges et sa femme aiment se lancer dans des paris un peu fous. C'est ainsi qu'un soir, alors que toute la petite famille est réunie, Jo annonce à Francine qu'il est en train de mettre au point une martingale. Il y travaille depuis quelques semaines et il aimerait qu'elle la révise avec lui avant qu'ils n'aillent la tenter au casino. Elle trouve l'idée géniale et, ni une ni deux, se lance dans l'affaire. Peu de temps après, considérant la martingale au point, ils décident d'aller la jouer à Deauville. Un vendredi soir, laissant Caroline à ses grands-parents, ils sautent dans la voiture et filent à vive allure direction la Normandie, ses plages, et le casino. Pour Jo, ces instants sont des moments merveilleux. La femme qui est à ses côtés est aussi fantasque que lui. Elle n'a que vingt-six ans et déjà elle pilote un avion, chevauche des motos de gros calibre qu'elle lance à cent quatre-vingts kilomètres à l'heure sur les routes ; elle tire à l'arc, dévale à ski les pistes les plus abruptes, se casse la figure, serre les dents mais ne dit rien ; elle fume des cigarettes, aime rire, danser, manger, boire ; rien ne l'arrête, n'a-t-elle pas fait du ski nautique trois jours après la naissance de Caroline ?

C'est tout cela, Francine Leca, une femme qui dévore la vie. Et Jo, en ces premières années de mariage, est tout simplement un homme fier de sa femme.

Au casino, très concentré, le duo de choc essaie sa martingale. La chance est avec eux. Une fois, deux fois, ils gagnent. Pris dans l'euphorie, ils continuent, mais très vite la chance les abandonne. A minuit, ils sont lessivés, ils ont tout perdu, mais ils sont heureux.

Couchés tôt ou couchés tard, au deuxième étage du boulevard Suchet, le réveil sonne tous les matins à 6 heures, heure du branle-bas de combat. Première levée, Francine se précipite dans la salle de bains, fait couler le bain, passe dans la cuisine, met l'eau à chauffer pour le café, les toasts à griller, sort les bols, le beurre, la confiture, repasse par la chambre, réveille Jo et se précipite à nouveau dans la salle de bains. Chez les Leca-Chetochine, il y a un impératif, une règle à laquelle on ne doit pas déroger : Francine doit être à l'hôpital 8 h 30. A 6 h 30, lavée, coiffée, habillée, elle laisse la place à Jo, repart dans la cuisine, passe le café, tartine les toasts, ouvre son agenda et jette un coup d'œil sur le programme de sa journée. 7 heures : le petit déjeuner avalé, pendant que Jo fait chauffer le biberon, elle réveille Caroline. Par chance, la petite fait ses nuits. Francine aimerait profiter davantage de sa fille, mais si elle veut être à l'heure, elle ne peut pas se permettre de faire une pause dans son programme minuté. Alors les gazouillis, les petits câlins du matin, maman n'a pas vraiment le temps.

Une fois Caroline lavée et habillée, elle lui donne le biberon. Déjà 7 h 40, l'horloge tourne. Après avoir bu son lait, Caroline est mise *manu militari* dans son couffin. En quelques secondes, Francine jette le change de la journée dans un sac, embrasse Jo, se précipite dans l'escalier et saute avec sa fille dans sa voiture, direction le boulevard Lannes.

Le couple n'a pas les moyens d'avoir une nourrice. C'est Yvonne qui s'occupe du bébé. Une grand-mère attentionnée qui vaut toutes les nourrices et toutes les garderies du monde. Lorsqu'il n'y a pas d'embouteillages, ce qui est d'ailleurs assez rare à cette heure-là, il lui faut dix minutes pour arriver chez ses parents. En bas de l'immeuble, garée n'importe comment, elle attrape le couffin, le sac, et s'engouffre dans l'ascenseur. Au cinquième étage, elle regarde sa montre, il est plus de 8 heures, elle est donc très en retard cette fois-ci, elle n'a pas le temps de discuter avec sa mère. Délicatement, elle pose le couffin, le sac, sonne deux coups et reprend l'ascenseur. Lorsque Yvonne ouvre la porte, Caroline lui sourit, les jambes et les mains battant l'air : « Ta mère devait être vraiment en retard... » Pour Yvonne, ce n'est pas une surprise, elle a fini par s'habituer : depuis que sa fille est externe, les matins où elle peut l'embrasser sont de plus en plus rares.

8 h 25. Francine, qui a traversé Paris comme une folle, est à l'heure et heureusement, car elle ne supporte pas d'avoir ne serait-ce que cinq minutes de retard. Elle considère que c'est manquer de respect aux malades, à ses collègues et au personnel. Dans le vestiaire des externes, elle troque sa veste contre « l'élève », un grand tablier blanc avec une poche kangourou sur le ventre. Ce tablier, c'est sa fierté, le signe de son appartenance au milieu hospitalier. Il la différencie des « stagiaires », les jeunes étudiants qui n'ont pas encore passé l'externat ou ne le passeront jamais.

Etre externe, c'est être à l'hôpital, c'est apprendre sur le terrain, c'est se préparer à devenir un médecin hospitalier, la noblesse de la noblesse. Etre externe, à cette époque-là, cela veut aussi dire que l'on vient de rentrer dans la deuxième catégorie de l'élite, la première étant celle constituée par les internes. Après avoir endossé « l'élève », elle glisse dans la poche son carnet, son stylo et, signe suprême qui suggère qu'elle est déjà un peu médecin, son stéthoscope.

9 heures. Au premier étage de l'hôpital de Saint-Cloud, dans la grande salle commune du service de chirurgie viscérale du Pr Toupet, Francine, en compagnie de Luc, interne de troisième année, effectue la visite matinale. Comme tous les matins, elle va examiner les nouveaux arrivants. Le premier de la liste est un homme d'une quarantaine d'années, le visage blafard et creusé, le regard fiévreux, le corps tendu et les mains crispées sur les draps du lit. Arrivé le matin même sur demande de son médecin traitant, il se plaint de violentes douleurs abdominales. Le rôle de l'externe, encore considéré comme un « bébé médecin », se borne à établir pour son interne référant une note détaillée sur le malade. C'est un peu le dernier sous-fifre, celui qui pose des questions, tient la main, tient la jambe, regarde, mais qui, lorsqu'il commence à s'affirmer, peut aussi ausculter et examiner le patient. Un travail auquel elle s'emploie avec sérieux. Le visage serein et amical, elle lui prend délicatement la main, le pouls est rapide. Puis, s'asseyant au coin du lit, elle commence le rituel :

– Quel est votre prénom ?

– Henri.

– Votre nom ?

– Chevalier.

– Quel âge avez-vous, monsieur Chevalier ?

– Quarante-quatre ans.

Les unes après les autres, les questions s'enchaînent. Quel métier exerce-t-il ? Prend-il des médicaments ? Quels sont ses antécédents médicaux ? Chirurgicaux ? Après avoir dûment rempli le « questionnaire », elle enclenche la phase purement médicale.

– Où avez-vous mal, exactement ?

Avec sa main, l'homme trace un large cercle sur son ventre. Au premier regard, il semble à Francine que l'abdomen est tendu. Elle meurt d'envie de commencer l'examen, mais elle sait qu'elle doit d'abord finir l'interrogatoire. Tout y passe : comment est la douleur ? A-t-il eu des vomissements ? Dans quelle position se sent-il le mieux ?

L'homme explique que depuis deux jours, la douleur est permanente, il ne sait plus quelle position adopter. Tout en poursuivant ses annotations, elle l'écoute attentivement, son regard est chaleureux et, petit à petit, le malade se détend. Il est à l'hôpital, il a confiance, mais il ne pose aucune question. C'est le pouvoir de la blouse blanche. Lui, tout ce qu'il veut, c'est ne plus souffrir. Alors, il se tait, il accepte, et attend la décision sans rechigner. C'était le malade d'une autre époque. Aujourd'hui, quiconque arrive à l'hôpital pour subir une intervention X ou Y sait qu'il a des droits, que des lois ont été établies pour le protéger. Le malade d'aujourd'hui pose des questions, il veut tout savoir, il veut qu'on lui explique en détail l'opération qu'on va lui faire, considérant que son corps n'appartient qu'à lui. Aujourd'hui, il signe des autorisations d'opérations, par lesquelles il prend connaissance des risques qu'il peut encourir lors de l'intervention. Il est donc maître de son destin. S'il signe, c'est qu'il a pris conscience des choses et les accepte. On lui demande son avis. Voilà ce qui a changé.

Henri répond aux questions de Francine. Ce qu'elle décidera sera bien, c'est elle qui sait. Il ne signera aucun papier. Et s'il arrive quelque chose, eh bien, ce sera ainsi. Il n'y peut rien et le médecin non plus. « Au XXIe siècle le malade a de grandes exigences de résultat, il ne supporte pas l'échec, il conteste. Le médecin est donc terriblement responsabilisé ; pour se protéger il ne faudrait pas qu'il devienne " frileux ". »

– Les douleurs sont insupportables, explique-t-il. Et puis, je vomis, j'ai comme des spasmes.

Francine range son carnet et examine Henri. Au cours de son externat, elle a déjà beaucoup appris, notamment la pratique des bons gestes, de ce que l'on appelle la séméiologie, comme, par exemple, réchauffer ses mains pour que le malade n'ait aucune sensation désagréable au moment de la palpation. Elle a aussi appris à bien écouter, la maladie tout d'abord, mais aussi les angoisses des patients. L'hôpital est devenu son univers. Tout ici lui plaît, le personnel soignant, les malades, le bruit des chariots, celui des portes battantes menant au bloc opératoire, les odeurs qui se mélangent, nourriture, médicaments, produits désinfectants, et les lumières des néons, les blouses blanches, les regards, les peurs, les sourires. Elle se sent bien. L'hôpital est un peu devenu sa seconde maison.

Délicatement, elle commence la palpation. Le toucher confirme ce qu'elle pensait, l'abdomen est très tendu. Et à peine a-t-elle posé ses mains qu'Henri s'est mis à gémir. L'examen terminé, elle lui sourit et lui explique que l'interne va venir le voir, puis un brancardier viendra le chercher pour passer certains examens. En tant qu'externe, elle n'est pas encore habilitée à donner des prescriptions thérapeutiques, pas plus qu'à signer des demandes de radios, analyses biologiques ou autres.

Du coin de l'œil, Luc la regarde. Il sait que Francine Leca est une bonne externe. Elle a le doigté, le geste qu'il faut, l'écoute qu'il faut. Il approche :

– Alors, quel est ton diagnostic ?

– Je pense qu'il a une péritonite d'origine appendiculaire.

– Nous allons voir.

Luc s'excuse auprès d'Henri, mais il doit à son tour l'examiner.

– Tu as raison. Je vais lui faire passer une radio en urgence, une prise de sang et avertir le bloc, je pense qu'il faut faire vite.

En dehors du brin de fierté qui la saisit chaque fois qu'elle émet un bon diagnostic, ce qui lui procure le plus de bonheur, c'est apprendre, apprendre encore et toujours. Elle aime la médecine, elle aime les malades, elle aime les toucher, les soigner, leur parler. Elle a ce qu'il faut avant tout pour être un bon médecin : de l'amour, de l'amour pour les autres.

Dans la matinée, le couple externe-interne verra une bonne vingtaine de malades. Chaque jour, les connaissances de Francine s'approfondissent, et chaque jour elle apprend, au contact d'un nouveau cas, en présence d'une nouvelle pathologie. C'est pourquoi elle n'est jamais en retard, et c'est pourquoi elle est toujours là. Elle est corvéable à merci : un simple pansement à changer et elle est là ; une piqûre à faire, un plâtre à ôter, elle répond présente.

Elle veut montrer aux aînés, mais aussi se prouver à elle-même, ce qu'elle est capable de faire. Et pour cela, il faut commencer. Et pour commencer, il faut être là.

« C'est comme le chien ou le chat qui est là, sous la table, et qui attend paisiblement, sagement, le moment où un morceau de quelque chose va lui tomber dans la gueule. Lorsque vous êtes externe, c'est pareil : si vous êtes tout le temps là, ça finit par vous arriver. »

Et son assiduité et son dévouement finissent un jour par payer.

C'est à la fin de son externat. Au fil des années, elle a découvert la chirurgie et en est tombée amoureuse, passant, chaque fois qu'elle le peut, ses matinées entières au bloc opératoire. Rien ne la rebute. L'orthopédie, le viscéral, la neurologie, rien ne lui fait tourner les talons. Ce matin-là, elle entre au bloc, revêt une casaque stérile et s'approche du champ opératoire où, face à face, le chirurgien et l'interne s'apprêtent à ouvrir. Ayant pris place aux côtés du chirurgien, elle attend le geste. Le regard fixé sur le malade, elle voit soudain une main lui tendre le scalpel. C'est au tour du chirurgien d'attendre. L'homme n'est pas un grand bavard, ils n'ont jamais eu ensemble de grandes conversations, mais il sait observer et, en six mois, il n'a vu qu'elle, toujours là, toujours curieuse et toujours prête à aider.

– Allez-y, incisez, enlevez le clou et la plaque.

La seconde de surprise évaporée, Francine prend fermement le scalpel. Elle sait que tout le monde la regarde. Va-t-elle trembler ? Inciser de travers ? Savoir recoudre ? Rien ne peut la perturber et c'est avec calme et concentration qu'elle commence l'incision. Le geste est vif et habile, sous le scalpel la ligne reste droite. L'incision terminée, elle demande le tournevis, dévisse la plaque et retire le clou. Fil, aiguille, il ne lui aura fallu que quelques dizaines de minutes pour pratiquer son ablation. Pas une seule fois son regard ne s'est porté sur le chirurgien. Son travail terminé, elle remercie l'équipe, comme elle l'a entendu faire des dizaines de fois par les « vrais » médecins, et sort du champ opératoire.

L'ablation d'un clou-plaque. Elle venait, elle, la petite externe, d'obtenir son bâton de maréchal. Dès lors, plus rien ne pouvait l'arrêter. Il ne lui restait plus qu'à gagner la prochaine étape : obtenir son concours à l'internat.

Au mois de décembre 1963, à peine cinq mois après la naissance de Caroline, Francine apprend qu'elle est de nouveau enceinte. Ce n'est pas la panique, parce que ce n'est pas son genre, mais ça y ressemble quand même un petit peu. Etre enceinte d'un deuxième enfant l'année où sa carrière tout entière se joue, l'année de son concours de l'internat, elle aurait préféré l'éviter. Plus tard oui, mais pas si tôt, Jo et elle en étaient d'accord. Après quelques minutes d'abattement, elle se ressaisit. Après tout, ce ne peut être que du bonheur : elle aime les enfants et puis, enceinte ou pas, elle n'a jamais ralenti pour son premier bébé, elle ne ralentira pas pour le second.

Et c'est ce qu'elle fait, continuant son marathon quotidien. Rien n'a changé depuis le début de son externat : hôpital, fac, sous-colle, hôpital, fac, sous-colle. Pendant des mois, elle et ses copains bûchent comme des fous, quasiment sept jours sur sept. Quant à Jo, depuis janvier 1964, il enseigne à Dauphine en qualité de professeur-adjoint, ce qui a rallongé de quelques francs le salaire du couple. « Mais à quoi ça sert, se lamente de temps à autre Jo, puisqu'elle passe son temps à étudier ? » Il lui arrive d'ailleurs de passer certaines soirées à regarder les « éternels étudiants » sous-coller, lançant cyniquement, vers minuit :

– Je tiens à signaler que 50 % du boulevard Suchet va se coucher.

Au mois de juin, il fait une chaleur étouffante dans l'amphithéâtre non climatisé. Mal assise, le ventre régulièrement chahuté par les coups de pied du bébé, Francine répond aux questions écrites, des questions qui n'en finissent pas. De réponse en réponse, elle explique la pathologie de l'estomac, l'anatomie du péroné, puis la physiologie du cœur, tandis que son « Jiminy Cricket », dans la tête, lui rappelle qu'elle ne doit pas échouer. L'aura, l'aura pas ? « Il était impossible qu'elle échoue, déclare quarante ans plus tard Jean-Yves Neveux. Je savais que si un seul de mes externes devait l'avoir, ce ne pouvait être qu'elle. »

Jean-Yves Neveux ne se trompait pas, elle est reçue à l'écrit sans aucun problème et, deux mois après avoir accouché d'Orso – un magnifique bébé dont elle est très fière et auquel elle a donné un prénom corse pour qu'il n'oublie jamais ses origines maternelles –, elle passe l'oral en octobre 1964. Et sa force, c'est justement d'être un véritable orateur. Parler devant un examinateur ne lui fait pas peur, elle connaît les mots et surtout, elle connaît tous ses « bottins ». Alors, lorsque arrive son tour, loin d'être figée par la peur, comme beaucoup à l'oral, elle excelle. Elle se donne à fond et la note tombe : Francine Leca-Chetochine est reçue à son concours d'internat avec la note de 29 sur 30 à l'oral.

Boulevard Lannes, la famille au complet fête l'événement. Dans la pièce, la lumière vive du jour traverse la couleur ambre du vin dans les verres. Chez les Leca, on s'exprime peu, voire pas du tout. Les choses se passent, s'écoulent, pas de questions, pas de tortures intellectuelles. D'ailleurs, lorsque Francine s'était inscrite après son baccalauréat en faculté de médecine, la famille avait dit oui, pourquoi pas, à peine si l'on s'était demandé d'où lui était venue cette idée, et pourtant, on aurait pu : il n'y a pas de médecin dans la famille. Mais c'était son choix, et un choix, chez les Leca, c'est sacré.

Dans le regard de Jacques, on peut lire de la fierté, dans celui d'Yvonne de la tendresse, mais aussi un peu de crainte face à ce volcan qu'est sa fille unique. Elle se pose certaines questions : jusqu'où ce volontarisme, cet autoritarisme vont-ils la mener? Contrairement à Jacques, elle aurait parfois aimé lui dire qu'elle n'était pas d'accord, mais à quoi bon? Alors, elle laisse faire. Après tout, elle sait où elle va et jusqu'à présent, ses décisions lui ont plutôt porté chance. Seulement, Yvonne est une mère, et elle observe. Francine, mais aussi son gendre : combien de temps va-t-il encore supporter cette vie?

Jacques, assis près de sa fille, se tourne vers elle :

– Alors, que vas-tu faire maintenant? Quelle spécialité as-tu choisie?

– La chirurgie, répond-elle, très sûre d'elle. Je n'ai pas changé, j'ai toujours voulu faire cela.

Yvonne ne relève pas. Chirurgien? Elle n'a pas de souvenir que Francine leur en ait déjà parlé, mais avec elle, il faut s'attendre à tout.

– Je veux faire de la chirurgie de la main. C'est décidé, ce sera ça, parce que j'aime la chirurgie et que la main, c'est beau, c'est un instrument extraordinaire, c'est un objet magnifique, c'est humain et intelligent. La main, c'est le prolongement du cerveau.

Et puis, la chirurgie c'est de l'immédiat, c'est ce qui lui correspond. Son choix, dès l'obtention de son internat, n'a donc pas été difficile à faire. Sa seule crainte est qu'à cette époque les femmes chirurgiens ne courent pas les rues. Alors, pour être sûre de ne pas prendre une mauvaise voie, elle est allée, deux jours plus tôt, trouver Jean-Yves Neveux, son conférencier d'internat.

C'était à Necker. Jean-Yves sortait de sa garde, Francine l'attendait de pied ferme et lui dit tout de go :

– Je veux faire de la chirurgie, qu'en pensez-vous ?

Au cours des longs mois qu'il a passés à lui faire réviser l'internat, il a appris à la connaître, à connaître son mode de fonctionnement. Cette question ne l'étonne pas.

– Si vous en avez vraiment envie, et je suis sûr que c'est le cas, faites-le.

Le cœur de la jeune femme, qui s'était pratiquement arrêté de battre le temps de la réponse, reprend un rythme normal. Ce que vient de lui dire son aîné était la seule chose qu'elle voulait entendre.

– Mais attention, reprend Jean-Yves, il est clair que ce choix risque de vous créer des problèmes dans votre vie personnelle et familiale. Mais faites-le.

En prononçant ces mots, il se dit qu'il va bientôt revoir la jeune Leca-Chetochine. Il ne croyait pas si bien penser : ils travailleront ensemble pendant plus de vingt ans.

Après avoir été reçus au concours de l'internat, les étudiants, pour valider leur diplôme, doivent exercer pendant huit semestres dans huit disciplines différentes. Francine se présente donc un matin au bureau des choix. Alors que beaucoup hésitent, elle sait ce qu'elle veut ; et c'est avec aplomb qu'elle demande, en premier semestre, la chirurgie de la main. La responsable du bureau, qui n'avait jusqu'à présent pas levé la tête, la regarde :

– La chirurgie de la main ?

– Oui, répond Francine.

– Il y a six ans d'attente.

Six ans ! Elle savait que le service du professeur Dufourmantel était très recherché, mais à ce point, cela dépasse ses prévisions. Alors, que faire ? L'internat dure quatre ans, et les huit semestres doivent être effectués dans les hôpitaux de l'Assistance publique pour être validés. La seule solution qui lui paraît acceptable est donc de passer deux ans dans un hôpital de la région parisienne ne dépendant pas de l'AP, puis de revenir au bureau des choix afin d'entamer ses quatre années d'internat. Elle aura alors deux ans de retard, mais qu'importe, la chirurgie de la main vaut bien un sacrifice.

Ni une, ni deux, Francine réserve donc sa place chez Dufourmantel pour... dans six ans. Ces deux années de « rab », en fait près de deux ans et demi, elle les passe à l'hôpital de Saint-Cloud. Ce n'est pas du temps perdu, au contraire. Naviguant de service en service, elle apprend beaucoup. Puis elle se rend à nouveau au bureau des choix : là, elle se fait confirmer sa place en chirurgie de la main dans quatre ans et obtient une place en stomatologie. En mai 1967, elle attaque donc son premier semestre à l'Assistance publique ; lorsqu'elle revient pour choisir le semestre suivant, elle a noté, entre autres : la chirurgie générale, l'orthopédie et la chirurgie plastique. La responsable du bureau regarde ses demandes et prend un air navré :

– Désolée, mais pour le semestre à venir, il ne reste de la place qu'en chirurgie cardiaque.

La chirurgie cardiaque ? Elle n'y avait pas pensé trente secondes, mais pourquoi pas ? Après tout, le cœur, ça peut être intéressant.

– OK, répond-elle, va pour la chirurgie cardiaque. Au fait, ça se passe où ?

– A l'hôpital Laennec.

L'hôpital Laennec, c'est justement là qu'exerce en qualité de chef de clinique Jean-Yves Neveux. Le choix lui paraît judicieux. Au moins, là-bas, elle sera en terrain connu.

Dans les années soixante, le service de chirurgie cardiaque de l'hôpital Laennec n'est pas encore un service essentiellement de chirurgie infantile. On y opère certes des enfants d'une dizaine d'années, mais le « recrutement », terme employé en médecine pour parler des malades, touche essentiellement des adultes. Le service est dirigé par un homme, Jean Mathey, que très vite Francine qualifiera d'« être exceptionnel ». C'est un ancien chirurgien pulmonaire, converti à la chirurgie cardiaque dans les années cinquante. Entre eux, c'est quasiment le coup de foudre. Physiquement, Jean Mathey est ce que l'on appelle un homme « râblé », et psychologiquement, c'est quelqu'un d'intelligent et de très caustique. Craint et respecté, c'est un véritable chef d'équipe, et chez lui, de la panseuse à l'infirmière d'hospitalisation en passant par l'aide-soignante et le médecin, tout le monde, sans exception, l'appelle « Patron ». Jean Mathey, qui est jugé par ses proches comme un homme très iconoclaste, n'est en rien perturbé par la venue de Francine ; au contraire, ça l'amuse, une femme interne, qui veut devenir chirurgien. Si elle est bonne, cela va en faire grincer quelques-uns !

Lorsque, au début de 1968, la jeune interne commence son semestre dans le service de chirurgie cardiaque de Jean Mathey, cette discipline est au summum du succès et ses lettres de noblesse s'étalent en filigrane d'or sur le tableau de la médecine.

Pour Francine, qui reste encore guidée par son idée première – devenir chirurgien de la main –, le cœur est malgré tout un organe intéressant. La chirurgie cardiaque est une chirurgie pointue qui lui donnera une culture chirurgicale de haut niveau. Outre cette pensée très pragmatique, elle doit aussi reconnaître que la chirurgie à cœur ouvert titille sa curiosité.

Née aux Etats-Unis après la Seconde Guerre mondiale, en 1953 – Francine avait alors quatorze ans –, la chirurgie à cœur ouvert s'est développée à Paris dès le milieu des années cinquante, à Broussais et Laennec, et perfectionnée grâce à des hommes comme les professeurs Dubost et Mathey. Rappelons que jusqu'à l'avènement de la chirurgie à cœur ouvert, il existait très peu de traitements chirurgicaux pour les malades, adultes ou enfants, souffrant et mourant d'un grand nombre de cardiopathies. De plus, en cette fin de l'année 1967, d'autres espoirs sont permis, depuis la réussite, quelques mois auparavant, de la première transplantation cardiaque, réalisée par le Sud-Africain Christian Barnard. Francine le sait : en entrant à Laennec chez Mathey, elle entre dans le « saint des saints ».

Depuis les temps les plus anciens, le cœur a toujours fasciné l'homme. La plus ancienne représentation de cet organe se trouve sur les murs de la caverne d'El Pindals, dans les Asturies : un mammouth peint il y a trente mille ans porte une large tache rouge, en forme de carte à jouer, sous l'épaule. Plus tard, le cœur prend différentes significations. Pour les Chinois, il y a cinq mille ans, il fait partie des cinq organes qui participent aux équilibres de l'organisme. Les Babyloniens et les Egyptiens, eux, le considèrent comme le siège de l'intelligence et du principe des actes bons et mauvais. Les Grecs, tels Aristote et Hippocrate qui firent des progrès en anatomie, s'y intéressèrent mais n'en comprirent jamais réellement le fonctionnement. Il faudra en fait attendre le Romain Galien pour avoir une description assez exacte du cœur, des artères et des veines. Galien affirmait que la cloison entre les ventricules était perméable, criblée de trous, ce qui permettait à l'air de circuler dans les artères, et que le pouls était provoqué par une « vertu pulsique » que le cœur communiquait aux artères.

Ce mélange de données exactes et fausses se perpétua jusqu'au XVIIe siècle, entretenant le monde de la science dans l'inexactitude. Celui qui ruina les thèses de Galien fut un Anglais du nom de William Harvey qui le premier, en 1628, décrivit la circulation sanguine. Cette description, indispensable à la compréhension du fonctionnement du cœur, fut longtemps combattue par les potentats de la science au chapeau haut-de-forme, redingote noire et monocle, un combat qui fit stagner les découvertes dans le domaine de la cardiologie, et ce jusqu'à la fin du XVIIIe siècle, époque où les mandarins de la science finirent par accepter la découverte d'Harvey. Ce n'est qu'au milieu du XIXe que, grâce à des médecins anglais comme Heberden et Adams, on étudia les accélérations du cœur, les arythmies, les douleurs, etc. Un progrès, certes. Mais la véritable explosion de la cardiologie et de la chirurgie cardiaque aura lieu au XXe siècle : en 1912, on découvre et comprend l'activité électrique du cœur, et les Anglais Lewis et Herrick réalisent les premiers enregistrements d'« électrocardiogramme ». Puis, en 1924, le Berlinois Werner Frossman tente le premier cathétérisme, c'est-à-dire l'introduction d'une sonde dans les cavités du cœur, une technique qui fut généralisée à partir de 1941 et qui permet, aujourd'hui encore, d'établir un diagnostic fiable dans les malformations cardiaques.

De progrès en progrès, le cœur cesse de devenir un mystère. Son fonctionnement s'éclaircit d'autant plus qu'on réalise, aux Etats-Unis, les premières opérations à cœur ouvert chez les adultes ou les grands enfants. Cette chirurgie est une véritable révolution dans le domaine de la chirurgie cardiaque, car depuis le début des années cinquante, elle permet d'effectuer les réparations intracardiaques. Elle consiste à arrêter et ouvrir le cœur, de façon à travailler non pas à l'extérieur, comme cela se pratiquait jusque-là, mais à l'intérieur même de l'organe. Pour permettre une telle intervention, toute circulation sanguine doit être interrompue dans le cœur et les poumons, entraînant une privation totale de l'oxygène dans l'organisme. Le cœur ainsi vide de sang, le chirurgien peut alors l'ouvrir et travailler. Mais cette opération n'a été rendue possible que par la mise au point de la CEC, la circulation extracorporelle, un cœur-poumons artificiel. La CEC marque la véritable révolution de l'opération à cœur ouvert. C'est une machine invraisemblable, avec des pompes, des tuyaux et un oxygénateur qui remplissent toutes les fonctions du cœur et des poumons. Grâce à cette technologie, on peut désormais réparer les cloisons et les valves cardiaques, les malformations de l'aorte et de l'artère pulmonaire. Une technique qui, au fil des années, permit de soigner d'abord les adolescents, puis les enfants atteints de malformations cardiaques congénitales.

Ces nouvelles technologies ont effectivement de quoi aiguiser l'esprit curieux et avide d'une jeune interne.

Un matin frileux de janvier 1968, Francine dévale quatre à quatre les escaliers du boulevard Lannes où, comme tous les matins, elle vient de déposer ses enfants, âgés de quatre et cinq ans. Le temps a passé mais les habitudes sont les mêmes. En grand-mère attentionnée, Yvonne s'occupe de ses petits-enfants, les amène à l'école, les récupère pour déjeuner à midi, puis retourne les chercher à 16 heures et les garde jusqu'au moment où leur mère, parfois leur père, vient les reprendre. C'est une grand-mère prévenante, mais aussi une mère compréhensive. Elle n'a qu'une fille, un phénomène qui souvent la dépasse – difficile de suivre Francine et encore plus difficile de s'y opposer –, mais c'est sa fille et rien n'est trop beau pour qu'elle soit heureuse.

La mécanique est donc bien huilée et paraît satisfaire tout le monde, sauf Georges, peut-être, qui aimerait, lui, passer un peu plus de temps avec sa femme et ses enfants, mais il ne dit rien. De toutes les façons, comment faire autrement ? Ils ne sont guère plus riches qu'au début de leur mariage. Et puis, une nounou comme Yvonne, il n'en existait pas sur la place de Paris. « Maman est une mère et une grand-mère extraordinaires, c'était la plus merveilleuse des nourrices, et mes enfants ont été heureux », dira plus tard Francine. Et c'est bien pour cela que tous les matins, elle peut se séparer de ses enfants le cœur léger. Quant au soir, lorsqu'elle repassera les prendre, ils auront mangé, ils seront lavés, en pyjama et prêts à aller se coucher et, de plus, comme à son habitude, Boman aura préparé un petit panier bourré à craquer des victuailles préférées de sa fille. Que demander de plus ?

Mais Yvonne n'est pas qu'une super-nounou, une simple grand-mère ; c'est une femme d'une grande douceur, toujours prête à donner. C'est aussi l'être qui a appris à Francine une des choses essentielles de la vie : la tolérance. « Je considère que j'ai eu énormément de chance d'avoir ma mère. Si je devais citer l'exemple d'une femme d'une grande bonté, je parlerais de maman. Elle comprend les autres, les écoute ; elle prend l'être humain comme il est, avec ses qualités et ses défauts. Maman, c'est la personne qui m'a appris à être attentionnée, à toujours témoigner de la tolérance envers l'être humain. »

Ce matin-là, donc, c'est la course. Il faut dire qu'elle a passé sa nuit au chevet de Caroline, victime d'une indigestion. Et puis, avec deux enfants de cet âge, les levers, les petits déjeuners, la toilette et l'habillage sont plus longs. En arrivant à l'hôpital, elle a tout juste le temps de se changer, et il est 8 h 45 lorsqu'elle entre au bloc. Dans un quart d'heure, elle va assister à sa première opération à cœur ouvert. Le patient est un adulte à qui l'on doit remplacer une valve. Les chirurgiens du jour sont Jean Mathey, le grand patron, et Jean-Yves Neveux, chef de clinique dans le service. Francine, en tant qu'interne, occupe la place de « deuxième aide ».

Dans le bloc, se trouvent déjà une dizaine de personnes. Le malade, les chirurgiens et l'instrumentiste sont juchés sur une estrade. C'est encore l'époque où l'on pensait qu'avoir le patient en hauteur permettait de favoriser l'écoulement veineux vers la machine cœur-poumons. Une situation qui, aujourd'hui, ferait bien rire les étudiants, mais qui, dans les années soixante, semblait indispensable.

Jean-Yves Neveux vient de terminer l'ouverture du thorax. Dans le corps, le cœur bat. Aujourd'hui, lorsque Francine Leca parle du cœur, elle dit qu'il est le symbole de la vie, de l'amour, du courage, de la joie... Une définition dont, ce jour-là, au bloc, elle n'a pas encore conscience, mais qui, dès le début de l'intervention, va s'imposer comme une évidence. Le cœur est un muscle qui, en se contractant, agit comme une pompe interposée sur le circuit sanguin ; c'est lui qui propulse le sang dans l'organisme, le sang qui transporte l'oxygène jusqu'à nos cellules. Sans oxygène, toutes nos cellules meurent. Pour être oxygéné, le sang doit passer par les poumons. Lorsqu'il y arrive, il est pauvre en oxygène et bleu ; quand il en repart, il est riche en oxygène et bien rouge. Cœur et poumon sont donc indissociables dans leur action : le cœur, c'est la pompe, et le poumon, l'oxygénateur. Interrompre la fonction de l'un, c'est interrompre la fonction de l'autre. Cette interruption, c'est Jean Mathey qui la demande par un seul mot :

– Départ.

Aussitôt, le « pompiste » met en route la circulation extracorporelle. Dès lors, c'est la machine qui prend le relais, permettant au chirurgien d'arrêter le cœur.

Jean Mathey poursuit :

– Aorte clampée.

Sur l'estrade, Francine, fascinée, ne dit rien. Elle regarde ce cœur qui doucement cesse de battre, jusqu'à l'arrêt complet. A ce moment-là, Mathey ouvre délicatement l'organe, désormais immobile et vide de sang.

Jean-Yves Neveux et Jean Mathey travaillent ensemble, réparant la valve défaillante du patient. Les gestes sont précis et vifs. Francine est éblouie. Elle ne peut détacher son regard des mains gantées des chirurgiens.

L'opération est au stade final. Jean Mathey termine le dernier geste et lance au pompiste :

– L'aorte est déclampée.

Doucement, le sang repasse dans les artères coronaires, nourrissant à nouveau le cœur qui, petit à petit, se remet à battre, d'abord le ventricule, puis les oreillettes. Francine est sans voix, cette opération est une révélation. Elle vient de vivre un des plus grands coups de foudre de sa vie. Adieu, la chirurgie de la main, elle sera chirurgien cardiaque. Jean Mathey, qui laisse le soin à Jean-Yves de refermer le thorax, se retire du champ opératoire et jette un rapide coup d'œil vers Francine. Le regard de son interne ne le trompe pas : l'équipe vient, il en est certain, de se doter d'un nouveau membre.

Dans les mois qui suivent cette révélation, Francine travaille encore plus, d'abord comme deuxième aide, puis, enfin, comme premier. Pour rien au monde elle ne raterait une intervention. Et, tandis que dans la rue les pavés de mai 1968 se soulèvent, que la colère gronde, elle n'entend rien, ne voit rien, sauf les adultes ou les enfants allongés devant elle, sur la table d'opération.

Mai 1968, elle n'y participe pas. La politique ne l'intéresse que moyennement, et pourtant, elle ne peut pas ignorer l'agitation dans les couloirs de l'hôpital. Les étudiants en médecine, les externes, les internes, ne restent pas insensibles aux appels à la « révolution » de ces révolutionnaires sans révolution, et dehors, on est mieux que dedans. Dans les services, certains même se soulèvent contre les patrons, et c'est ainsi qu'apparaît pour la première fois le mot de « mandarins ». Certains sont montrés du doigt, traités de « despotes » et de « dictateurs », des noms sont hués, des démissions réclamées. Des rassemblements se font par-ci par-là, mais Francine regarde cela de très loin. Elle ne comprend pas. Si elle, qui a toujours eu un grand respect pour l'autorité, reconnaît que certains chefs de service peuvent se montrer odieux, de là à les traîner en place « de grève », il ne faut pas exagérer. Par curiosité, il lui arrive de s'asseoir avec quelques collègues sur les marches du perron de Laennec, une manifestation, paisible et calme, mais une manifestation quand même. Il lui arrive également, et souvent poussée par Georges, de franchir la porte de quelques amphis pour écouter tel ou tel orateur crier sa haine de la société bourgeoise. Mais ces discours l'ennuient. Et puis, si elle aussi admet qu'il est temps que la société évolue, elle n'oublie pas pour autant qu'elle est issue de cette bourgeoisie vilipendée dans les amphis. Alors, un moment ça va, mais trop c'est trop. Et de toute façon, les malades n'attendent pas. Ce n'est pas en manifestant, en faisant grève, qu'elle avancera et qu'elle soignera.

Pour Francine Leca, mai 1968 se passe donc dans les blocs opératoires. Et à chaque opération, elle est impressionnée, et aujourd'hui, trente-quatre ans plus tard, rien n'a changé. Impressionnée par cette chirurgie qu'elle considère être une chirurgie d'une rusticité hallucinante, une chirurgie qui arrête un cœur qui bat, qui permet au chirurgien de tailler, de coudre des pièces, tout comme on le fait dans un fond de pantalon. Elle apprend à connaître les contractions de ces cœurs chauds qui battent, et lorsqu'elle les touche, elle n'a qu'une sensation : celle de tenir la vie directement dans sa main.

Lorsqu'elle opère, elle assiste souvent Georges Lemoine, l'un des bras droits de Jean Mathey. Lemoine est considéré par beaucoup comme le précurseur de la chirurgie cardiaque de l'enfant, une chirurgie qui deviendra la grande spécialité du service. Et au fil des ans, à Laennec, outre les adultes, les chirurgiens opéreront de plus en plus d'enfants. En 1968, c'était d'ailleurs le seul service à pratiquer la chirurgie cardiaque infantile. Une chirurgie qui balbutiait ; il était alors impossible d'opérer des enfants de moins de sept ou huit ans, de moins de douze à quinze kilos. Les techniques n'étaient pas encore au point.

Rapidement, Francine est attirée par la chirurgie cardiaque des enfants. Son contact avec eux est exceptionnel et les maladies dont ils souffrent sont pour elle de véritables défis à relever. Des cardiopathies congénitales auxquelles elle est confrontée, la plus fréquente est la tétralogie de Fallot ou « maladie bleue ». Les opérations sont régulières, mais le pourcentage de réussite encore peu élevé : dans les débuts de cette chirurgie, le service connaît un taux de mortalité de 25 à 30 %. Celui-ci baissera régulièrement, grâce à l'évolution de la technologie et aux découvertes qui se font chaque année.

Lorsqu'elle n'opère pas avec Georges Lemoine, elle est auprès de Jean-Yves Neveux. Lui qui l'a encouragée à suivre cette voie ne le regrette pas : sa jeune interne n'a aucune difficulté gestuelle et, chaque jour qui passe, il découvre un peu plus son talent. Tout le lui confirme, Francine Leca est vraiment faite pour la chirurgie.

Dans le service de Jean Mathey, elle se sent en confiance. Elle est entourée d'aînés qui sont de merveilleux chirurgiens. A leur contact, elle apprend à opérer les différentes maladies cardiaques, mais aussi, point essentiel à la réussite d'une bonne opération : à rester calme. La chirurgie cardiaque, c'est la vie en prise directe ; si le cœur ne repart pas, si la réparation est mauvaise, si « quelque chose » se passe, c'est la mort immédiate. Il est donc impératif de savoir dominer les instants d'angoisse qui ne manquent pas de s'emparer de vous dans ces moments-là.

Outre les opérations du cœur, Francine assiste également à des opérations du poumon, aux côtés de Jean Mathey, au sanatorium. Jean, qui n'est pas un chirurgien d'une dextérité exceptionnelle et le reconnaît lui-même, est toutefois un expert du poumon, et l'ablation d'une partie, voire de cet organe tout entier, n'est jamais très longue. Cœur et poumons étant souvent associés dans les maladies cardiaques, assister son patron au sanatorium lui a appris à mieux connaître cette partie de l'anatomie. Un matin, Jean Mathey, qui s'est pris d'affection pour cette jeune femme dynamique, douée et persévérante, la convoque dans son bureau.

Francine se demande bien ce qu'il lui veut. Prenant une profonde inspiration, elle frappe à la porte. De l'intérieur lui parvient la voix si particulière, haut perchée, de Jean.

– Entre.

Installé dans son fauteuil, Mathey lui fait signe d'approcher et lui désigne une chaise.

– Alors, ton séjour parmi nous s'achève. Que comptes-tu faire et où vas-tu ?

– Je pars à la fin du mois pour l'Hôtel-Dieu, effectuer mon semestre en chirurgie digestive ; puis j'ai demandé une place d'interne en cardiologie pédiatrique, côté médecine. Si je veux faire la chirurgie des congénitaux, je dois apprendre la cardiologie médicale, apprendre à poser un diagnostic et savoir réaliser des cathétérismes.

Jean Mathey sourit. Il n'en attendait pas moins d'elle, mais il veut la taquiner un peu.

– Je croyais que tu voulais devenir chirurgien et ça, ce n'est pas de la chirurgie.

– Non, mais un bon chirurgien doit savoir de quoi il parle, et pour avoir un dialogue constructif avec un cardiologue, il est nécessaire de connaître la médecine du cœur.

– Oui, oui. Et après ?

– Après, il me restera un semestre en chirurgie thoracique à Marie-Lannelongue, un en chirurgie pédiatrique générale à Necker, et un je ne sais pas encore où. De toute façon, j'ai laissé tomber la main, il n'y a que le cœur qui m'intéresse. Je terminerai donc mon internat chez Dubost. C'est aussi un excellent service de chirurgie cardiaque.

Mathey sursaute. Dire que Dubost est son ennemi serait exagéré, mais les deux hommes sont souvent en conflit, se disputant parfois la paternité de certaines techniques. Que Francine aille finir son internat chez Dubost ne le dérange pas, mais qu'elle y reste, ça, pas question. Une des grandes qualités de Mathey, c'est qu'il a toujours su bien s'entourer et que, contrairement à beaucoup de grands patrons, il n'a jamais eu peur de la nouvelle génération, au contraire, et la composition de son service en est une preuve : ceux qui deviendront dans les années à venir les plus grands chirurgiens du cœur travaillent à ses côtés. Ils s'appellent Binet, Galey, Aigueperse, Lemoine, Neveux, Hazan, Vanetti, Logeais, Bloch, Rioux et bientôt, il en est convaincu, Leca. La veille, il s'en était entretenu avec Neveux, et les deux hommes partageaient le même avis sur leur interne : elle était brillante, il ne fallait pas la laisser partir ailleurs.

– Bien. Tes choix sont excellents. Je t'ai demandé de venir parce que je souhaite qu'à la fin de ton internat, tu deviennes chef de clinique dans ce service.

Francine, qui, depuis des semaines, avait une boule à l'estomac à l'idée de quitter Laennec, n'en revient pas. Chef de clinique, ici, dans ce service, elle ne pouvait rêver mieux. Mathey ne la quitte pas du regard. Il attend la réponse.

– Merci, monsieur. A la fin de mon internat, je serai là.

Mathey avait gagné. Il venait à nouveau de recruter du sang neuf, et pas n'importe lequel : mine de rien, il avait devant lui la première femme française chirurgien du cœur, une pionnière.

3.

Une orangeraie en Espagne

Debout près d'un chariot, Francine jette un dernier coup d'œil vers la table d'opération, l'intervention est terminée. D'un geste un peu las, elle retire sa casaque stérile, son masque et ses gants, puis les jette dans la corbeille. Du pied, elle pousse le bouton qui ouvre la porte du bloc. Les mains sur les reins, le dos cambré pour enlever les courbatures qui l'enserrent depuis quelques heures, elle remonte, plongée dans ses pensées, vers le service d'hospitalisation. Cela faisait longtemps qu'elle n'avait pas eu une telle émotion, qu'elle n'était pas descendue aussi vite en salle d'opération. Quatre heures plus tôt, elle venait à peine d'entrer dans son bureau lorsque le téléphone s'était mis à sonner. C'était la responsable du bloc.

– Madame, venez vite, il saigne !

Elle avait alors sauté dans son pyjama et était partie en courant : en ouvrant le sternum, l'assistant avait fait une plaie du cœur. Autour de la table, c'était l'effervescence. L'anesthésiste passait du sang. Francine avait attrapé une casaque, une paire de gants et mis rapidement un doigt sur la plaie qui, heureusement, ne mesurait pas plus de trois centimètres, et était ainsi parvenue à juguler l'hémorragie.

Il fallait alors « calmer le système », comme elle dit souvent. Tout le monde avait eu très peur, et elle en particulier, qui pensait partir pour une intervention réglée et sans difficulté majeure. Il fallait ensuite placer les quelques points qui assureraient l'hémostase définitive, nettoyer et arranger le champ opératoire, remettre des champs propres et reprendre l'opération avec le rythme calme qu'elle n'aurait jamais dû cesser d'avoir avant, comme on le dit souvent en médecine, ce « coup de tonnerre dans un ciel serein ».

Passant devant un miroir, elle regarde sa mine. Il faut lui redonner un peu de couleur avant de se présenter devant les parents. Pour eux, elle doit avoir le sourire, se montrer sereine. D'un geste vif, elle frictionne son visage, ôte ses lunettes et frotte ses yeux. Comme souvent lorsque l'opération a été difficile, elle a l'impression d'avoir vieilli subitement de quelques années. Ce coup de chaud n'était pas prévu, ce devait être une matinée plutôt paisible. Comme elle aime à le dire : « Autant que faire se peut, il ne faut pas que la chirurgie soit une découverte. Il faut partir avec un programme le plus affiné, le plus affûté possible. C'est un des garants des bons résultats. »

Elle ne racontera pas tout de suite l'incident aux parents de Théo. A quoi bon les inquiéter, du moment que leur enfant va bien. Les peurs sont pour elle, pas pour eux. Mais ne pas leur dire toute la vérité, n'est-ce pas un peu les trahir ? « Non, ce n'est pas une trahison, je considère cela plutôt comme une protection. Je leur dirai peut-être plus tard, qu'il y a eu des difficultés. Je ne leur mens pas puisque l'enfant, finalement, va bien. »

« En général, les parents sont perdus, angoissés parce que c'est la vie de leur enfant qui est en jeu. Alors, si je dois leur faire partager mes états d'âme, mes propres soucis, ils ne s'en sortiront pas. Le rôle du chirurgien est d'abord d'apporter la meilleure technicité qui soit mais aussi de rassurer le malade et sa famille. On ne donne pas sa confiance à quelqu'un d'angoissé et de nerveux, on la donne à une personne qui émet un sentiment de solidité, de calme, je ne dirai pas à quelqu'un de paisible parce que je ne le suis pas. De toute façon, lorsque moi-même je me retrouve dans le rôle du patient, c'est aussi ce que j'attends du médecin. »

Francine Leca est un chirurgien qui va très loin dans la prise en charge de ses malades. Pour elle, un patient n'est pas seulement un cœur à soigner, à réparer, mais aussi une famille à soutenir, une famille qu'elle n'hésite pas à aider, qu'il s'agisse d'un problème de santé, matériel ou émotionnel. Car si chirurgie égale passion, malade égale amour. Il n'y a alors rien d'étonnant à trouver sur sa table de chevet *L'Œuvre de Dieu, la Part du Diable*, de John Irving. Cette passion de l'autre, elle la partage avec Wilburg Larch, le héros du livre, éthéromane et avorteur, mais pour elle, avant tout, un merveilleux médecin : « C'est un homme qui, avec ses faiblesses et son potentiel d'amour infini, est quelque part entre Dieu et Diable. Il est là pour soigner les femmes qui viennent à lui, il ne les juge pas, il les aide ; il les accouche ou il les avorte, selon leurs désirs, et le bébé étant né, soit elles repartent avec, soit elles le laissent à l'orphelinat. C'est un médecin désintéressé des problèmes d'argent, un médecin qui enseigne tout ce qu'il sait par compagnonnage, un médecin qui respecte à la lettre le serment d'Hippocrate. Certes, ce n'est pas un saint... »

« C'est quasiment une obsession, dit Pascale Grais, son assistante. J'ai régulièrement droit à : “ Mais, Pascalou, nous sommes là pour eux ! ” Elle est extrêmement exigeante avec le personnel. Quant à l’accueil du malade, si elle apprend qu’une famille a été mal reçue, ou bien qu’on a refusé à une maman de dormir dans la chambre de son enfant, elle peut entrer dans des colères cinglantes et le personnel a intérêt à se faire petit et à réparer très vite la bourde. Elle ne supporte pas que l’on puisse avoir ne serait-ce qu’un mouvement d’humeur avec une famille. Elle, elle donne tout à ses malades ; elle va même au-delà de sa propre spécialité. S’ils ont un problème de gorge, d’estomac ou je ne sais trop quoi, elle va leur conseiller de voir tel ou tel médecin ; et pour que cela aille plus vite, il lui arrive de prendre elle-même les rendez-vous auprès de ses collègues. Elle est comme ça et je l’ai toujours connue comme ça, on ne la changera pas. »

Lorsque les parents de Théo, qui attendent à la porte de son bureau, la voient arriver, ils s’avancent vers elle. Elle leur sourit et immédiatement les rassure. Leur petit garçon, âgé de sept ans, avait une « atrésie », c’est-à-dire une discontinuité entre le ventricule droit et l’artère pulmonaire. Il a donc fallu lui reconstruire un petit tronc pulmonaire.

– Tout s’est bien passé, il sortira bientôt du bloc, annonce Francine, tout sourire, aux parents soulagés.

– Il est guéri ?

Francine ouvre la porte de son bureau et les invite à entrer.

– Comme je vous l’ai déjà expliqué, l’opération que je viens de pratiquer n’est pas définitive, je serai obligée de le réopérer dans quelques années, mais ne vous inquiétez pas, aujourd’hui, tout va bien. Même si ce n’est qu’une chirurgie palliative, sa vie sera bien améliorée. Mais nous aurons tout le temps d'en reparler. Le plus mauvais moment est passé. Dès demain, vous pourrez aller le voir en réanimation.

– Il pourra vraiment vivre comme les autres ?

Devant ces questions tellement répétitives, elle retient un petit mouvement d'irritation et répond doucement :

– Nous en reparlerons. A chaque jour suffit sa peine, cette première étape s'est bien déroulée. Maintenant, rentrez chez vous et rappelez la réanimation ce soir pour recueillir de bonnes nouvelles et dormir tranquilles.

– Merci, merci beaucoup.

Alors qu'ils se lèvent pour prendre congé, on frappe à la porte du bureau.

– Excusez-moi. Oui ?

C'est Adèle :

– Désolée de vous interrompre, madame, mais la maman du jeune Nicolas vous attend et il faudrait aussi passer voir la petite Yasmine qui est arrivée hier d'Algérie...

– Ah, oui ! J'arrive tout de suite.

Enfilant sa blouse sur son pyjama vert, Francine raccompagne les parents, leur serre la main et se dirige vers les chambres en compagnie d'Adèle pour démarrer ses visites.

A l'hôpital, les visites ne sont plus ce qu'elles étaient. Ce jour-là, comme chaque fois, seule Adèle l'accompagnera. Alexandre et Sabrina, deux cardiologues du service, les rejoindront peut-être. Depuis le temps, elle a fini par s'habituer. Elle est loin l'époque des grandes visites de Jean Mathey, et même des siennes, il n'y a pas si longtemps...

« Lorsqu'en 1989, je suis devenue chef de service, je passais de grandes visites, comme mes patrons l'avaient fait avant moi. Mais après, je dirais il y a sept ou huit ans, elles ont disparu. Désormais, les uns et les autres vaquent à leurs occupations : le chef de clinique opère, l'infirmière est en soins, l'interne en consultation. Il est vrai que soigner un malade prend aujourd'hui plus de temps qu'auparavant parce que la médecine est devenue plus scientifique. Avant, on savait que le grand patron faisait sa visite à 9 heures et tout le monde se débrouillait pour être là. Ils avaient tous le doigt sur la couture du pantalon, personne ne bronchait, mais c'est un temps ré-vo-lu. Terminée, cette époque. Même le malade a changé : aujourd'hui, c'est le médecin qui est à sa disposition. Le malade veut tout, tout de suite. C'est comme ça, la société bouge, les mentalités, tout, et il faut aller avec son époque. »

Nostalgique ? Pas vraiment. Francine est plutôt du genre libre champ à la démocratie. N'a-t-elle pas fait voter, il y a quelque temps, l'heure de la réunion journalière du personnel soignant, qui avait lieu jusque-là en fin d'après-midi ? S'apercevant que certains renâclaient à s'y rendre, elle avait demandé à l'un de ses chirurgiens de faire un petit référendum, afin de connaître les *desiderata* de chacun. Son enquête terminée, son collaborateur lui avait indiqué que les gens préféreraient faire la réunion le matin à 8 heures. Se ralliant à la majorité, elle avait accepté. Bilan : aujourd'hui, tout son planning est régulièrement chamboulé, elle n'opère plus à l'heure, les soins sont dispensés plus tard, etc. En résumé, dans le service de chirurgie cardiaque infantile de l'hôpital Necker, c'est le patron qui change son mode de fonctionnement pour s'incliner devant les désirs du plus grand nombre.

« C'est ça, pour moi, la démocratie. Attention, personne ne m'y oblige, mais je pense que non seulement elle doit exister, mais qu'elle doit aussi être appliquée. Cela dit, il faut faire attention, car on ne doit pas en son nom faire n'importe quoi, c'est le risque. En ce qui concerne cette affaire, c'est tant pis pour moi, j'avais pris l'avis de tout le monde, je ne pouvais plus revenir en arrière. Le seul reproche que je ferais, c'est que chacun a pensé à son propre intérêt et, bien évidemment, personne ne s'est demandé si la réunion du matin pouvait désorganiser mon propre travail... C'est ainsi : si on est démocrate, on l'est entièrement, pas à moitié. Maintenant, j'assume et j'opère de plus en plus tard. »

Sur les portes des chambres, pour égayer la peinture blanche de l'hôpital, dès son arrivée à Necker, elle a fait coller des figurines grandeur nature, des héros de Walt Disney. Les enfants passent ainsi leur séjour hospitalier avec Pinocchio, Blanche-Neige, Mowgly, les 101 Dalmatiens et autres sympathiques petits compagnons.

– Par qui commençons-nous ?

– Le jeune Nicolas. Sa maman est inquiète, l'opération a lieu demain, si vous pouviez la rassurer...

– Bien sûr, bien sûr.

Chez les « 101 Dalmatiens », Mme Noiry attend la visite du professeur. Nicolas, dix ans, est allongé dans son lit. Son visage est fatigué, le teint est bleuté, un peu gris, et sa respiration est courte. Un toc à la porte et Francine entre, accompagnée d'Adèle et de Gilles, un des externes du service. Un rapide coup d'œil sur l'enfant et elle comprend pourquoi la mère est inquiète. Mais elle sait, elle, qu'il n'y a pas à s'affoler et c'est bien ce qu'elle compte expliquer à la maman.

A peine a-t-elle répondu au bonjour du chirurgien que Mme Noiry laisse s'exprimer son angoisse :

– Il est très fatigué... Je m'inquiète...

– Oui, je sais. Il est certes fatigué, madame Noiry, mais il est surtout anxieux. Bon, voyons ça.

Francine s'assied sur le lit et regarde le dossier que vient de lui tendre Gilles. Quelques semaines auparavant, elle a longuement vu Nicolas en consultation et pris la décision opératoire. Pendant plus d'une heure, comme elle le fait régulièrement, elle lui a expliqué, ainsi qu'à ses parents, et dessins à l'appui, ce qu'elle allait faire. Comme la grande majorité de ses malades, Nicolas est un cas compliqué. Elle l'a déjà opéré à deux reprises depuis sa naissance, l'opération du lendemain sera donc la troisième. Du dossier gros comme un bottin, qu'elle feuillette dans la chambre, elle extrait une feuille rose : c'est le résumé de la vie du jeune garçon. Elle la connaît presque par cœur, mais avant l'intervention, elle doit bien avoir tout en tête.

Dans la chambre, on entendrait une mouche voler. Nicolas et sa maman sont déjà au courant de tout, mais comme chaque fois, parents et enfant restent à l'affût du moindre détail que le professeur pourrait donner, de la moindre phrase qu'elle pourrait prononcer. Pour Francine, il faut donc, et quelle que soit la gravité de l'opération, que ce soient des mots d'optimisme et d'encouragement.

– Bien, écoutez-moi. Tous les trois nous le savons, l'affaire est sérieuse, mais tout va bien se passer. Ce n'est pas la première fois que j'opère Nicolas, et comme les autres fois, cela se déroulera normalement. D'ailleurs, ce n'est pas lui qui m'inquiète le plus, mais vous, madame. Vous allez me faire un immense plaisir, madame Noiry : vous allez sortir et prendre l'air.

Une espèce de connivence finit toujours par s'installer entre Francine, les parents de ses malades et le malade lui-même. Sa réaction n'étonne pas Mme Noiry. Elle sait qu'elle a raison et que cela ne sert à rien de tourner en rond dans la chambre.

– D'accord, dit-elle, s'efforçant de retrouver le sourire. Je vais aller déjeuner.

– Ça, c'est une excellente idée. Croyez-moi, rien ne vaut un repas avec un bon verre de vin pour tout remettre en place, la tête et le cœur !

Puis elle se tourne vers Nicolas.

– Allez, gangster, tu es toujours d'accord ? On y va demain ?

Nicolas, un peu triste, esquisse un léger sourire et acquiesce de la tête. Lorsqu'elle évoque ses jeunes patients, elle souligne toujours leur courage : « Ce sont des enfants qui sont braves. Et il faut l'être pour supporter autant de souffrances et de peurs. »

– Bon, tu as bien compris que nous faisons cela pour que tu puisses mieux courir, mieux jouer, car ces derniers temps, tu étais bien fatigué. Je sais que nous avons longuement parlé, toi et moi, mais peut-être as-tu encore quelques questions à me poser ? Je t'écoute.

– Non... J'ai tout compris, et puis, j'ai envie d'aller mieux.

Le dialogue avec un enfant est souvent difficile. Pour lui arracher quelques mots, il faudra l'apprivoiser, et parfois même, le bousculer un peu. Les petits malades, et à dix ans, on est encore bien petit, sont timides ; quand ils s'expriment, leur débit est lent, ils ont toujours un ton un peu triste. En outre, parler n'est pas toujours possible. Les enfants opérés ont entre quelques jours et l'âge adulte. Le langage doit donc s'adapter. Pour les nourrissons, les gestes remplacent les mots qui se traduisent par un sourire, un visage lumineux et un toucher tendre, maternel. Les plus délicats à aborder sont incontestablement les enfants entre trois et six ans. Ils ne peuvent pas comprendre leur maladie, mais une chose est sûre, c'est qu'ils n'aiment pas les médecins, pour eux synonymes de crainte, d'hôpital, d'examens divers et désagréables, d'instruments bizarres.

« Le plus important, c'est d'abord de les amadouer. Il ne faut pas qu'ils pleurent, sinon je ne peux pas les ausculter. A cet âge, ils n'aiment pas la blouse blanche, elle correspond aux piqûres, et ils en ont peur. » Et pour cela, elle n'hésite pas à s'amuser avec eux, à leur montrer à quoi sert le stéthoscope, à les laisser jouer avec. Son autre « truc », c'est aussi de les flatter, de leur dire qu'ils ont de belles chaussures, de belles robes, puis elle leur parle d'une voix douce et rassurante.

« En général, je leur montre mes mains et je leur dis que je n'ai pas de piqûre. Je leur caresse les cheveux et lorsque je sens qu'ils sont plus calmes, je les ausculte. Précision importante : ne jamais demander à un enfant de se déshabiller ou d'enlever ses chaussures, car, pour lui, cela signifie qu'il va rester à l'hôpital ; et là, c'est foutu. Il faut donc savoir ausculter à travers un pull ou une chemise, afin d'éviter les hurlements. »

Se levant du lit de Nicolas, elle rend le dossier à Gilles, serre la main de la maman et, se tournant vers le petit malade, le visage rieur, lance :

– A demain ! N'oublie pas, nous avons un rendez-vous important. Ne sois pas en retard.

Une fois dans le couloir, Francine attrape Adèle par le bras :

– Vous allez me trouver un lit d'accompagnant et faire en sorte que Mme Noiry passe la nuit avec son fils, c'est primordial pour elle.

Adèle sait ce que cela veut dire : des problèmes en perspective. Prévenir le jour même le personnel qu'une maman va dormir dans la chambre de son enfant, ça va encore faire des histoires. Mais elle sait aussi que son patron est intraitable sur le sujet. « Sa seule préoccupation, explique-t-elle, c'est le patient. Elle estime que si elle, elle prend du temps avec les malades et leur famille, le personnel doit faire pareil. Nous sommes des soignants : la base de notre formation, en dehors du soin par lui-même, c'est l'écoute, c'est être attentif aux besoins du malade et de sa famille. Mme Leca est un être profondément altruiste. C'est aussi quelqu'un de très rigoureux, et cette rigueur qu'elle s'applique à elle-même, elle l'applique aussi aux autres. Alors, parfois, ça passe plus ou moins bien. »

Francine n'a pas besoin de regarder Adèle pour savoir ce qu'elle pense. Pour sa surveillante en chef, ce n'est pas tous les jours facile non plus. Elle sait que le personnel va râler de ne pas avoir été prévenu plus tôt, elle sait que l'on va dire qu'elle est loin des réalités. Tout ça, elle le connaît par cœur. Et ses réalités à elle, est-ce qu'on s'en préoccupe ? Il est clair qu'elle ne reviendra pas sur sa décision, et afin de s'assurer qu'Adèle a bien compris, ce dont elle ne doute pas, elle prend les devants et, assez haut pour que cela s'entende :

– Je ne veux pas apprendre demain que Mme Noiry est rentrée dormir chez elle. Si cela pose un problème à qui que ce soit, qu'il ou elle vienne me voir et je lui ferai une explication de texte. Je veux que cette maman se sente bien, je ne veux pas qu'elle angoisse.

Adèle opine. A quelques mètres de là, Isabelle, une des infirmières d'hospitalisation, attend le chirurgien.

– Madame, pourrais-je vous voir ?
– Maintenant ?
– Aujourd'hui si possible, dans l'après-midi.
– C'est urgent, Isabelle ?
– Oui.
– Personnel ou médical ?
– Personnel.

Elle s'en serait doutée. Etre chef de service, c'est aussi ça. S'occuper des problèmes les plus divers, dont ceux du personnel : « J'ai compris pourquoi il y avait un directeur des ressources humaines dans les grosses sociétés. Il faut entendre chacun, comprendre les problèmes pour que la machine soit bien huilée, qu'elle tourne, qu'elle fonctionne correctement. »

Et c'est pourquoi, pour soulager les états d'âme des uns et des autres, son bureau devient parfois, non pas un confessionnal, mais un peu le bureau des pleurs. La porte en est toujours ouverte et elle y met un point d'honneur : « C'est normal. Mon rôle n'est surtout pas de vivre dans une tour d'ivoire, ce n'est pas ma conception de la vie en communauté, en société. Je dois être physiquement là, et lorsqu'on a besoin de me voir, on frappe et on entre. »

Tout cela lui prend beaucoup de temps, mais elle estime qu'être chef de service, c'est d'abord essayer de tout faire le moins mal possible, et avec, bien évidemment, des oppositions. Car un service de chirurgie, c'est comme toute structure, « il y a toujours des gens qui aimeraient être calife à la place du calife ». C'est humain ; et puis, disons-le, à l'hôpital comme ailleurs, l'époque ne favorise pas le commandement. Il faut, comme le disait Michèle Thibert, celle qui lui a appris la cardiologie médicale et qui est devenue une amie, « prendre des mitaines ». Fini le temps des « J'exige que », « Je veux que ». Aujourd'hui, c'est plutôt : « Ça me paraîtrait bien si l'on faisait ceci plutôt que cela. »

« Il faut vivre avec son temps, moi ça ne me dérange pas. Ce qui me dérangerait, c'est que l'on me traite de vieux con. Ça voudrait dire que je n'aurais rien compris, et ce serait quand même assez dévalorisant ! »

Etre chef de service, c'est aussi passer du temps avec l'administration et ses nombreuses directions, c'est quémander pour n'obtenir, le plus souvent, qu'un minimum.

« Si je souhaite que l'on donne ne serait-ce qu'un coup de peinture dans tel ou tel endroit de mon service, que l'on remplace un ordinateur défectueux, ce sont chaque fois de multiples coups de téléphone et un délai de réalisation terriblement long. Tous les médecins hospitaliers se plaignent de la pesanteur et de la lenteur de l'administration, de la multiplicité des réunions souvent stériles, des tonnes de documents, de notes de service, de bulletins, de rapports... qui ne seront jamais lus. Pourquoi agissent-ils ainsi, ces administratifs qui sont le plus souvent jeunes, concernés et travailleurs ? Est-ce un mal spécifiquement français ? J'aimais beaucoup Allègre lorsqu'il voulait " dégraisser le mammouth ", mais cela lui a coûté sa tête. Je trouve épuisant de passer tant de temps pour des choses inutiles. »

Si les problèmes administratifs font partie de son quotidien, ce qui l'inquiète le plus, c'est la pénurie de médecins de gardes de réanimation, qui frappe depuis quelques mois son service. En chirurgie cardiaque, ces gardes demandent de grandes compétences, comme savoir intuber, connaître la biologie et la physiologie. Elles sont fatigantes et stressantes, car le malade doit être continuellement surveillé, surtout les petits nourrissons ; si un patient peut mourir au bloc opératoire, il peut aussi mourir en réanimation.

Les écarts de rémunération des gardes entre le public et le privé posent un réel problème. Pour une garde de nuit, un médecin gagne 236 euros pour quatorze heures de travail dans le public, et 300 dans le privé ; le dimanche, la garde est de 472 euros à l'Assistance publique et de 600 dans certaines cliniques. Une disparité qui crée des tensions. Bilan : les médecins vacataires qui assuraient jusqu'à aujourd'hui plus de la moitié des gardes à l'Assistance publique préfèrent désormais travailler dans le privé.

« Il n'y a pas photo. Lorsqu'on voit ces chiffres, on s'aperçoit que, dans le privé, un médecin gagne environ 100 euros de plus que dans le public ; c'est donc normal que les vacataires préfèrent passer une nuit de garde dans une clinique. Ils sont mieux payés et en plus, la garde est moins stressante, moins angoissante qu'à l'hôpital où la chirurgie est particulièrement difficile et pointue. Ce qui est pire, c'est qu'aujourd'hui, hormis les gardes qu'ils font dans le privé, certains y restent définitivement. Je suis allée voir l'administration, j'ai tiré la sonnette d'alarme, et on m'a répondu : “ Mais, madame Leca, nous n'y pouvons rien ! C'est la loi, il y a eu un arrêté ministériel, et c'est comme ça. ” Voilà. Et moi, je dois faire avec. Je n'accepte pas cette réponse, nous devons trouver un système, il faut que l'on puisse bricoler quelque chose, je ne sais pas, moi, les payer, par exemple, sous forme de primes... Il faut se réveiller et vite, sinon, si je n'ai plus de réanimateur pour faire les gardes, je serai obligée de fermer la réanimation. Et si on ferme la réanimation, on ferme le service. »

13 h 45. La visite terminée, Francine revient dans son bureau. Il lui reste une trentaine de minutes, avant de replonger dans sa « folle » journée, pour déjeuner et dormir un peu (dix minutes environ). Le sommeil fait partie de sa vie. C'est l'huile qu'elle met dans son moteur. Dormir a toujours été une action réparatrice, une reprogrammation de son horloge interne. Dix minutes de sommeil, n'importe où et n'importe quand, et ce bourreau de travail peut tenir debout encore plus de dix heures. De son cabinet de toilette jouxtant son bureau, elle extrait du réfrigérateur deux tomates, un morceau de saucisson, quelques crackers, du sel et une bouteille d'eau. Depuis plusieurs mois, Francine a retiré de son agenda les déjeuners en ville. Elle préfère, elle, l'épicurienne, ces frugaux repas pris sur le pouce à l'hôpital. Les déjeuners à l'extérieur s'éternisent toujours et elle considère qu'ils lui prennent trop de temps, un temps devenu de plus en plus précieux.

Son bureau est à son image. « C'est ma maison, c'est là que je passe 80 % de ma journée. » Sur les murs, sont accrochées des reproductions des fresques de la chapelle Sixtine, de Michel-Ange – deux grandes têtes de Sibylle et la main de Dieu se tendant vers celle de l'homme –, une carte ancienne de l'île de Beauté, son pays d'origine, où le cap Corse a la tête en bas, une reproduction des *Ménines* de Picasso, un peintre qu'elle aime ; mais sur ces murs, aussi, s'étalent les moments forts de sa vie : des photos de son père, sa mère, ses enfants, ses petits-enfants ; des moments forts d'amour et de passion, comme cette hacienda à la chaux blanche, dans la pampa espagnole.

*

Elle s'appelle Cumbres de San Blas. En espagnol, cela veut dire « les vallonnements de San Blas » ; dans le dictionnaire personnel de Francine Leca, cela veut dire passion et amour éternel.

Tout commence en 1970, Francine a alors trente-deux ans. Avec deux associés, Jacques Leca acquiert, pour la chasse, une propriété de milliers d'hectares dans un désert aride et tourmenté l'été mais d'un vert lumineux l'hiver. Cumbres est située dans la province de Huelva, au sud de la péninsule Ibérique, à l'extrême ouest de l'Andalousie et aux frontières du Portugal. C'est un endroit au climat privilégié, le soleil y brille trois cents jours par an, et la nature y est intense. L'Andalousie est un territoire où alternent jardins et déserts, et c'est dans cette seconde partie que s'étend, au milieu de la pampa, Cumbres : un immense territoire de chasse où vivent en abondance les perdrix rouges d'Espagne. Un univers qui est un mélange de Far West et de grandes étendues argentines.

Boulevard Suchet, tout le monde parle de la dernière acquisition de Jacques. On imagine, on rêve, on se prépare. A l'aéroport de Huelva, Francine, Jo, les enfants et un couple d'amis descendent de l'avion. Il est 15 heures et la température extérieure affiche 40 degrés à l'ombre. Dans le hall de l'aéroport, Jacques fait un signe de la main à la petite troupe trempée de sueur qui débarque pour la première fois sur le sol andalou. Les bagages récupérés, les voyageurs grimpent dans le 4 × 4, direction Cumbres, située à deux heures et demie de route de l'aéroport.

Dans la voiture, Francine ne dit rien. Elle regarde, émerveillée, le paysage qui défile devant ses yeux. Après avoir passé le petit village d'El Granado, avec ses maisons blanches, ses enclos de guingois et ses habitants somnolant à l'ombre des arbres de la place, le 4 × 4 s'engouffre sur une route de terre, rocailleuse, remplie d'ornières, sèche et poussiéreuse. Chacun essaie d'amortir comme il le peut les chocs provoqués par la route. Francine, elle, laisse sa tête se balancer d'un côté et d'un autre. Le paysage qui s'étale devant elle lui coupe le souffle. Tout est beau, et pourtant, il y a peu de chose, hormis des plaines désertiques, coupées çà et là par de petits vallons sur lesquels seuls les chênes-lièges se dressent au soleil.

Jacques, qui regarde sa fille dans le rétroviseur, voit dans ses yeux briller des éclairs. La magie de Cumbres vient d'agir.

– Nous arrivons, annonce-t-il, le doigt pointé vers l'horizon. Regardez !

Au loin, seule au milieu de nulle part, se dresse dans la pampa une vieille maison andalouse. C'est là qu'habite Jacques en attendant de construire l'hacienda de ses rêves. C'est une habitation typique du lieu, assez basse, avec des murs épais et irréguliers, blanchis à la chaux, et des portes voûtées. Tout autour, des enclos hébergent des moutons et des chèvres. A l'arrière se trouve une écurie.

S'installant sur un banc aux côtés de son père, Francine regarde au loin. S'il y a un paradis sur terre, c'est ici.

Et c'est dans ce paradis qu'elle passera les vingt ans les plus intenses de sa vie, vingt ans d'amour pour un pays où se mêlent modernité et tradition, dans l'Andalousie de la tauromachie, du flamenco, des *ferias* et des *fiestas.* Cumbres, c'est toutes les vacances avec ses enfants et ses amis les plus proches, des vacances qui vibrent au rythme de la chasse à la perdrix rouge et aux lapins, des balades à cheval, du travail de la terre comme ramasser les olives, cueillir les oranges et labourer le potager. « Nous vivions comme les gens du coin ; nous vivions de tout ce que pouvait nous procurer la vie sauvage. Je me souviens que lorsqu'il n'y avait plus rien à manger, nous partions chasser le lapin. On en mangeait à midi et le soir, à toutes les sauces. C'était comme cela, nous vivions avec et pour la nature. »

En 1980, la tribu Leca abandonne la vieille maison andalouse pour emménager dans l'hacienda que Jacques et ses associés ont fait construire. C'est une immense bâtisse de plus de mille mètres carrés habitables, dont les plans ont été conçus par Yves, le frère architecte de Francine, et le plus posé de la fratrie. Les Espagnols l'ont d'ailleurs surnommé « El Serioso » pour le distinguer de Philippe, le benjamin, plutôt rieur et bon vivant. Dans cette hacienda, Francine, qui en connaît les moindres recoins, mettra un peu de son âme, passant toutes ses vacances à parcourir l'Andalousie pour dénicher meubles, mosaïques et céramiques qui feront de Cumbres, au dire des Espagnols, une véritable hacienda andalouse.

Outre les aménagements de la maison, Francine s'occupe aussi des élevages composés de chevaux et de porcs, d'une basse-cour et de cultures d'avoine et d'orge destinées à la nourriture des animaux, ainsi que d'oliviers pour l'usage personnel des habitants de Cumbres. Travailler le sol, endosser le « costume » d'agriculteur, c'est ce qui fait toute sa joie lors de ses séjours en Espagne. Tel un *ranchero*, les mains sur les hanches, lorsqu'elle regarde l'immensité de ces terres, elle se met à rêver de grandes étendues d'orangers et d'eucalyptus. Et comme à l'accoutumée, les idées les plus folles lui traversent l'esprit. C'est ainsi qu'un beau matin de 1979, de retour de Cumbres, elle arrive à l'hôpital, le pas décidé et le sourire aux lèvres.

A peine est-elle entrée dans le bureau de Pascale qu'elle lui lance :

– J'ai une idée formidable ! Il faut que je t'en parle.

A ces mots, les lumières d'alerte rouge de son assistante se mettent à clignoter. Elle craint le pire, que va-t-elle encore lui sortir ? Les idées plus ou moins extravagantes de sa patronne, elle sait ce que cela veut dire. « En général, elle m'y associe complètement, et qui dit " idées " chez elle dit automatiquement surcharge de travail. Elle rentrait de vacances et je me doutais bien que cela devait avoir une relation quelconque avec l'Espagne... »

Et après s'être servie une tasse de café pour ne pas déroger au rituel matinal, le plus sérieusement du monde, elle annonce :

– Je vais passer un BTS d'agriculture.

Les yeux ronds comme des soucoupes, Pascale n'en revient pas. Elle sait qu'avec elle il faut s'attendre à tout, mais même en débridant son imagination, elle n'aurait jamais pensé à ça.

Prise dans la frénésie de son idée, Francine lui explique que la seule solution pour avoir une explication concrète sur la maladie dont souffrent actuellement ses eucalyptus et pour apprendre comment on peut mettre en place une orangeraie, c'est de passer un BTS. Avec un diplôme de technicien agronome, elle pourra faire ce qu'elle veut. « Ben, tiens, pense Pascale, les explications, on peut les trouver dans les livres. Mais pourquoi faire simple quand on peut faire compliqué ? »

Le jour même, Francine s'inscrit à son BTS par correspondance. Pendant deux ans, elle qui n'avait que ses soirées et son dimanche pour se reposer, bûche ses matières. Espérant obtenir son diplôme, lors des séjours en Andalousie, l'apprentie agricultrice s'occupe pour sa future orangeraie de l'irrigation. Sans eau, pas d'oranges, et l'eau, c'est ce qui manque le plus à Cumbres. Glanant çà et là des informations, elle apprend qu'un barrage va être construit sur le fleuve Chanza. Il sera à l'origine d'un lac qui s'étendra sur plusieurs milliers d'hectares et bordera son exploitation agricole. Une aubaine ! Elle ne pouvait rêver mieux. Grâce au lac, le territoire, dramatiquement sec certains étés, pourra être irrigué.

Le problème de l'irrigation résolu, plus rien ne peut l'arrêter. Tout est prêt pour que ça marche : la terre, le soleil et l'eau sont là, il ne reste plus qu'une chose : le diplôme à obtenir. Francine travaille d'arrache-pied, rendant dans les temps et au prix d'un énorme effort – car elle n'a pas pour autant diminué son travail à l'hôpital – les exercices hebdomadaires qui lui sont demandés.

« Elle a bossé son BTS sans réduire son activité hospitalière, raconte Pascale. Elle refusait tout : les dîners avec les copains, les sorties le week-end... Elle devenait la nonne de l'agriculture ! Elle voulait ce diplôme et rien ne devait contrarier son désir. Elle est même allée en stage, quelque part en France profonde. »

Le stage en question a lieu dans le Massif central. Une semaine dans une ferme-école, avec d'autres étudiants en BTS d'agriculture. Le sac calé à l'arrière de sa moto, Francine arrive sur les lieux. « C'était génial, j'avais trente-neuf ans et, face à moi, des gamins et des gamines de seize, dix-huit ans. Je revois encore leur tête lorsqu'ils m'ont vue arriver, j'avais l'impression d'être une espèce d'extra-terrestre. C'étaient tous des fils de paysans. Des jeunes qui voulaient reprendre la ferme de leurs parents. »

Au programme du stage, lever 6 heures du matin, petit déjeuner consistant : pain frais, café, saucisson et fromage. « J'adorais ça ! De toute façon, en dehors du saucisson, c'est ce que je mange tous les matins. Pour pouvoir assurer cinq à six heures d'opération, parfois plus, il faut être bien calée, avoir pris des forces. »

La dernière gorgée de café avalée, commencent les cours théoriques jusqu'à midi, puis déjeuner et retour en stage avec, cette fois-ci, la pratique. La ferme-école possédant un troupeau de vaches, les cours portaient essentiellement sur l'alimentation de l'animal, la traite, les maladies, etc. « C'étaient des obsédés de la vache ! On avait intérêt à être bons. Ce qui m'a le plus frappée, c'est l'alimentation de l'animal. C'est incroyable comme c'est compliqué ! La nourriture est très complexe : si c'est une vache laitière, elle ne doit pas absorber la même chose qu'une vache à viande. Ensuite, elle doit avoir un volume très précis dans l'estomac, et on ne doit surtout pas le dépasser. Pour cela, il fallait réaliser des calculs savants, c'était un véritable casse-tête. »

L'effet de surprise de son arrivée dissipé, Francine se fond rapidement dans le groupe, un peu comme si elle était née dans ce milieu et n'avait fait que ça toute sa vie. Et très vite, les jeunes étudiants deviennent des copains avec lesquels elle trouve agréable de discuter et d'échanger des points de vue sur l'économie agricole. Leur a-t-elle dit qu'elle était chirurgien ? « Je ne m'en souviens pas, mais je ne pense pas le leur avoir dit, ça ne servait à rien. Ils n'auraient peut-être pas compris, ils étaient très préoccupés par leur avenir, ils étaient même assez angoissés. D'ailleurs, ils ne m'ont jamais demandé pourquoi je me lançais, à quarante ans, dans l'agriculture. C'était un stage très sérieux, nous passions notre temps à travailler et le soir, nous étions tellement claqués que nous nous couchions tôt. Les divagations d'un chirurgien qui voulait créer une orangeraie en Espagne, ce n'était pas vraiment à l'ordre du jour. »

Quelques mois plus tard, elle reçoit sa convocation aux examens qui se déroulent dans un lycée agricole à Bel Air, petit village de l'Essonne. Après trois jours d'oral et d'écrit, l'étudiante est assez satisfaite. Entre-temps, elle a aussi rendu son mémoire qui comptait pour les épreuves écrites. Le titre : « Projet d'une orangeraie en Andalousie. » Une vingtaine de pages dans lesquelles elle explique en détail la viabilité de son projet. Il ne manque rien : l'environnement naturel, le système d'irrigation, l'environnement socio-économique, les moyens de production en capital foncier et d'exploitation, en matériel, l'étude des sols, les variétés d'agrumes cultivables, la mise en culture, la conduite et l'entretien de l'orangeraie, bref, un mémoire détaillé, accompagné de plans et de cartes, tout ce qu'il faut pour normalement réussir. Et elle y croit dur comme fer. Elle la voit, cette orangeraie. Elle en est même arrivée à se dire qu'elle pourrait quitter Paris pour vivre là-bas, sans s'arrêter bien sûr de travailler. La chirurgie cardiaque se pratiquant à Séville, elle pourrait facilement trouver un poste. Ainsi, sans abandonner sa passion, elle suivrait de très près la culture de ses oranges et vivrait dans cet endroit qu'elle aime tant.

« Je savais bien que tout cela, c'étaient des rêves. Mais j'étais tellement attachée à cette terre ! Là-bas, j'avais l'impression que rien ne pouvait m'atteindre. J'aimais tout, les chevaux, les troupeaux, la nature, la rudesse des gens, leur force de vie, et Dieu sait que la vie était dure pour eux. Il y avait une assez grande pauvreté, mais la population était courageuse. Oui, tout, tout me plaisait et me passionnait. »

Trois semaines plus tard, les résultats tombent. L'enveloppe à la main, Francine la décachette et lit. La porte de communication entre son bureau et celui de son assistante est restée ouverte. Pascale retient sa respiration ; une seule question la tracasse : comment réagira-t-elle si elle n'est pas reçue ? Dans son bureau, Francine, qui vient de se laisser tomber dans son fauteuil, jette d'un geste rageur la feuille qui atterrit du premier coup dans la poubelle. Les résultats sont : recalée.

« C'est mon mémoire qui m'a pénalisée. Ils n'en avaient rien à foutre de mon orangeraie. Ce qui les intéressait, eux, c'était la vache, le blé et l'orge. A part ça, point de salut. »

Vexée, elle est vexée. Son assistante, qui passe une tête dans son bureau, comprend à son regard qu'elle n'est pas reçue. Encourageante, elle lui dit que ce n'est pas grave et qu'elle le repassera l'année prochaine.

– Pas question ! lui répond Francine. On ne revient pas sur un échec, et puis c'est trop de travail.

Le débat est clos. Mais aujourd'hui, Pascale se pose encore la question : comment a-t-elle vécu cet échec, elle qui ne les aime pas, elle qui se demande pourquoi ils existent ?

Cumbres vivrait donc sans orangeraie et Francine ne quitterait pas la France, et son cher Paris, pour y vivre. Une simple désillusion, dont elle se remettra.

Le pire, lui, n'est pas encore là. Il n'arrivera que quelques années plus tard, en 1996. Depuis cette date, Cumbres n'existe plus. Sa passion a été trahie, sa vie transpercée d'un coup dont elle ressent encore aujourd'hui la douleur. Et lorsque, dans son entourage, les plus téméraires osent lui parler de sa pampa, elle ne peut que répéter ces mots, toujours les mêmes : « On m'a volé Cumbres. Il n'y a rien d'autre à dire. » Et reconstruire l'histoire n'est pas chose facile. A la simple évocation de cette Andalousie si chère à son cœur, la voix se casse et les mots se coincent.

En 1996, des trois associés qui se partageaient Cumbres, il n'y en a plus que deux, dont Jacques Leca, mais entre les deux hommes, qui ne partagent plus les mêmes valeurs ni les mêmes intérêts, le torchon brûle. A tel point qu'ils ont mis fin à leurs relations commerciales mais aussi amicales, ne gardant en commun que l'hacienda. Puis, Jacques tombe malade, et Cumbres devient pour lui un poids de plus en plus lourd. Son associé lui propose de lui racheter sa part. Jacques en parle avec sa fille. Si, au fond de son cœur, elle ne veut pas en entendre parler, elle sent bien que son père s'affaiblit et qu'il serait préférable de le décharger de ce poids. Les tractations s'ouvrent et c'est un requin redoutable qu'elle trouve en face, un homme qui compte bien profiter de la situation : « Il nous a proposé une somme ridicule. Au début, je n'ai pas accepté, et puis j'ai dû me résigner. » Dans un premier temps, elle décide de se battre. Mais les mois passent, l'affaire piétine. Les avocats parlent de procès qui pourrait durer des années. Francine comprend alors qu'elle et ses frères ne pourront jamais assumer de telles dépenses. De plus, l'état de santé de Jacques s'aggrave. « C'est la première fois de ma vie où j'ai baissé les bras, car je savais que mon père n'avait plus la force de se battre ; je voulais l'épargner. » Et après plusieurs mois de lutte, Francine accepte, au nom de Jacques Leca, de céder sa part de Cumbres. Depuis, la blessure ne s'est jamais refermée.

« Je n'ai pas perdu Cumbres, on me l'a volé. C'est une grande différence. »

Sur les murs de son bureau, l'hacienda se dresse comme un roc dans le crépuscule d'un soir andalou.

4.

Tout vient à point à qui sait attendre

Ce matin, Pascale fait entrer dans le bureau une vieille connaissance. Nathalie, trente ans, a déjà été opérée six fois depuis qu'elle est toute petite. Elle est encore un peu bleue mais ne se porte pas trop mal sur le plan cardiaque. Ravie de la revoir, Francine lui demande comment elle va. Campée bien droite sur son fauteuil, la jeune femme lui lance alors : « Le cœur bien, mais moi mal. »

Et dans la vie de Nathalie, à l'entendre, tout va mal. Elle habite dans une HLM qu'elle considère insalubre, les ascenseurs tombent toujours en panne, elle ne supporte plus son appartement à cause de ses voisins, elle ne se couche pas avant une heure du matin et ne se lève pas avant midi. Elle a envie de travailler mais la médecine du travail le lui interdit, et elle ne vit que grâce à la Cotorep, un organisme d'aide pour handicapé physique, qui lui verse 610 euros par mois. Une fois le loyer payé, il ne lui reste que 320 euros pour vivre. De plus, elle se sent seule, elle a un petit copain mais elle ne le voit pas tous les jours. Bref, Nathalie annonce qu'elle est en pleine dépression et qu'elle a d'ailleurs « failli se foutre en l'air » il n'y a pas longtemps. Francine est abasourdie.

– Mais est-ce que tu veux travailler, est-ce que tu veux une activité professionnelle, même à mi-temps ?

– Oui, je veux bien, mais moi je travaille dans la vente et ils disent que c'est trop fatigant pour moi. J'aimerais travailler dans les bureaux, mais je n'ai aucun diplôme.

– Nathalie, si tu veux que je t'aide, je t'aiderai, mais il faut que tu sois d'accord. Si je résume, ton cœur va bien et c'est vrai, c'est mieux, mais ton moral est à zéro.

Nathalie hoche la tête.

– En gros, tu craques parce que tu ne fais rien de tes journées et je te comprends. Je vais t'aider mais tu dois te rendre compte que cela n'est pas du ressort de mon travail. Comme je te connais depuis que tu es bébé et que je t'aime bien, je vais tout faire pour que tu t'en sortes. Cela veut dire que je vais être obligée de me mettre en contact avec la Cotorep et l'assistante sociale, je vais donc m'engager ; et si je te dis tout cela, c'est parce que je veux une réponse claire et honnête de ta part : est-ce que je commence à m'agiter pour te trouver un petit boulot qui te donnera des journées plus claires, plus rayonnantes, ou vas-tu me dire dans quinze jours que, finalement, tu ne veux plus ? Il faut que je sache.

– Oui, mais j'en ai marre des gens.

– Ecoute, Nathalie, cesse d'être agressive en permanence, tout le monde s'occupe de toi. Tu serais née dans un autre pays que la France, dans un pays où l'on s'en fout, des gens, et Dieu sait qu'il y en a, eh bien, tu serais morte. Alors, arrête de rouspéter, il y a une limite à tout. Je voudrais que tu aies une philosophie consistant à dire : je ne peux pas passer mon temps à râler contre la société car cette société m'aide. Tu es consciente de cela. Ensuite, il faut que tu sois honnête avec les autres et avec toi-même. Tu me dis que tu veux travailler mais en même temps tu aimes être assistée, tu prends l'ambulance parce qu'on te la paye, moi je souhaite que tu prennes le train, il ne faut pas abuser des choses. Tu n'es plus une grande malade, et heureusement. Tu es une personne fragile, multi-opérée, qui nécessite d'être surveillée régulièrement, mais tu n'as pas à être assistée totalement comme tu l'es actuellement, et c'est ce que j'écrirai. D'accord ?

– D'accord.

A la fin de la consultation, Francine fait ce qu'elle a dit et commence par dicter des lettres, au pneumologue et à la Cotorep. Un surcroît de travail, mais elle ne peut pas s'en empêcher. « Lorsqu'elle m'a dit “ le cœur va bien, mais moi mal ”, j'ai trouvé cette phrase insupportable. Si je répare le cœur de quelqu'un, c'est pour qu'il aille bien mais je m'en fiche d'avoir un cœur qui fonctionne bien dans un individu qui va mal. J'estime qu'en soignant le cœur de ces enfants, je leur ai permis de vivre, de survivre, et je voudrais qu'ils vivent dans de bonnes conditions ; et aider, pour moi, c'est juste instinctif. »

Elle explique la situation à sa secrétaire qui ne peut se retenir de lui dire : « Mais, madame, ce que vous faites là, c'est le boulot de l'assistante sociale... »

– Je sais, mais il faut bien prendre le taureau par les cornes, si nous ne faisons rien, elle va déprimer encore plus et ça, ce n'est pas possible. Ma petite Pascalou, ça fait des années que toi et moi aidons nos malades du mieux que nous pouvons, tu ne veux pas que ça change ?

Pascale secoue la tête. Il n'y a rien d'autre à dire ; et puis, c'est vrai, elles ont toujours agi ainsi.

Cela fait déjà vingt-six ans qu'elles travaillent ensemble. La première fois que Pascale débarque à l'hôpital Laennec, c'est en 1975. Elle a alors dix-sept ans et passe un diplôme de secrétaire médicale. Ses études sont divisées en deux parties : le matin en stage et l'après-midi en cours. Dès son arrivée à l'hôpital, Pascale est placée dans le secrétariat de deux chefs de clinique du service de chirurgie cardiaque, celui de Claude Rioux et de Francine Leca. Dans le service de Jean Mathey, l'ambiance est intense et, très vite, la jeune stagiaire ne sait plus où donner de la tête : « Ça grouillait dans tous les sens, il y avait des malades partout, même dans les couloirs parce que nous ne savions pas où les mettre. Je ne dirais pas que l'ambiance était ce que l'on voit aujourd'hui dans la série *Urgences*, mais ça y ressemblait pas mal. Je ne savais pas ce qu'était la vie d'un service de chirurgie, mais je suis complètement tombée sous le charme de celui-là. »

Elle n'a pas oublié sa première rencontre avec Francine. Debout dans un coin du bureau, alors qu'elle classait des dossiers de malades et se croyait seule dans la pièce, une voix derrière elle la fait sursauter :

– C'est bien, j'aime voir les gens s'activer et travailler dans ce bureau.

« Quand elle a dit ça, j'ai pensé : " Oh là là ! ça ne rigole pas et ça commence bien ! " » Lui serrant chaleureusement la main, Francine se présente et met rapidement la petite stagiaire dans le bain : elle compte avant tout sur un esprit méthodique, elle-même étant assez « bordélique », ce que Pascale constatera très rapidement. Et ces mots prononcés en 1975 auraient très bien pu l'être en 2002 : « Il ne faut pas oublier que son leitmotiv, c'est : " Travaillons, travaillons, et si vous pouviez travailler encore plus ce serait bien. " Elle n'a pas changé. En rien d'ailleurs, ni physiquement, en dehors des cheveux blancs, ni dans sa façon d'être, elle est toujours égale à elle-même. »

A la fin de son stage et après avoir réussi son examen et le concours d'entrée dans l'administration de l'Assistance publique, Pascale aurait pu décider de partir ailleurs, ou dans un autre service. Mais pour rien au monde elle n'aurait quitté la chirurgie cardiaque. « Ce que je trouvais génial dans ce service, c'était le dynamisme de l'équipe, et j'ai été très vite passionnée par la chirurgie du cœur. Maintenant, je dois avouer que de savoir que j'allais me retrouver seule avec Mme Leca, que j'allais devenir son assistante, eh bien, j'étais morte de trouille ! »

Lorsque Pascale arrive à Laennec, Francine a trente-huit ans et elle est chef de clinique dans le service de Jean Mathey depuis 1971, une année importante dans sa vie, qui marque la fin de son internat et le passage de sa thèse de médecine, c'est-à-dire l'obtention de son diplôme de médecin. Une thèse à l'intitulé plus que barbare : « La sténose serrée de l'artère pulmonaire à septum inter-ventriculaire intact – A propos de 158 cas chez le nouveau-né, le nourrisson et l'enfant. » Une thèse dédiée tout d'abord à ses parents, puis à Jean Mathey, à Charles Dubost chez qui elle a travaillé comme interne en chirurgie cardiaque à l'hôpital Broussais, à Michèle Thibert, sa directrice de thèse, et à pléthore d'autres chirurgiens, ses aînés auprès desquels elle a appris son métier.

*

Nous sommes au mois de juin. A la faculté de médecine de la rue des Saints-Pères, située dans le VIe arrondissement de Paris, en plein Quartier latin, cinq étudiants faisant partie de la « cuvée » 1971 piétinent dans le hall.

Il y a les émus, les stressés, les décontractés, style je-m'en-foutiste et les sérieux comme un pape. Francine, qui d'ordinaire affiche plutôt une allure décontractée et sereine, ferait plutôt partie ce jour-là de la catégorie des émus, limite stressés. Tous viennent de soutenir leur thèse devant les membres du jury et, dans quelques instants, après les délibérations, ceux qui seront reçus devront, devant leurs pairs, prêter le serment d'Hippocrate.

Dans la cour, un huissier apparaît. C'est l'heure du verdict. Il égrène les noms : « Claude F., Jacques H., Sylvie A., Francine Leca-Chetochine, Olivier R. » Réprimant des cris de joie, les cinq étudiants se présentent dans la salle du conseil. Assis derrière une imposante table en bois massif sur laquelle se dresse le buste d'Hippocrate, les membres du jury attendent les nouveaux docteurs en médecine, qui, dans quelques instants, prêteront devant ce buste le serment de celui qui est considéré comme le père de la médecine. Face à la pratique des devins, où mysticisme et superstitions tiennent la première place, Hippocrate – médecin grec né en 460 av. J.-C. sur l'île de Cos et mort autour de 377 av. J.-C. à Larissa, en Thessalie – fut le premier à prôner ce qui, à l'époque, fut une véritable révolution : l'énonciation des faits avant celle des hypothèses, c'est-à-dire rechercher les causes de la maladie à l'aide de multiples observations, puis appliquer les remèdes appropriés.

Dans la salle du conseil, sérieux et presque recueillis, les futurs médecins attendent l'appel de leur nom. Jadis, la tradition voulait que, le jour du serment, les impétrants portent par-dessus leur habit civil la robe noire des docteurs en médecine. En 1971, si cette coutume perdure dans quelques villes de province, elle n'a plus cours à Paris.

« C'est un moment très solennel. C'est un très beau serment et chaque mot qu'il contient compte. Ce sont des mots d'engagement envers l'homme. Ce qui est dit est vrai et doit être intégré par le futur médecin. Je n'oublierai jamais ce moment-là et je crois sincèrement avoir conduit ma carrière de médecin en appliquant avec sérieux et vérité ce serment. Mon père disait toujours : " Une parole donnée, c'est comme une pierre jetée, ça ne revient pas en arrière. " »

Quand arrive son tour, Francine est nouée, elle en a même des larmes dans les yeux. Lorsqu'elle s'approche de la table et se place face au buste de leur maître à tous, les membres du jury et ses collègues se lèvent. Canalisant son émotion, elle se lance. La voix est grave et fluide. Elle, qui dit ne pas avoir de mémoire, récite sans buter et sans hésiter ce serment si cher à son cœur :

> *« En présence des Maîtres de cette Faculté, de mes chers condisciples et selon la tradition d'Hippocrate, je promets et je jure d'être fidèle aux lois de l'honneur et de la probité dans l'exercice de la Médecine.*
>
> *Je donnerai mes soins gratuits à l'indigent et n'exigerai jamais un salaire au-dessus de mon travail. Admis dans l'intérieur des maisons, mes yeux ne verront pas ce qui s'y passe, ma langue taira les secrets qui me seront confiés et mon état ne servira pas à corrompre les mœurs ni à favoriser le crime. Respectueux et reconnaissant envers mes Maîtres, je rendrai à leurs enfants l'instruction que j'ai reçue de leurs pères.*

Que les hommes m'accordent leur estime si je suis fidèle à mes promesses. Que je sois couverte d'opprobre et méprisée de mes confrères si j'y manque. »

A la fin de son internat et après avoir obtenu son diplôme, Francine, comme le lui avait promis Jean Mathey, devient chef de clinique dans le service de chirurgie cardiaque de l'hôpital Laennec. C'est le début d'une longue carrière dans ce qu'elle appelle « mon cher Laennec ». Arrivée en 1971, elle ne le quittera qu'en 1999, un an avant sa fermeture et sa désaffection.

La construction de l'hôpital Laennec avait commencé en 1625 pour s'achever en 1757. Elle avait pu se faire grâce aux donations de deux hommes, l'abbé Joulet et le cardinal de La Rochefoucauld, qui souhaitaient qu'il y ait, hors les murs de Paris, un établissement destiné à recueillir les malades incurables, trop vieux ou trop pauvres pour être reçus ailleurs. D'abord « hospice des incurables », ce ne fut qu'en 1879 qu'il devint l'« hôpital Laennec » et établissement à part entière de l'Assistance publique.

Avant d'être l'hôpital de référence de la chirurgie cardiaque et des maladies congénitales en France, Laennec fut connu comme l'hôpital des tuberculeux, puis du cancer pulmonaire dont un des maîtres était le même Jean Mathey qui serait plus tard le patron de Francine et celui de la chirurgie cardiaque. Contrairement à tous les autres services, la chirurgie cardiaque adultes et enfants n'est pas située dans les superbes locaux de l'hôpital datant du XVe siècle, aux murs épais, aux voûtes anciennes et aux escaliers Louis-XIII, mais dans un vilain bâtiment de brique rouge à l'arrière de l'hôpital, qui donne sur ce que le personnel appelle « le jardin des sœurs ». Le service de Jean Mathey, avec cinquante lits, occupe les premier et deuxième étages, la chirurgie digestive étant installée au rez-de-chaussée. Si les chambres et les salles communes n'ont rien d'extraordinaire, le service possède en revanche quatre superbes blocs opératoires qui bénéficient tous, et c'est exceptionnel, de la lumière du jour et des derniers instruments à la pointe de la technologie. Instruments de pointe, bloc opératoire de pointe pour une chirurgie de pointe, rien de plus normal.

La grande expérience de Jean Mathey en chirurgie cardiaque adulte, puis dans les cardiopathies congénitales, lui a taillé une solide réputation. Les malades admis dans son service viennent de toutes les régions de France, et les chirurgiens ne chôment pas. Son premier bureau dans ce temple de la chirurgie, Francine le partage avec Claude Rioux, qui devient très vite son grand complice. C'est une pièce exiguë, sans fenêtre, avec seulement un vasistas laissant peu passer la lumière du jour. Leurs deux petits bureaux face à face, leurs bouquins et papiers posés çà et là, les deux chirurgiens sont souvent obligés de se contorsionner pour atteindre leur chaise.

Sa première année de chef de clinique, Francine, qui n'a pas encore ses propres malades, la passe surtout à aider les aînés au bloc, à enseigner aux jeunes étudiants et, lorsque le patron le demande, à enfin opérer seule. « Il faut beaucoup d'humilité en chirurgie. Il faut savoir écouter, regarder, aider et puis après, c'est comme dans l'aviation : si ton aîné juge que tu es prêt, on te lâche. Tu commences alors à opérer seule les cas les plus simples tels que les communications inter-auriculaires, les canaux artériels, les coarctations. J'ai été lâchée assez vite. J'adorais ça, j'étais tout le temps là, et c'est ça qui compte aussi. »

Et cette passion la mène loin. Particulièrement résistante, elle peut avoir terminé d'opérer à 4 heures du matin, et s'il faut repartir au bloc à 8 heures, elle repart. Et c'est là que réside sa force : dans la gestion de sa fatigue, dans cette capacité qu'elle a de récupérer en s'endormant dix minutes n'importe où.

Tout comme à l'époque de son internat, elle passe une grande partie de son temps à l'hôpital. Mais sa vie de chef de clinique, en revanche, se révèle plus difficile que celle d'interne. Et pour cause : elle a au-dessus d'elle quatre chirurgiens un peu plus anciens, tant en âge qu'en nombre d'années passées dans le service, des hommes qui ont non seulement de grandes compétences, mais aussi et surtout, au grand dam de Francine, leur propre recrutement, occupant ainsi la majorité des places opératoires. Conclusion : elle qui est toute jeune n'a pas encore « ses » malades et n'opère que ceux que son patron lui attribue. Elle doit donc se débrouiller pour « recruter » par elle-même ses futurs patients et cette situation, chose rare chez elle, a parfois tendance, malgré son optimisme légendaire, à la déprimer. Mais elle s'accroche ; elle croit, comme dit le vieil adage, que « tout vient à point à qui sait attendre ». Et elle n'attendra pas si longtemps que ça.

Au cours de son internat, lors de son stage de six mois en médecine de cardiologie infantile, Francine s'est liée d'amitié avec Michèle Thibert, sa directrice de thèse, cardiologue à l'hôpital Bicêtre. Michèle n'oublie pas sa jeune élève, et depuis l'arrivée de Francine chez Jean Mathey, les deux femmes poursuivent leur travail en commun. C'est ainsi que, de plus en plus souvent, la cardiologue lui envoie ses malades et, peu à peu, le chirurgien commence à constituer sa propre clientèle. « Elle voulait opérer, c'était tout ce qui comptait, elle aurait même pu vous casser une jambe pour le plaisir de la réparer ! », dit en riant Michèle.

Progressivement, Francine prend ses marques dans le service et les hommes qui l'entourent apprécient de plus en plus cette jeune femme gaie, conviviale et qui s'implique beaucoup dans les décisions chirurgicales et scientifiques prises par l'équipe. Jean Mathey a misé sur elle et il sait qu'il a eu raison. Jean est un homme qui a toujours su faire confiance à la jeune génération, qui a toujours voulu avoir du sang neuf, de jeunes chefs brillants, et dans son service il a formé, « fabriqué » l'élite de la chirurgie cardiaque. Une fois « mûrs », comme dit Jean-Yves Neveux, il les place un peu partout en France. Pour ce qui est de Francine, son ambition est de la voir rester à Paris, chez lui, dans sa maison, dans son service. Certes, son arrivée n'a pas été sans grincements de dents. Certains n'ont pas vu d'un bon œil la venue d'une femme chirurgien. « Il y a quand même eu très peu de racisme à son égard, et j'ai bien dit racisme et non pas sexisme, déclare Jean-Yves Neveux, mais il est vrai que tous n'étaient pas très heureux. Cependant, cela n'a pas duré car, très vite, elle a su se faire apprécier ; et puis, elle s'est spécialisée dans les enfants, et les chirurgiens de l'époque en faisaient peu. »

La chirurgie cardiaque de l'enfant, c'est ce qu'elle veut faire. Grâce et avec Michèle Thibert, elle s'y attelle. Très vite, les enfants s'attachent à elle. Elle les considère comme des grandes personnes et leur parle comme telles, leur expliquant clairement et simplement les choses. Contrairement à beaucoup de chirurgiens, et cela quelle que soit la spécialité, Francine va au-devant des autres. « Ce n'est pas quelqu'un qui s'est fabriqué, explique encore Jean-Yves Neveux. Aller vers les autres, chez elle, c'était et c'est inné. Elle a un contact parfait avec le malade. » Et si l'on en croit ses confrères de l'époque, elle avait, tout comme Jean-Pierre Bex, un autre chirurgien du service, ce « petit plus » qui force le respect dans ce métier : un grand don manuel, une merveilleuse gestuelle.

Depuis qu'elle a été nommée chef de clinique, Francine travaille beaucoup : de jour, comme tout le monde, mais aussi de nuit, et bien souvent le week-end. Si l'on dit d'elle que c'est un bourreau de travail, cette charge supplémentaire, elle ne l'effectue pas uniquement pour le plaisir : c'est aussi une façon d'améliorer ses fins de mois. Car après plus de quatorze ans d'études, elle perçoit un salaire mensuel ridicule d'environ 9 800 francs (1 500 euros). Cependant, si bosser fait partie de son univers, elle n'en oublie pas pour autant qu'elle est mariée et qu'il faut de temps à autre savoir lever le pied pour préserver une vie de couple devenue de plus en plus tendue et fragile. Alors, tant bien que mal, elle tente de concilier les deux et de faire plaisir à Georges, comme ce week-end où ils doivent partir en Angleterre.

Francine, Georges et quatre copains préparent le voyage. Le périple se fera à moto et en ferry. Tout le monde se réjouit et personne ne pense au possible grain de sable dans l'engrenage ; et cette fois-ci, pourtant, le grain est de taille : garde aux urgences, la nuit précédant le départ. Pour Georges, une seule solution : refuser. Francine en a une autre : effectuer sa garde et partir aux aurores.

Il est 5 heures du matin lorsqu'elle sort du bloc avec Jean-Yves. Ils ont opéré toute la nuit et leurs traits sont tirés. Depuis la veille, 18 heures, ils ne se sont pas accordé une seule minute de repos. Lasse, Francine lui dit qu'elle va dormir deux heures dans son bureau.

– Tu devrais plutôt rentrer te coucher dans un bon lit, lui réplique-t-il.

– Non, je ne peux pas, Georges vient me chercher dans deux heures, nous partons à moto passer trois jours en Angleterre.

Jean-Yves est sidéré. Elle est folle.

– Tu ne vas quand même pas conduire une moto, dans l'état où tu es et après la nuit que nous venons de passer, c'est de la folie !

Elle lui explique alors qu'elle ne conduira pas, mais qu'elle se mettra à l'arrière et s'attachera à Georges. Jean-Yves n'en croit pas ses oreilles. « Eh bien, elle est partie, comme ça, attachée avec une sangle, collée au dos de son mari. Elle était tellement épuisée qu'elle s'est endormie tout de suite. »

Et, de fait, elle dort comme une bienheureuse. Elle ouvrira un œil au moment de l'embarquement dans le ferry, se rendormira sur le bateau et ne se réveillera vraiment qu'une fois arrivée à Piccadilly Circus.

Lorsque l'hôpital lui laisse un peu de temps, Francine et Jo partent souvent à Cavalaire avec leurs amis, dont Mario et Eliane, le parrain et la marraine de leur fille Caroline. « Je revois encore Mario apprendre à marcher à Caroline. Elle était despotique avec lui et elle l'entraînait des heures durant dans de longs va-et-vient sous la grande rotonde de la maison ! » C'est là, à la Tour Blanche, la maison de famille, qu'elle a accouché de Caroline et d'Orso, nés tous les deux pendant les vacances. Eliane, Francine l'a rencontrée lorsqu'elles étaient toutes deux externes dans le service des maladies infectieuses de l'hôpital Claude-Bernard, où l'on accueillait les patients atteints du tétanos. Eliane, c'est aussi l'époque des sous-colles de l'internat. Mario est un ami de plus longue date : Francine et lui se connaissent depuis la classe de seconde. A ces amitiés indéfectibles de la première heure, se joignent régulièrement Christian et Néna, des amis d'enfance de Jo. Cavalaire, c'est aussi la pêche à la palangre : le soir, on tend la ligne, et le lendemain matin, dès l'aurore, tout le monde est debout pour aller la relever. Enfin, les amis, ce sont les inoubliables dîners parisiens où ils refont le monde, en discussions interminables ou en chansons, accompagnés à la guitare par Jo.

Bien sûr que des dîners, des vacances, elle aurait aimé en avoir davantage; mais « ce sont les jeunes qui doivent assumer, tu te tapes les gardes de Noël, du Jour de l'An, de tous les jours fériés. Ce n'est qu'au fur et à mesure que tu prends de la bouteille, que tu es dégagée des gardes astreignantes ». Elle assume donc les gardes de nuit, les gardes du samedi, du dimanche, les journées à l'hôpital tandis que Georges ronge son frein. La vie de sa femme est un véritable marathon, une vie très prise, trop, beaucoup trop à son goût, et ce que Jo acceptait à vingt-cinq ans, il ne l'accepte plus à trente-cinq. Après dix ans de mariage, il ne supporte plus les gardes, les week-ends amputés, les malades qui téléphonent et les départs précipités de Francine pour l'hôpital. « Elle s'est vouée à la chirurgie et on ne peut pas discuter, explique Georges. C'était une vocation, elle avait une mission. Elle a tout sacrifié pour cela, et moi, je n'ai pas été patient. A cette époque-là, je ne comprenais pas que Francine est la femme d'une cause, et que sa cause, c'est la chirurgie. Je n'ai pas su accepter sa vie. »

Entre Georges et Francine, l'entente est jalonnée de hauts et de bas ; par moments, c'est la grande complicité et le plaisir physique et intellectuel de faire des choses ensemble. Mais à d'autres moments, de plus en plus fréquents, c'est un conflit larvé, une incompréhension grandissante chez Jo, une indifférence croissante chez Francine. Il n'y a pas de véritable dispute, plutôt des paroles mordantes, des silences, des emportements dominés avec difficulté.

Le couple n'a plus la même façon de vivre, les mêmes intérêts, les mêmes préoccupations, ni, surtout, la même conception de la liberté : pour elle, la liberté est de mener sa vie de chirurgien comme elle l'entend ; pour lui, c'est d'avoir une femme plus présente à la maison, une femme d'intérieur, une femme qui reçoit. Les dissensions se multiplient, comme ce fameux soir de 1975 où Georges, qui a créé, quelques années plus tôt et avec le soutien de sa femme, une société spécialisée dans l'étude des comportements dans le marketing et la communication, a invité des clients à dîner.

Depuis cinq ans, ils ont quitté l'appartement parisien du boulevard Suchet pour aller s'installer dans une maison en pleine campagne, à Saint-Nom-la-Bretèche, à une trentaine de kilomètres de la capitale. Exceptionnellement, ce jour-là, Francine décide de partir de l'hôpital plus tôt que d'habitude. Elle sait que pour Georges, ce dîner est important, et elle veut être à ses côtés. Les enfants couchés, les invités arrivés, la soirée s'annonce bien, aucune ombre au tableau. Aucune, jusqu'au milieu du repas. Il est environ 22 heures lorsque la sonnerie du téléphone retentit. Francine s'excuse, se lève de table, se dirige vers le téléphone et décroche. A l'autre bout du fil, la surveillante en chef de son service : on l'attend de toute urgence à l'hôpital, le malade qu'elle a opéré le jour même ne va pas bien. La réaction de Francine ne se fait pas attendre : « J'arrive. » Après avoir raccroché, elle rejoint ses invités, la conversation paraît détendue. De loin, Georges jette un regard à sa femme. Il a compris. Souriante, Francine s'adresse aux convives :

– Je suis désolée, mais je dois retourner d'urgence à l'hôpital, je vous prie de m'excuser, je ne peux vraiment pas faire autrement.

Autour de la table, on compatit. Georges, lui, ne comprend pas, les explications seront pour plus tard. En enfilant sa veste, elle n'imagine pas une seconde qu'elle vient de déclencher la goutte d'eau qui va faire déborder le vase. Pour l'heure, une seule chose la préoccupe, c'est la santé de son malade. « Je sais que Jo n'a pas digéré cette soirée, qu'au fil des années il n'a plus supporté ma vie, il commençait à trouver que mon métier était pesant, il n'en pouvait plus, voilà tout. Il voulait une femme à la maison, et moi, je ne suis pas faite pour cela. Mais ça, il l'a toujours su, j'ai toujours été claire. »

A Laennec, l'état de son patient demande une réintervention en urgence. Elle passera la fin de la soirée et le début de la nuit au bloc. Lorsqu'elle rentre chez elle, à 3 heures du matin, les invités sont partis depuis longtemps et son mari dort à poings fermés.

Quelques mois plus tard, le couple se sépare. Georges a décidé d'aller vivre sa vie ailleurs, sans Francine. Il quitte le domicile conjugal et entame une procédure de divorce. Vengeance, orgueil ou colère, difficile de savoir, toujours est-il que le divorce sera houleux. Si Francine accepte de divorcer, ce n'est pas elle qui en a pris l'initiative, mais son mari. Et c'est là que, pour elle, les choses tournent au cauchemar. De toute sa vie, elle n'aura jamais rien vécu d'aussi douloureux. Le processus enclenché, Georges lui fait savoir par l'intermédiaire de son avocat qu'il demande la garde des enfants. Pour elle, c'est un véritable coup de poignard. Et les arguments les plus fallacieux de s'abattre sur elle : incapable d'avoir une vie de famille, incapable de s'occuper de ses enfants, jamais disponible, consacre sa vie aux autres, est absente de jour comme de nuit, travaille comme une forcenée, la liste est longue. Georges n'en démord pas : on ne saurait consacrer sa vie à la chirurgie et élever des enfants.

Les arguments sont violents mais Francine ne désarme pas. Il n'est pas question qu'elle soit séparée de ses enfants, cela fait quatorze ans qu'elle les élève, quatorze ans qu'elle leur apporte amour, tendresse et affection ; en outre, ce n'est pas elle qui est partie, mais lui. « C'est vrai qu'être chirurgien, ce n'est pas une vie de tout repos, mais mes enfants n'ont jamais manqué de rien, j'ai toujours été proche d'eux, je leur ai consacré tout mon temps libre et je ne pense pas qu'ils aient été privés d'une seule seconde d'amour. »

De bataille en bataille, le divorce, qui ne se fera pas par consentement mutuel, une notion juridique toute neuve qui n'est apparue dans le Code civil qu'en juillet 1975, traîne en longueur. Devant le juge, chacun des conjoints campe sur ses positions. Quant aux enfants, qui vivent avec leur mère depuis le départ de Georges, personne ne leur demande leur avis, et surtout pas la justice qui décide un jour de trancher. Le verdict tombe : Georges Chetochine obtient la garde de ses enfants ; Francine Leca, elle, sera logée à la même enseigne que beaucoup de papas, se voyant accorder le traditionnel droit de visite tous les quinze jours et un mois de vacances par an. Ses qualités de mère ne sont pas remises en cause, mais sa profession est apparue au juge comme un obstacle à l'équilibre de ses enfants. Un verdict qui s'abat sur elle comme le tranchant d'une guillotine. Caroline a quatorze ans, Orso treize.

« Je crois que ça a été le pire moment de ma vie, je n'ai jamais autant morflé. Je n'ai pas supporté que l'on m'enlève mes enfants, j'ai trouvé cela profondément injuste et je pense que, depuis cette date, je me suis énormément renfermée, même si j'ai donné le change ; et incontestablement, cela a été pour moi une fracture avec la religion ; je ne comprenais pas comment Chetochine, qui se référait souvent à Dieu et se disait catholique, pouvait, à mon avis par vengeance personnelle, avoir commis ce que je considérais comme un crime : avoir tout fait, moyennant une opiniâtreté intelligente et machiavélique, pour me prendre Caroline et Orso. Dans ce procès, je ne m'étais pas méfiée, tellement persuadée que dans un divorce de ce genre, la mère obtient toujours la garde ; c'était d'autant plus injuste que c'était lui qui avait quitté le domicile conjugal pour refaire sa vie. Il savait que mon talon d'Achille, c'étaient mes enfants. Il avait visé juste. »

De nos jours elle aurait sûrement eu la garde de Caroline et Orso. Mais la France des années soixante-dix vit encore au rythme des mentalités étriquées d'une société pour laquelle les mots « parité », « égalité » n'existent pas ; une société où les femmes sont obligées de descendre dans la rue pour revendiquer leur différence, pour crier le droit à l'égalité et à la liberté, de leur pensée, de leur corps, de leur vie. La France de 1976 ne s'est pas encore libérée de ce carcan conservateur qui, chaque jour, fait son lot de victimes, à l'image du jugement rendu contre Francine.

Ce divorce, elle le considérera comme une trahison ; d'ailleurs, à compter de ce jour-là, Georges a totalement disparu de sa vie. Sa douleur, elle ne la laissera jamais paraître devant quiconque, pas même ses parents. Si rien n'est dit, ils savent qu'elle souffre et ils sont là, à ses côtés, surtout Yvonne qui veille sur elle avec toute la tendresse d'une mère aimante et attentionnée. « Je suis toujours restée très proche d'elle, confie Francine. C'est un des êtres les plus importants de mon existence, j'ai besoin de sa douceur, de sa générosité. »

Toute la journée, elle ravale ses larmes, ne laissant au flot de sa souffrance le droit de s'écouler que le soir, sur le chemin du retour, lorsqu'elle est seule dans sa voiture. Là, pour se donner du courage, elle ne cesse de se répéter : « Les enfants, on ne les aime pas pour soi mais pour eux. Ce qui compte, c'est qu'ils sortent de tout cela le moins blessés possible, qu'ils soient heureux. » Et elle veut croire qu'ils sont, sinon heureux, le moins malheureux possible. C'est pourquoi elle affiche un visage relativement calme et serein.

Comment Orso et Caroline ont subi cette fracture, elle ne le sait pas précisément, elle ne leur a jamais posé la question, mais elle pressent bien que cela a été difficile.

« Je pense que Caroline, surtout, a souffert. Nous n'en avons jamais parlé et c'est sûrement une erreur. Pourquoi je dis qu'elle a dû souffrir ? Premièrement, parce que très vite, elle a pris son indépendance, et deuxièmement, c'est que lorsqu'elle s'est mariée, elle a porté un soin obsessionnel à protéger sa cellule familiale, comme si elle en avait été elle-même frustrée. »

A Laennec, elle n'évoque pas son divorce, mais tous en connaissent la cruauté. Alors, par pudeur, mais aussi par amitié, personne ne lui en parle et pourtant, tout le monde s'y attendait. Pour Jean-Yves Neveux, c'était presque inévitable : « Sa vie, c'était et c'est l'hôpital. Jamais je ne l'ai entendue dire : " Je ne peux pas prendre de garde, car je dois m'occuper de mes enfants. " Jamais elle ne s'est plainte, je n'ai jamais vu un instant, un seul instant, sa vie privée entraver sa vie professionnelle. Alors, lorsqu'elle a divorcé, cela ne m'a pas étonné, j'ai toujours pensé que son mariage ne tiendrait pas. »

Pourquoi une telle attitude ? Pourquoi une telle passion pour son métier ? Qu'est-ce qui la pousse ? Quel est son moteur ? A toutes ces questions, personne ne sait répondre vraiment et en plus de trente ans de travail en commun, de connivence, Jean-Yves continue toujours à se demander pourquoi : « Je n'ai jamais compris quelle était cette clé qu'elle se remontait elle-même dans le dos et qui la faisait avancer. Je crois qu'elle court après une efficacité, elle veut sauver les autres, elle veut les soigner du mieux qu'elle peut et elle essaie de se dépasser en permanence pour cela, c'est ça son vrai moteur. Oui, je crois que son moteur, c'est une exigence de qualité au service des autres. Francine n'a jamais été carriériste, mais elle s'est toujours donné les moyens de bien faire son travail. Sa carrière est venue tout naturellement, et elle l'a méritée. »

Le divorce, en 1977, est le premier des quelques coups durs qui jalonnent toute vie. Des moments difficiles qu'elle a, comme à son habitude, gommés, « parce que, dans la vie, seuls les moments positifs et les moments de bonheur sont intéressants. Il n'y a qu'eux qui ont une signification, le reste n'a pas d'importance ».

Et ces moments de bonheur, c'est avec ses enfants qu'elle les passe, pendant les week-ends, certes trop courts, trop frustrants à son goût, et surtout pendant les grandes vacances qui lui offrent un mois complet de complicité avec Caroline et Orso, à Cumbres. Des vacances pendant lesquelles elle leur transmet ses propres valeurs, ainsi que les activités qu'elle aime ; même si cela peut parfois paraître des vacances « à la dure », pour elle, elles ont avant tout un aspect formateur. Si ses enfants veulent monter à cheval, ils doivent courir dans la pampa avec le licol pour attraper le cheval semi-sauvage, et après être montés, ils ont droit à la corvée de cuir, car une selle andalouse, ça doit briller. Pour Caroline et Orso, pas question de *farniente*.

« C'était l'horreur ! dit Caroline en riant. Avec mon frère, on disait que c'était les camps, certes luxueux et dans une atmosphère extraordinaire. Elle nous a appris des tas de choses, c'était génial. Chez maman, il y a cette envie permanente de faire : pourquoi acheter de l'huile d'olive alors qu'on peut la fabriquer, pourquoi acheter du beurre alors qu'on peut le baratter. C'est son truc, c'est comme ça. »

Quoi qu'il leur en coûtât à l'époque, il reste que ces moments-là, ils ne les oublieront jamais. Ces vacances n'étaient pas banales, mais ils en conviennent, leur mère n'est pas banale.

En dehors de l'Espagne, il y a aussi les vacances aux sports d'hiver, des vacances hors pistes où elle les initie au ski en neige profonde ; difficile mais, là encore, formateur. Des balades durant lesquelles elle leur apprend à contourner les obstacles, et à prendre les bonnes décisions. « Je voulais leur enseigner ce que j'appelle " les choses de la vie ", celles qui me semblent importantes, comme apprendre à connaître la beauté de la nature, à être brave. Je ne voulais pas qu'ils soient timorés. Je sais que certains pensent que ma façon de les élever était peut-être un peu sévère, un peu martiale, moi je ne le vois pas comme ça. Un enfant, c'est un peu comme un chat, il a besoin de ses repères, et mes enfants n'aimaient pas être transbahutés. Je leur consacrais tous mes moments libres, j'avais besoin d'être avec eux. Je n'avais pas du tout les mêmes conceptions d'éducation que Chetochine et je souhaitais pouvoir leur transmettre ce qui me paraît important dans la vie. L'éducation n'est pas une règle stricte, c'est une imbibition. Moi j'aime les gens travailleurs, courageux, les gens qui ont du cœur, j'aime les gens qui aiment la vie, je voulais que mes enfants deviennent un peu tout ça. »

Et ils le sont devenus. Caroline est aujourd'hui une jeune femme entière, droite, gaie et spirituelle, nerveuse et courageuse. Orso, lui, est un homme sérieux, responsable, intelligent et pince-sans-rire.

Les week-ends, en revanche, sont plutôt studieux. Pour Francine, étudier est capital. Elle veut que ses enfants aient une place dans la vie, et cela, quels que soient leurs choix. Sa fille est une élève appliquée, qui travaille bien en classe; Orso, lui, mise plus sur la facilité que sur un réel travail. A leur majorité, si Caroline reste habiter chez son père et intègre après son bac une école de communication et marketing, Orso décide de venir vivre avec sa mère. Le bac en poche, il entre en fac de sciences économiques.

« Avec Orso il fallait mettre un peu plus de pression. Ce qui me fascinait lorsque je rentrais dans sa chambre, c'était de constater qu'il n'y avait pas un crayon, pas un papier, pas un livre. »

Ne le forçant pas, elle le laisse passer cette année « blanche » puis, après discussion, mère et fils décident qu'il partira au service militaire. Pendant ce temps, Caroline poursuit ses études. Après trois années d'école, son diplôme en poche, la jeune femme éprouve le besoin de quitter Paris et la région parisienne. Ayant trouvé un travail dans la publicité à Lyon, elle s'y installe pendant quelques années, avant d'emménager à Strasbourg où elle réside toujours.

De retour du service, Orso a changé : plus travailleur, plus mûr, plus décidé. Comme les études ne sont pas sa tasse de thé, il décide de se jeter dans la vie active. Si Francine accepte et respecte sa décision, il n'en reste pas moins qu'elle l'inquiète. « J'étais préoccupée : je pense que si l'on peut très bien réussir en étant autodidacte, un petit bagage ne peut qu'aider. D'ailleurs, lorsqu'on part en montagne, il vaut mieux avoir quelques vivres dans son sac à dos. »

Une inquiétude de maman toute légitime, mais qui, apparemment, n'avait pas lieu d'être : sans avoir suivi ses traces – aucun n'a fait médecine, ils sont dans la publicité, la communication et le marketing –, ses enfants ont tous les deux su mener leur vie. Ils se sont mariés et aujourd'hui, Francine est grand-mère de cinq petits-enfants.

« Je n'ai jamais voulu influencer leurs choix professionnels. Je ne sais pas si j'aurais aimé que l'un des deux soit médecin... Je constate seulement que leur père a eu plus d'influence quant à cet avenir-là. »

Dans la famille Leca, la coutume est de ne pas exprimer ses sentiments profonds, ses peurs, ses craintes. Cependant, il arrive parfois à Francine de se demander si ses enfants ont souffert de son métier ; si son absence leur fut douloureuse, si elle a été à la hauteur, si, si et si. La réponse, c'est Caroline qui l'apporte, elle qui a le moins vécu avec sa mère mais qui semble être celle qui lui ressemble le plus dans sa spiritualité, sa gaieté, sa vivacité, sa dureté aussi, sa droiture et sa pugnacité.

« Maman est quelqu'un qui a une énergie remarquable, j'espère avoir hérité cela d'elle. Je n'ai pas souffert de sa vie trépidante. Et puis, nous avions le bonheur immense d'avoir une grand-mère extraordinaire qui a comblé certaines absences. J'ai aussi compris que l'on ne peut pas être chirurgien, être partout, et en même temps être à la maison. Et si on ne se voyait pas beaucoup, on a toujours fait des tonnes de choses ensemble et je crois qu'il vaut mieux avoir de bons souvenirs que du quotidien banal. Avec maman, nous avons toujours plongé dans cet extrême qui nous a beaucoup appris. Elle nous a toujours tirés et nous tire toujours vers le haut, mon père aussi, d'ailleurs. Cela peut paraître étrange, parce qu'à mon âge, c'est plutôt les enfants qui tirent les parents vers le haut ! Eh bien, nous, c'est l'inverse : nous avons cette chance d'avoir des parents qui sont plus dynamiques, plus intelligents, plus intéressés par les choses de la vie que nous ; et cela nous laisse l'occasion d'être encore des enfants, d'apprendre encore d'eux, et ça nous pousse, ça nous motive, car il nous faut aussi nous mesurer à ça. Nous n'avons pas le droit d'être des nuls à côté d'eux, et moi, je trouve ça fantastique. Mes parents sont encore des moteurs de notre vie, de notre curiosité. Ils ont toujours une longueur d'avance. Et c'est comme cela que j'aimerais que mes enfants voient leurs grands-parents. Ma mère, c'est quelqu'un qu'il faut consulter, elle montre le chemin ; oui, c'est cela, maman, en fait, est un éclaireur. »

La clé de l'identité de Francine, c'est son père. Et dans son entourage, des amis aux confrères, tous sont unanimes pour dire que Jacques Leca, plus qu'une trace, a creusé un sillon dans la vie de sa fille. Il fut le modèle, le guide, celui que l'on ne veut en aucun cas décevoir, car il ne peut être déçu. Dans son entourage, on le comparait à un « grand d'Espagne » ; il avait un regard perçant et doux à la fois, un regard que l'on ne pouvait oublier, un regard vrai qui forçait le respect. Et pour Georges Chetochine, « Francine est la réincarnation de son père. L'un et l'autre s'admiraient, elle a tout appris avec lui ». Tout, sauf la chirurgie, bien sûr, mais tout ce qui rime avec valeurs, principes et éducation.

« J'avais pour mon père beaucoup de respect, d'admiration, de sentiments très forts. Je lui trouvais, et je lui trouve toujours d'ailleurs, énormément de qualités. Il avait une très forte personnalité. Il aimait passionnément la vie. J'aimais parler avec lui. Nos conversations n'étaient pas souvent, même si nous échangions sur ces sujets, des conversations politiques ou littéraires, non, elles évoquaient surtout “ les choses de la vie ”, la philosophie de la vie et des êtres, tout simplement, les petites comme les plus importantes. Il avait un sens critique très affiné et il aimait les gens, les gens bien. C’était plutôt un homme de la nature, un homme vrai. C’est lui qui m’a appris à regarder, à toucher, à aimer, à écouter. »

Chez elle, à Saint-Nom, comme dans la maison de son père, il y a toujours un clou. Pourquoi ? En mémoire de Jacques qui lui disait toujours : « Il suffit d’avoir un clou dans une maison, parce que lorsqu’on pose la canne à pêche, on décroche le fusil, et lorsqu’on pose le fusil, on décroche la canne à pêche. » Et c’est vrai que dans une année, chasse et pêche se succèdent. Deux hobbies, deux passe-temps, les favoris de son père, devenus au fil du temps les siens, du moins la pêche car, depuis qu’elle a perdu Cumbres, elle ne chasse plus.

Aujourd’hui encore, pêcher la truite en France ou le saumon en Ecosse reste le seul moment de détente qu’elle s’accorde dans sa vie effrénée de chirurgien : « On pêche le saumon lorsqu’il vient de la mer et qu’il remonte la rivière pour aller frayer là où il est né. Il ne pense qu’à ça, c’est un véritable obsédé sexuel ! Nous sommes fous de vouloir prendre dans une rivière un poisson qui ne se nourrit qu’en mer. Moi, je pioche la rivière pendant des heures, à en avoir mal dans le dos et dans les bras et, à chaque lancer, j’ai vraiment l’espoir d’attraper ce poisson qui pour moi est mythique. Dans ma vie, j’en ai pêché trois. Ce sont des moments de grand bonheur. »

Comme la chirurgie, la pêche à la mouche, pour Francine, est une passion. Et quand elle monte son leurre, elle est aussi concentrée qu’en salle d’opération : « Même lorsque je coupe un oignon, je suis concentrée. En fait, quand je fais quelque chose, je suis en général très concentrée parce que les actes de la vie dans leur diversité m'intéressent, je dirais même qu'ils me passionnent. Il y a sans arrêt quelque chose de formidable à faire, et pour cela, on repousse la fatigue. On essaye aussi, même si on n'y arrive pas, de repousser l'âge qui avance, la vieillesse où l'on sait qu'inévitablement, il y a un certain nombre d'actes qu'assez vite on ne pourra plus faire. Donc on repousse, on repousse dans sa tête. Ce n'est, bien sûr, pas une traduction de sagesse, mais je ne suis pas un personnage sage. Pas du tout même. »

5.

Toujours du bon à tirer du mauvais

Etre issue d'une bonne famille, ne manquer de rien sont certes des atouts, mais ils ne font pas de la vie un long fleuve tranquille. Et dès le divorce de Francine, quelques courants viennent contrarier le lit du sien. C'est l'époque des étapes à franchir, des événements heureux et malheureux, c'est le début d'une autre vie faite d'illusions et de désillusions.

Francine, qui aurait dû achever ses quatre années de clinicat en 1975, a rempilé trois de plus à la demande de Jean Mathey. Sept ans comme chef de clinique, c'est le maximum. Elle a alors quarante ans et, en 1978, elle se retrouve sans poste et s'inquiète pour son avenir. Que faire ? A Laennec, tout le monde sait que l'année suivante, Jean Mathey partira en retraite, et que Jean-Yves Neveux lui succédera. En prenant la tête de la chirurgie cardiaque, Neveux récupérera aussi le poste de professeur des universités de Mathey, libérant son propre poste d'agrégé. Ce poste libre, c'est une occasion pour elle de franchir le pas et de se présenter à l'agrégation. Mais en attendant, il faut qu'elle patiente encore un an. Une année pendant laquelle elle obtient un poste d'attachée des hôpitaux, lui permettant d'avoir un pied trois quarts à l'intérieur de l'hôpital, et le reste à l'extérieur, dans le privé.

Francine est heureuse de rester à Laennec, mais le poste d'attachée des hôpitaux ne lui plaît que moyennement ; il l'angoisse même un peu : elle sait que c'est une fonction au statut précaire car provisoire et, surtout, révocable. Quant au quart restant dans le privé, oui, mais où aller ? La réponse ne se fait pas trop attendre, ce sera à la clinique de Parly-II. Pendant un an, elle opère donc trois jours par semaine, samedi compris, dans cet établissement. Le reste du temps, elle le passe à Laennec, continuant à se spécialiser dans les congénitaux et opérant, grâce aux nouvelles techniques, des enfants de plus en plus jeunes.

Pour réussir dans le secteur privé, il faut une « clientèle ». Sans patients, un chirurgien ne peut survivre longtemps dans un système libéral. Cette « clientèle », Francine n'aura aucun mal à se la constituer. Très vite, elle se distingue par sa compétence professionnelle, sa gestuelle, mais aussi ses qualités humaines, des atouts qui lui attirent un grand nombre de patients. « La seule année où j'ai vraiment bien gagné ma vie ! » dira-t-elle d'ailleurs. Mais elle n'exerce pas son métier pour l'argent. Patients, renommée, aisance financière, elle aurait pu faire dans le privé une carrière de « nabab », mais ce n'est pas cela qui la pousse ; son plaisir, sa « jouissance intellectuelle », c'est à Laennec, auprès de ces enfants atteints de malformations cardiaques, qu'elle les trouve. Soigner, guérir un adulte, c'est bien, mais guérir un enfant, c'est merveilleux, c'est l'avenir. La chirurgie cardiaque de l'enfant est donc sa seule motivation, et à l'époque, cette chirurgie-là n'existe que dans le public. Alors, du moment qu'elle opère des enfants, elle préfère gagner moins, se soumettre aux aléas de l'Assistance publique et à la lourdeur de l'administration.

Le 1er octobre 1979, Jean-Yves Neveux prend la succession dc Jcan Mathcy et devient chef de service de chirurgie cardiaque à Laennec. Pour Francine, sonne l'heure de l'agrégation ; encore faut-il que sa candidature soit acceptée. Il n'y a qu'un seul poste et ils sont dix à le convoiter. A Laennec, tout le monde, du médecin à l'infirmière, souhaite qu'elle l'obtienne, tout le monde sauf une personne, l'un des plus anciens chirurgiens du service, que nous appellerons « Antoine ». Dans son bureau, aidée par Pascale, Francine monte son dossier de candidature. Celui-ci devra passer devant diverses commissions qui rendront chacune un avis positif ou négatif. Au terme d'un an de réunions et de concertation, elles nommeront le futur agrégé.

« Son dossier était en béton, raconte Pascale. Sur un plan professionnel, elle avait la reconnaissance de Jean Mathey et de Jean-Yves Neveux, ce qui n'était pas rien ; elle avait beaucoup publié, elle avait quarante et un ans, elle était jeune et brillante, les malades et leurs familles l'adoraient ; je crois qu'elle ne se faisait pas trop de souci et qu'elle était loin de se douter que certains œuvraient dans son dos pour qu'elle n'obtienne pas le poste. Elle est comme ça : elle croit tellement en l'homme qu'elle en est parfois naïve. Combien de fois ne m'a-t-elle pas dit : “ L'homme est bon, Pascale. ” Peut-être, mais là, ce n'était pas vraiment le cas. »

Mais Francine, elle, y croit. D'ailleurs, toute sa vie est fondée là-dessus, sur cette foi qu'elle a en l'homme. C'est une vision du monde qui l'aide à ne pas voir les chausse-trappes, les obstacles, les coups tordus, à ne pas entendre les bruits de couloir et qui lui permet d'avancer. Tandis qu'elle pense que le poste de professeur des universités lui est acquis, Jean-Yves Neveux commence à céder aux belles paroles d'Antoine, qui soutient depuis le départ un autre chirurgien, « Hubert », exerçant dans le même service que Francine. Et vingt-trois ans plus tard, il le reconnaît, avec toutefois quelques bémols : « C'est vrai que sa nomination a fait grincer quelques personnes. Son rival aurait pu, lui aussi, obtenir ce poste. Il y a eu une période un peu trouble. De mon côté, je ne savais pas où placer Hubert. Antoine disait : “ Francine est à Parly-II ; on la nomme professeur, elle sera auréolée de son titre, elle restera là-bas et, au bout d'un an, elle démissionnera de son titre de professeur, libérant son poste d'agrégée au profit d'Hubert. ” J'avoue que ces propos m'ont un peu ébranlé, et pendant quelques semaines, j'ai tourné l'idée dans ma tête. »

Entre-temps, les commissions qui ont cessé, elles, de tourner les idées dans leur tête, viennent de nommer Francine Leca professeur des universités. La jeune femme est comblée. Mais un matin, alors qu'elle vient d'emménager dans son nouveau bureau et qu'elle discute avec Pascale, la secrétaire de Jean-Yves Neveux lui demande de venir le voir. Lorsqu'elle arrive, elle le trouve en compagnie d'Antoine. L'idée qui tournait dans la tête du chef de service a mûri et il s'est finalement rallié au point de vue de son chirurgien. Ce dernier regarde Francine. Issus du même milieu, de la même bourgeoisie, ils sont toutefois diamétralement opposés : alors qu'elle a traversé la dernière pseudo-révolution de 1968 comme une touriste, vaguement agacée, lui, à la même époque, était très engagé ; il vendait des journaux et distribuait des tracts, le matin, à la porte des usines et à la sortie du métro. Certains disent même de lui que « politiquement, il aurait pu couper des têtes avec le sourire ». Et politiquement, justement, Francine ne lui convient pas. Un hommc dc gauchc face à une femme de droite. « Centriste », dit-elle aujourd'hui.

C'est lui qui prend la parole, et il n'y va pas par quatre chemins : il lui demande ni plus ni moins que de démissionner de son poste d'agrégée et de rester dans le privé. Le motif invoqué : sa nomination risque de bloquer pour des années des personnes compétentes et méritant autant qu'elle d'avoir ce poste.

Francine reste très calme. Le monologue de son confrère terminé, elle se tourne vers Neveux et sa réponse fuse :

– Jamais, tu m'entends ? Jamais, que ce soit clair, je ne resterai dans le privé. Je veux faire de la chirurgie de l'enfant, et ce sera ici, à Laennec.

Tout est dit. Antoine ne bronche pas. Quant à Jean-Yves, il ne s'attendait pas à une autre réponse. Il acquiesce. L'affaire est réglée, Francine restera dans son service.

Cet épisode de sa vie, comme tous ceux qui ont pu la blesser, elle en parle peu, demeurant toujours fidèle à son principe : « Je ne me retourne jamais sur le passé et je ne veux pas garder en moi les mauvais souvenirs. »

Parmi ces « mauvais souvenirs », pourtant, il en est un qu'elle a toujours gardé en elle, qu'elle n'a partagé avec personne, ou presque.

Il est 15 heures, ce jour de novembre 1985, lorsque après cinq heures passées au bloc, elle entre dans le bureau de Pascale.

– Oh ! Je suis claquée. Quel souci, cette gamine ! Je peux t'assurer que ça n'a pas été une partie de plaisir. Bon, ma petite Pascalou, j'ai eu des appels ?

– Oui, madame.

Pascale lui tend une liste.

– Vous devez rappeler le professeur Garnier. C'est urgent.

– Garnier ? Qu'est-ce qu'il veut, il te l'a dit ?

– Non, il a juste demandé que vous le rappeliez.

Une fois dans son bureau, Francine qui n'a pas fermé la porte de communication avec celui de son assistante, décroche le téléphone. Devant son ordinateur, Pascale, les mains crispées, tente de taper une lettre. Ce que Garnier va annoncer à Francine, elle le sait déjà, mais elle n'a pas osé le lui dire. Dans l'autre pièce, le ton monte, et Pascale ne peut pas ne pas entendre la conversation. Les paroles de son patron, à la voix cassée mais forte, lui parviennent nettement :

– Dis-moi, Jean-Bernard, tu appelles ça comment, toi ? Dis-le-moi ! Eh bien, dis-le ! Moi, j'appelle ça un cancer ! Bon, j'arrive, je viens te voir.

Toujours devant son ordinateur, Pascale n'ose pas bouger. Dans le bureau du chirurgien, le silence est retombé. Elle hésite, puis se décide et entre. Francine ne l'entend pas, elle est écroulée dans son fauteuil. « Il y avait des larmes dans ses yeux. Ce qui est fou, c'est qu'elle s'est excusée. Elle n'avait pas à le faire, mais elle l'a fait, c'est tout elle. C'est la première fois que je l'ai vue aussi abattue. Elle était découragée, et puis, comme toujours, elle s'est aussitôt dit : “ Il n'y a qu'une chose à faire, c'est prendre les choses en main. ” »

Francine a quarante-sept ans et ce qu'elle vient d'apprendre est une véritable douche froide. La stupeur et le moment d'angoisse passés, elle se ressaisit et décide de se battre. Elle sait que son cancer n'en est qu'au premier stade, tous les espoirs sont encore permis. Lors de la consultation avec son ami Garnier, elle lui précise qu'elle veut attendre le début de l'année 1986 pour passer à l'attaque, être opérée et mettre en marche la terrible machine de la radiothérapie : dans un mois, c'est Noël, et il n'est pas question de gâcher les fêtes de fin d'année, qu'elle passera, comme tous les ans, avec ses enfants et ses parents.

Cancer ou pas, elle a décidé de ne pas s'arrêter avant le début du traitement et l'opération. Comme si de rien n'était, elle continue de travailler, d'opérer, de soigner. A Laennec, en dehors de Pascale et de Jean-Yves, personne n'est au courant de sa maladie. Et si elle ne dit rien à l'hôpital, elle ne dit rien chez elle non plus. Pas question d'annoncer la nouvelle à ses parents, de s'étendre sur un problème qu'elle a décidé de gérer seule.

« Si je ne leur ai rien dit, c'est parce que je n'ai pas voulu les angoisser, c'est uniquement pour cela. Je sais qu'ils auraient été fous d'inquiétude et je voulais les préserver. C'est peut-être, comme disait souvent mon ex-mari, le côté " a-normal ", de ma vie. »

Préserver, chez elle, c'est un leitmotiv. « Préserver » les parents des malades, « préserver » les amis, la famille, ses enfants, son père, sa mère. Mais elle, se préserve-t-elle ? Pas vraiment, selon Pascale : « Elle pense toujours aux autres, elle se défonce pour eux, mais elle ne pense jamais à elle. Elle ne sait pas s'arrêter, se reposer, souffler de temps en temps ; elle est toujours en perpétuel mouvement, elle ne s'inquiète jamais pour elle, mais toujours pour les autres. »

En janvier 1986, la machine est mise en route. Le combat commence par une semaine de radiothérapie intensive à l'Institut Curie. Pour ses parents, elle est supposée se trouver à Val-d'Isère pour le Critérium de la première neige, et tandis que Jacques et Yvonne croient qu'elle dévale les pistes avec des copains, Francine est immobile sur un lit d'hôpital.

Une grande partie de son entourage est logée à la même enseigne que ses parents. Seuls ses amis les plus proches ont été tenus au courant de sa maladie. Parmi les traits de son caractère, il en est un qui s'appelle le refus de la compassion.

Sa radiothérapie terminée, elle doit subir une intervention chirurgicale assez lourde, qui la gardera au moins trois semaines à l'hôpital. Comme il lui est impossible de prétendre qu'elle part trois semaines en vacances en plein mois de janvier, elle explique à Jacques et Yvonne qu'elle a un petit fibrome, tout ce qu'il y a de bénin, qu'elle pourrait attendre mais qu'elle préfère le faire enlever maintenant. A Saint-Nom, tout le monde approuve : rien de grave, en effet, mais pourquoi faire traîner les choses. Après l'opération, ses parents, ses amis, sa famille, tous viendront la voir, tous la trouveront en forme, et Francine fera tout pour donner le change.

« J'ai adoré mon père et j'aime profondément et énormément ma mère, même si je n'ai jamais eu avec elle ce genre de connivence mère-fille où l'on se raconte tous ses petits secrets; mes soucis d'adolescente, quand j'étais amoureuse, quand j'étais déçue ou peinée, je ne les ai jamais partagés avec quiconque. Je n'ai jamais raconté mes angoisses à mes parents et pourtant, je les aime profondément. J'ai toujours été assez secrète. Je pense être une personne plutôt sociable, extravertie, ouverte sur la vie, sur les gens, et en même temps, j'ai une grande pudeur qui pourrait confiner à la pudibonderie en ce qui concerne ma vie privée et mes sentiments. »

Aujourd'hui, la maladie de Francine n'est plus qu'un vieux souvenir. Elle s'est battue, elle a « gagné » et, seize ans plus tard, sa mère ne sait toujours pas qu'elle a eu un cancer.

Mener des combats, et cela quelle que soit leur intensité, pour sauver la vie des autres ou la sienne ne l'a jamais fait reculer. Cependant, elle éprouve parfois le besoin intense de se plonger dans ce qu'on pourrait appeler un « dérivatif de la vie », de se noyer dans un autre univers que celui de son métier, pour ne plus penser, ne plus analyser. Et c'est ce qu'elle fait en cette année 1986. Alors qu'elle vient tout juste d'entamer sa convalescence, elle aborde un domaine nouveau pour elle : la politique.

Ce nouveau défi commence par un coup de fil. A l'autre bout du téléphone, Marie-France Garaud. Francine ne la connaît pas et ne sait d'elle que ce qu'elle en a lu dans les journaux. Conseillère de Georges Pompidou aux côtés de Pierre Juillet, Marie-France Garaud a longtemps été considérée comme une femme d'influence. Sa carrière politique se décline en quelques dates : en 1962, elle est chargée des relations du garde des Sceaux, Jean Foyer, avec le Parlement. En 1967, elle rejoint Matignon, à la demande de Georges Pompidou, alors Premier ministre. C'est là qu'elle rencontre Pierre Juillet, avec lequel elle formera une équipe redoutée du monde politique. Après Matignon, c'est l'Elysée où, une fois de plus, elle suit Georges Pompidou, devenu chef de l'Etat. Elle est alors conseillère du président de la République et le journal *Newsweek*, lui consacrant un article, titre : « Marie-France Garaud : la femme la plus puissante de France. » En 1976, elle fonde avec Jacques Chirac le RPR, puis décide, en 1979, de le quitter pour rejoindre son poste de conseiller référendaire à la Cour des comptes. Pendant deux ans, elle ne fera plus parler d'elle, jusqu'en 1981 où elle réapparaît sur la scène politique comme candidate à l'élection présidentielle. En 1986, elle réitère et décide de se présenter aux législatives.

« Je me souviens très bien de son appel. Elle me dit : “ Je veux monter une liste de gens appartenant à la société civile, une liste de gens qui sont dans la vie active et qui ont des responsabilités dans les secteurs importants de la société. Je souhaite que les citoyens aient leur mot à dire et j'ai pensé à vous. Pouvons-nous nous rencontrer ? ” »

Il n'en fallait pas davantage pour exciter la curiosité de Francine qui accepte le rendez-vous, sans omettre toutefois de préciser qu'elle n'a aucune formation dans ce domaine et que son intérêt pour la politique se limite à celui d'un simple citoyen. Cela ne fait que conforter Marie-France Garaud dans sa démarche : elle ne veut pas d'hommes et de femmes politiques sur sa liste.

Quelques jours plus tard, elle se présente rue Margueritte, au domicile de l'ancienne conseillère de Pompidou. Là, elle trouve la Marie-France Garaud que tous les Français connaissent : la femme au chignon et aux tailleurs Chanel. Vive, sympathique : l'accueil est sans ambages. Le déjeuner se déroule dans les règles de l'art bourgeois, maître d'hôtel, bonne table, nappe blanche, petite salière avec le poivrier en cristal, une jolie table classique et conventionnelle. Au menu : œufs en gelée, rôti de veau au gratin, plateau de fromages, sorbets et fruits, vin rouge en carafe et café. La discussion est à l'image de MFG : animée et mordante. Et outre les quelques piques lancées çà et là sur ses « amis » – « Balladur est trop mou », « Chirac est un enfant gâté qui n'écoute pas ce qu'on lui dit »... –, Marie-France pose un certain nombre de questions à sa future colistière sur l'avenir de la médecine, sur les difficultés que rencontre le personnel médical, sur les changements qui devraient être mis en place, etc. Elle semble réellement s'intéresser aux idées de sa nouvelle recrue. « En fait, précise aujourd'hui Francine, je crois qu'elle n'en avait rien à faire. Elle avait déjà ses propres idées, et les nôtres, elle ne s'y intéressait que par courtoisie. »

Malgré tout, face à une Marie-France Garaud brillante, intelligente, au charme irrésistible, elle est séduite. Sa décision est prise : elle se lance dans l'aventure, mais tient à préciser qu'elle reste avant tout un chirurgien, que ses malades passeront toujours avant la politique et que, de ce fait, elle ne dispose que de très peu de temps à consacrer à ces élections. « Ça n'a aucune importance, la rassure Marie-France, vous n'aurez rien à faire. »

Surprise par cette réponse, elle lui rétorque alors :

– Cela veut-il dire que nous serons uniquement des potiches ?

– Non, mais je sais que les uns et les autres, vous avez votre travail. Il y aura quelques réunions, mais je ne veux pas non plus trop empiéter sur votre emploi du temps.

Parfois naïve, Francine est loin d'être stupide et elle comprend qu'en clair, cela veut dire : « Vous êtes des hommes et des femmes que je mets sur ma liste parce que cela fait bien d'avoir des gens appartenant à la société civile, mais en fait, je ne vous demanderai rien, c'est moi, Marie-France Garaud, qui ferai tout. »

Qu'importe, Francine trouve l'aventure excitante ; et lorsque son emploi du temps le lui permet, elle se rend quai Anatole-France aux réunions de travail de la liste MFG. « Je ne servais à rien, on ne me demandait rien, mais j'étais là, c'est tout ce qui comptait pour elle, et si j'avais pu arriver masquée avec le bistouri entre les dents, cela aurait été encore mieux. Elle ne m'a jamais rien demandé, même pas un tout petit rapport sur la médecine. J'étais l'image du chirurgien qui faisait bien sur la liste, un point, c'est tout. »

Et sur cette liste, en dehors de Marie-France Garaud et de Pierre Juillet, les seuls « hommes » politiques, il y en a, des « images » qui font bien : Frédéric Zagury, un normalien devenu charpentier ; Brigitte Friang, journaliste-écrivain, ancienne correspondante de guerre ; Jean Delfosse, ancien ingénieur au CEA (Commissariat à l'énergie atomique) ; Marie Bussière, une jeune chef d'entreprise de vingt-neuf ans ; Marie-France de Chabaneix, une PDG de quarante-quatre ans ; le Pr Lhermitte, neurologue ; Paul-Marc Henry, ancien ambassadeur de France au Liban ; Pierre Gallois, général de l'armée de l'air ; Claude Bruaire, professeur de philosophie à la Sorbonne ; Gilberte Beaux, une proche de Raymond Barre et directrice générale d'une banque internationale ; Yves Pelier, polytechnicien informaticien ; Martine Kempf, étudiante en astronomie ; Jean-Claude Bouffault, vétérinaire ; Marie-José Lefèbvre, institutrice ; Claude Parent, architecte ; Jean-Pierre Cochard et Maurice Sendek, avocats ; Josette Poujols, ingénieur conseil ; François-Guilhem Bertrand, professeur à l'Institut d'études politiques de Paris ; et Dominique Verdier, pilote de ligne.

Comme dans tout groupe, les participants se retrouvent très vite par affinités. C'est ainsi que Francine noue une relation amicale avec la commandant de bord qui, tout comme elle, a très bien compris qu'elles n'étaient que des noms sur une liste. « Marie-France était une femme qui tirait les ficelles avec beaucoup d'habileté, et on se laissait avoir tout en étant bien évidemment conscientes de la situation. Elle nous disait qu'elle aurait pu être ministre plusieurs fois mais préférait rester dans l'ombre. Un peu comme ces courtisanes d'antan. Si elle nous a séduites, elle nous a aussi très vite démotivées. »

Quai Anatole-France, lors des réunions, seule Marie-France Garaud s'exprime, expliquant ses projets à ses colistiers, sans tenir compte de leurs propositions ; d'ailleurs, elle ne leur donne jamais la parole. Francine est souvent là, plus par curiosité qu'autre chose. « Je voulais savoir jusqu'où elle pouvait aller, et elle est allée dans le mur. Je n'ai pas du tout été étonnée lorsqu'elle a été battue et je le lui ai dit. Elle a toujours rejeté les partis, je peux le concevoir, mais je sais aussi, et ça, je l'ai compris grâce à cette expérience, qu'en politique, si l'on est seul et si l'on fait tout tout seul, on n'avance pas. Elle s'est entourée d'une poignée de béni-oui-oui, elle n'a jamais pris notre avis, elle a tout géré elle-même, et voilà ce qui est arrivé. »

Si elle dit qu'elle ne lui en veut pas, Francine a quand même été déçue par certaines attitudes. Et sans avoir jamais envisagé de se lancer dans une carrière politique, elle aurait toutefois apprécié que ses propositions, en particulier concernant le milieu médical et la Sécurité sociale, soient prises en compte. Et son programme de 1986, par certains côtés, reste encore d'actualité. Il tient en quelques phrases : mieux payer les médecins ; limiter la consommation de médicaments ; modifier la répartition des lits, à savoir : fermer des lits de court séjour, chers et souvent sous-occupés et multiplier, au contraire, les centres d'accueil adaptés aux personnes âgées et aux problèmes sociaux ; humaniser les hôpitaux... Un programme que l'on pourrait qualifier de précurseur.

Seize ans plus tard, qu'en pense-t-elle ?

« En ce qui concerne la répartition des lits et la fermeture de certains, je dois reconnaître que, depuis, cela a été en partie fait. Il y avait à une époque des grands services de cinquante à soixante lits. On gardait les malades quinze jours, trois semaines, parfois un mois. Les jours de sortie étaient très ciblés : un malade ne sortait jamais le samedi, sinon, pendant le week-end, le service risquait d'être vide. Or, on devait à tout prix remplir les lits pour ne pas perdre les subsides du service. Heureusement, cela a changé, on en a fermé beaucoup dans des services qui végétaient ou dans lesquels autant de places ne se justifiaient plus. Ce fut d'ailleurs le cas chez moi. A Laennec, j'avais une cinquantaine de lits, et lorsque je suis arrivée à Necker, on ne m'en a donné que vingt-cinq. J'ai bien évidemment un peu râlé au début, mais aujourd'hui, je trouve que c'est une bonne politique. Je ne “ fais ” plus d'adultes, ou très peu, le nombre des cardiopathies congénitales n'est pas en augmentation, c'était donc logique que l'on diminue les places de mon service. Par contre, ce qui manque cruellement aujourd'hui, ce sont des structures hospitalières avec des lits de moyen et surtout de long séjour, pour les personnes âgées, des personnes qui n'ont pas toujours besoin de soins mais qui ont besoin que l'on s'occupe d'elles. »

« Mieux payer les médecins ? Alors ça, c'est toujours d'actualité ! Je prendrais tout bêtement comme exemple mon propre cas. J'ai soixante-quatre ans, je suis professeur des universités, chef d'un grand service de chirurgie cardiaque à Paris, service qui est le seul, dans le cadre de l'Assistance publique, à faire des cardiopathies congénitales et de la chirurgie de l'enfant. Je suis donc en haut de la pyramide. Eh bien, mon salaire n'est que de 7 900 euros par mois pour d'énormes responsabilités, tant sur le plan direction et management que sur le plan chirurgie ; et le tout, bien sûr, pour dix à douze heures de travail par jour. Je trouve cela totalement sous-payé. On a toujours mal payé les médecins dans les hôpitaux, pourquoi ? Je n'ai pas de réponse. Peut-être considère-t-on qu'exercer dans le public, c'est honorifique et que cet honneur suffit. Je ne comprends personnellement pas cette attitude. L'hôpital a toujours été considéré comme La Mecque, c'est l'endroit où il y a les plus grands médecins, les plus grands chirurgiens, et je voudrais que cela perdure ; mais si nous voulons les garder, il va falloir que le gouvernement se réveille, donc, déjà, les paye mieux, mais aussi leur donne de meilleures conditions de travail. Moi, j'ai peut-être un grand bureau, mais les médecins, les chirurgiens et la surveillante en chef qui travaillent dans mon service sont logés dans un cagibi ! Leur bureau, c'est une cage à lapin de sept mètres carrés environ, où ils ne peuvent même pas recevoir les patients. Dans n'importe quelle boîte privée, on ne traite pas une secrétaire de cette façon-là. C'est inadmissible. A mon étage, il n'y a pas de distributeur de café, et j'ai mis quatre ans – et il a fallu quasiment que je me prostitue ! – pour obtenir de la direction un distributeur d'eau fraîche dans la salle d'attente, alors que, dans n'importe quelle société un peu moderne, vous avez ce genre d'appareil pour les employés et les clients. On a toujours considéré que l'hôpital était le seul endroit où les médecins avaient envie de travailler, qu'ils étaient contents d'être là. Combien de fois ai-je entendu ça de la part des administrateurs de l'Assistance publique ? Et forts de cette pensée, ils ne trouvent pas utile de nous choyer. Mais le jour où ça leur pétera à la figure, il sera trop tard. »

« Donner moins de médicaments ? Je disais cela en 1986, et je dis la même chose aujourd'hui. Apparemment, les pouvoirs publics veulent aller dans ce sens, mais attendons de voir comment ils vont réellement s'y prendre. Personnellement, je trouve qu'on devrait soigner les gens comme je soigne les membres de ma famille, c'est-à-dire, et on me le reproche assez, que je ne m'occupe quasiment pas des " petits bobos ". " J'ai mal à la tête ! " Eh bien, prends une aspirine. " J'ai pris un coup ! " Eh bien, frotte et ça va passer. Il faut cesser d'inonder les gens de médicaments ; l'aspirine traite énormément de choses, il faut arrêter d'être pusillanime avec sa santé. Ensuite, si les médecins passaient un peu plus de temps avec leurs malades, ils pourraient faire un meilleur diagnostic entre ce qui est sérieux et ce qui est bénin ; seulement, tout va si vite et ils ont tellement peur de passer à côté de quelque chose de grave, qu'ils arrosent large. Et puis, c'est plus simple : un antibiotique par-ci, un par-là ; au moins, on est sûr de ne pas se tromper. Et sans vouloir tourner en rond – j'en reviens à " mieux payer les médecins " –, un médecin qui gagne plus prendra plus de temps pour poser son diagnostic, il l'affinera et donnera moins de médicaments; tout cela, c'est logique. Ce qui est clair, c'est que nous consommons beaucoup trop, et ça coûte cher, très cher. Bilan : on tremble pour notre bonne vieille Sécurité sociale. Eh bien, cessons de trembler et réveillons-nous! Nous, c'est-à-dire les médecins, mais aussi les malades. Et commençons par réduire la consommation médicale : nous avons en France la plus grande consommation de médecins et de médicaments dans le monde. Les gens doivent cesser d'appeler le médecin pour un oui, pour un non; il faut qu'ils apprennent à gérer leurs petits bobos. Il faut protéger notre Sécurité sociale, qui est essentielle. C'est magnifique de pouvoir soigner les gens; ce n'est même pas magnifique, d'ailleurs, c'est incontournable. Coluche a dit : " On n'a plus le droit d'avoir froid, on n'a plus le droit d'avoir faim ", moi je rajoute : " On n'a pas le droit de ne pas être soigné. " Ce n'est pas de l'humanitaire, c'est le b.a.-ba de la vie. »

« Humaniser les hôpitaux? Des efforts ont été faits. Qu'est-ce qu'humaniser? C'est avoir des lieux qui ne sont pas insalubres, des chambres particulières pour les malades, des infirmières qui ne soient pas débordées et qui puissent répondre gentiment; c'est avoir des admissions qui n'obligent pas le malade à attendre trois heures et à se faire engueuler lorsqu'il arrive au guichet; c'est avoir des médecins à l'écoute, qui expliquent la maladie, l'opération qui va être pratiquée. Tout cela s'est un peu humanisé depuis 1986, il faut le reconnaître, mais il y a encore pas mal de travail. Et avec les trente-cinq heures, puis maintenant le " repos de sécurité " qui vient d'être imposé par

Bruxelles, je vois mal l'humanisation de l'hôpital évoluer ; et il ne faudra pas attendre gentillesse et sourires de la part d'un personnel qui va être de plus en plus surchargé. »

Marie-France Garaud a échoué aux élections législatives, Francine Leca n'est pas devenue député, mais l'année 1986 restera pour elle celle des engagements et des enseignements. « Je n'avais rien à attendre de cette expérience, sinon un agréable séjour dans un univers que je ne connaissais pas. 1986 fut une année de découvertes : la maladie, la politique, l'une et l'autre m'ont beaucoup enrichie. La politique m'a aidée à combattre la maladie qui m'a permis de découvrir la politique. Sans ce cancer, je n'aurais peut-être pas vécu l'expérience Garaud. Je suis sûre qu'il y a toujours du bon à tirer du mauvais. »

Oubliant la politique, et la maladie n'ayant jamais freiné son activité à l'hôpital, elle continue d'opérer. En 1989, Jean-Yves Neveux annonce qu'il quitte Laennec pour la clinique Marie-Lannelongue. Son poste de chef de service est désormais vacant, il faut donc trouver un remplaçant, mais qui ? Déjà, un nom circule : celui de Francine Leca. Ce poste, elle n'y avait jamais songé ; entre elle et Jean-Yves, il n'y a que deux ans d'écart, et elle était loin de se douter qu'un jour il quitterait l'hôpital et laisserait son fauteuil vide. Dès lors, l'idée tourne dans sa tête : ce poste, elle le veut. Elle le mérite : elle connaît bien le service et, depuis vingt ans qu'elle y travaille, elle y a mis toute son énergie et s'y est complètement investie ; Laennec, c'est sa maison.

Rapidement, elle décide de se lancer dans la bataille. Car c'en sera une, il est bien évident qu'elle n'est pas la seule sur les rangs. Il y a aussi Yves Logeais, qui a travaillé à Laennec, et Gérard Bloch, le plus âgé des trois. A cette époque, Logeais est déjà chef de service à Rennes ; Bloch, lui, est à Paris, à l'hôpital Bichat, où il a le même statut que Francine, professeur des universités, praticien hospitalier. Pour obtenir ce poste, elle sait qu'elle va devoir convaincre les membres du jury et ils sont nombreux, environ soixante-dix, répartis sur toute la France. Ils appartiennent à l'Université et à l'Assistance publique et sont issus de tous les corps hospitaliers : professeurs, médecins, chirurgiens, anesthésistes, biologistes... Alors, le soir, après ses opérations, ses visites, son travail quotidien, épaulée par Pascale, elle constitue des dossiers de « Titres et travaux », rédige des lettres de candidature qu'elle adresse à tous les membres du jury, expliquant pourquoi elle postule à cette chefferie et, surtout, pourquoi elle s'en estime capable et digne. « Je me souviens, raconte Pascale, qu'elle leur disait qu'elle allait se déplacer pour les rencontrer ; ils répondaient alors que ce n'était pas la peine, qu'ils la connaissaient, qu'ils pensaient énormément de bien d'elle, etc. Sur quoi, elle rétorquait toujours : “ Je sais bien que tu penses du bien de moi, mais je viens quand même. ” »

Et elle y allait. Pendant deux mois, elle a sillonné la France, rencontrant un maximum de gens, toujours égale à elle-même : carrée et volontaire. Mais dans ce milieu, comme dans beaucoup d'autres, il faut aussi être un fin stratège pour « avancer » ; et ça, c'est un domaine où elle n'excelle pas vraiment. Son dossier, elle ne le défend pas sur le tapis rouge des influences, elle le défend avec ce qu'elle sait faire, et ce qu'elle sait faire, c'est opérer. Alors, inlassablement, elle ne cesse de répéter : « Si vous avez un doute sur mes compétences, venez me voir au bloc et vous jugerez. » Bien entendu, personne n'est venu, et pendant deux mois, loin de se décourager, elle a poursuivi sa lutte et son action de lobbying, toujours fondée sur son seul travail, tandis que d'autres postulants continuaient la leur en s'appuyant sur leurs soutiens politiques.

« Je voulais cette chefferie parce que je savais que j'hériterais d'un service dont les qualités professionnelles et chirurgicales étaient bonnes. Je voulais maintenir son niveau. On dit qu'on m'a mis des bâtons dans les roues, je sais, mais je n'ai pas voulu les voir. Est-ce que les personnes qui ont dit m'avoir soutenue l'ont fait ? Je ne le pense pas. Un seul m'a réellement appuyée, c'est le doyen Philippe Even. Pourquoi lui ? Je n'ai jamais osé le lui demander. Mais je sais que si je suis là aujourd'hui, à ce poste de chef de service, c'est grâce à lui. »

On dit souvent que ces nominations sont politiques, que cela varie selon la couleur. Et dans la liste des candidats, une chose est sûre, c'est qu'il y a un RPR, Gérard Bloch, et Francine, qui est plus à droite qu'à gauche. La CME, la Commission médicale d'établissement (les représentants des médecins de l'Assistance publique), plutôt à droite, vote pour Bloch, tandis que la CNU, c'est-à-dire l'Université, avec à sa tête le doyen Even, pourtant plutôt à gauche, vote pour Francine. « On a même dit que j'avais été élue parce que j'étais une femme de gauche ! C'était la meilleure de la journée ! »

Philippe Even connaît Francine depuis les années soixante-dix. Il a suivi de près sa carrière et sait de quel bois elle est faite. Il connaît son énergie, son dynamisme, sa combativité ; il sait surtout que c'est un excellent chirurgien. « C'est une femme qui a des qualités humaines rares, un tonus extraordinaire; elle est spontanée, généreuse et honnête. C'est vrai que l'establishment médical poussait plutôt Bloch, moi je considérais que ce poste devait revenir à Francine. Mais ce n'était pas gagné. » Alors, Philippe Even décide de monter au créneau. Le doyen est un homme persévérant, et lorsqu'il rencontre le ministre, il n'hésite pas à lui dire qu'il démissionnerait si elle n'était pas nommée. « Bon, on me dira que le ministre s'en fout, d'une démission de doyen ! Mais quand même, c'est elle qui a eu le poste. »

Et Logeais, aurait-il pu l'avoir ? Pour Philippe Even, il est clair que si Yves Logeais n'avait pas déjà été chef de service à Rennes, il l'aurait sûrement eu. « C'est fou, mais Francine aurait été battue non pas sur sa valeur, mais par machisme. Ça, c'est clair. Elle est devenue, ne l'oublions pas, la première femme chef d'un service de chirurgie cardiaque. J'ai personnellement été extrêmement heureux qu'elle puisse accéder à ce poste, et cela aurait été de toute façon scandaleux qu'elle ne soit pas nommée. » Ce machisme, Francine dit ne pas l'avoir ressenti. Pourtant, le doyen Even n'est pas homme à parler en l'air, et d'ailleurs, lorsqu'on émet devant lui la possibilité de voir un jour une autre femme chef de service en chirurgie cardiaque, il reste dubitatif : « Je n'en vois pas venir derrière elle, pas à Paris en tous les cas; mais je ne connais pas toutes les places sur la France. Cependant, comme l'hôpital est encore plus machiste en province qu'à Paris, je pense que non seulement elle est la première, mais qu'elle sera aussi la dernière. »

*

Dans son bureau, Francine discute avec Daniel Tamisier, un des plus anciens chirurgiens de son service.

– Tu savais, toi, que Mohamed et Wassim avaient pris leurs vacances en même temps ? Qu'est-ce que c'est que cette façon de faire ? J'ai besoin d'un aide, ce n'est pas toi qui vas remplacer Mohamed !

– Non. Je n'étais pas au courant, je rentre moi-même de vacances. Je ne comprends pas. Tu sais, je me bats depuis des années pour que Wassim ou moi soyons toujours joignables.

– Je sais, mais là, c'est raté. Qui va m'assister ? Toi ?

Rentrée de vacances depuis une huitaine de jours, elle se retrouve sans aucun assistant pour préparer les malades au bloc. Francine est furieuse. Dans son service, ils sont cinq chirurgiens, quatre chirurgiens seniors, dont un attaché, Wassim, puis un chef de clinique assistant, Mohamed, c'est-à-dire un jeune chirurgien qui sait opérer mais ne pratique pas encore d'intervention seul, du moins pas de grosses opérations, n'a pas ses propres malades et assiste les seniors. En règle générale, c'est le chirurgien assistant qui prépare le patient : il ouvre la peau, puis le sternum, et il met en place les canules qui vont permettre la circulation extracorporelle. Tout au long de l'opération, il aide aussi le chirurgien et, à la fin, c'est également lui qui referme.

La mise en route de l'intervention par un jeune chirurgien permet à Francine de gagner un peu de temps pour travailler dans son bureau aux affaires courantes. Et là, pendant quinze jours, pour une histoire de vacances mal organisées, elle va devoir tout assumer seule.

« Aujourd'hui, avant de penser à leur devoir, les gens pensent à leurs droits, et, à mon avis, c'est une très mauvaise chose. Mohamed a d'abord pensé à ses vacances avant de considérer l'intérêt du service. Les gens ne veulent plus de contraintes et en médecine, c'est très net. Une affaire comme celle-ci ne se serait pas passée il y a, quoi... je dirais dix ans. En même temps, qu'est-ce que je peux faire ? Est-ce que je peux exiger d'un chef de clinique, qui est payé 2 134 euros par mois après avoir fait environ dix ans d'études, qui travaille douze heures d'affilée, est-ce que je peux exiger qu'il prenne ses vacances quand je lui en donne l'ordre, au moment qui me convient le mieux ? Non, je ne le crois pas. On ne peut pas tout avoir. Si l'on avait pour eux plus de considération, on pourrait exiger d'eux davantage, mais ce n'est pas le cas. J'en reviens toujours au même problème, mais il faut bien se rendre compte que nous allons bientôt tomber en panne sèche de chirurgiens, parce qu'ils ne sont pas assez reconnus et qu'on leur demande de prendre de grandes responsabilités. Donc, la relève, franchement, je ne la vois pas. Mais je veux rester optimiste et j'espère qu'elle viendra un jour. »

L'hôpital, elle ne cesse de le répéter, paye mal, et Wassim Khoury, qui travaille avec elle deux jours par semaine, le sait. Wassim a été formé par Francine, qui l'apprécie : « Il sait opérer des congénitaux, et notre spécialité est la plus difficile de la chirurgie cardiaque, il a une bonne main. » Elle qui aurait aimé le garder à ses côtés n'a toujours pas pu lui obtenir à l'hôpital un poste de chirurgien à plein temps. Alors, pour exercer son métier, il se partage entre divers hôpitaux comme attaché vacataire.

Dans le public, les vacations sont à la demi-journée. Seulement, en chirurgie cardiaque, on sait quand on commence mais jamais quand on finit. Francine se souvient encore de ce vendredi matin où il se mit à lui raconter avec fierté l'opération qu'il avait pratiquée la veille dans un hôpital parisien.

Le patient était un malade de quatre-vingts ans, un vieux monsieur aux coronaires en piteux état qui exigeaient un triple pontage, autant dire une opération extrêmement délicate. Voulant mettre toutes les chances de son côté, Wassim décide de jouer la prudence, d'y aller progressivement et délicatement. Entré au bloc à 9 heures du matin, il en est sorti à 18 heures. Neuf heures d'opération, neuf heures de travail consciencieux, neuf heures de stress, mais une intervention réussie. Pour lui, c'est le bonheur total ; pour elle, c'est tout simplement indigne de l'Assistance publique. Et face à la joie de son « élève », elle ne peut s'empêcher de demander :

– Et en dehors du bonheur inestimable que tu as eu de sauver ton malade, combien as-tu été payé pour cette opération qui nécessite des compétences et qui t'a pris toute ta journée ?

– Le prix d'une vacation, 54 euros...

Pour Francine, c'est le « cœur » du problème, le virus qui gangrène l'Assistance publique, et il se résume en cette phrase qu'elle exprime avec colère : « Quarante-cinq ans, quinze ans de chirurgie dans les pattes, un malade difficile qu'il tire d'affaire, et on le paye 54 euros, c'est un scandale. »

Et pourtant, l'argent est-il le seul responsable de la démotivation des jeunes chirurgiens, de la pénurie d'étudiants ? Cette désaffection ne serait-elle pas également idéologique ? Les jeunes ne seraient-ils pas moins passionnés que leurs aînés ?

« J'aimerais pouvoir répondre à cette question parce qu'elle est essentielle, mais c'est difficile. Il y aura toujours des passionnés et des moins passionnés. Je ne pense pas que la passion ait quitté l'être humain en général, je pense par contre que la chirurgie cardiaque a moins d'attrait qu'il y a vingt ou trente ans, et cela pour plusieurs raisons : aujourd'hui, c'est une chirurgie plus rodée, comportant moins de recherche, de nouveauté ; avant, c'était tout juste si vous ne mettiez pas sur votre front " Je suis chirurgien cardiaque " lorsque vous sortiez en ville, parce que c'était la nouvelle chirurgie, c'était la noblesse. Il y a trente ans, le chirurgien cardiaque, c'était un héros grec. Aujourd'hui, c'est un plombier. L'autre raison est qu'elle requiert un grand investissement personnel, il faut y consacrer du temps, il faut étudier, et les jeunes aujourd'hui n'étudient plus. »

Ce manque d'assiduité dans la connaissance et l'étude, elle le constate tous les jours en salle d'opération. Il suffit qu'elle pose aux étudiants qui l'entourent une question simple sur les cardiopathies congénitales : « Eh bien, ils sont secs, ils ne répondent rien, ils ne savent pas. Creux, vides, c'est tout, et ça, j'ai du mal à le comprendre. Ils ne publient plus, ils ne font pas de recherche et, pire, lorsqu'ils ne savent pas, qu'ils ont besoin d'explications, eh bien, ils ne demandent pas. Il y a des moments, j'en ferais de la chair à saucisse ! Et pourtant, ces gens-là veulent devenir chirurgiens, ils ont choisi la chirurgie cardiaque parce qu'ils l'aiment, je ne sais pas ce qu'ils ont dans la tête. »

Dans la tête, en les travaillant un peu, on apprend qu'ils ont l'angoisse : celle du lendemain, celle de leur avenir. Car après leur clinicat, que vont-ils devenir ? Y aura-t-il de la place pour eux dans les hôpitaux ? Face à ces questions sans réponse, beaucoup décident de partir dans le privé, à l'image du chef de clinique du service de Francine, qui préfère, selon l'expression de sa patronne, « partir faire l'ouvre-boîtes dans le privé », sous-entendu : il va passer plusieurs années à ouvrir le sternum des patients des chirurgiens confirmés. Comme lui, les jeunes qui préfèrent le privé au public savent qu'à moins d'être des « virtuoses » du bistouri, ils mettront dans ce secteur plus de temps à opérer en solo et à construire leur propre clientèle que dans un hôpital de l'Assistance publique ; qu'ils n'auront pas la sécurité de l'emploi et qu'ils ne seront pas épaulés comme ils le sont à l'hôpital par leurs aînés. Alors, pourquoi partent-ils ?

« Parce qu'il vaut mieux être un ouvre-boîtes bien payé tout en travaillant moins dans le privé que d'être un ouvre-boîtes mal payé tout en travaillant plus dans le public. Voilà pourquoi. Mais ils vont en baver, parce que le privé, c'est le business. Un chirurgien qui n'a pas ses propres malades est vite éjecté parce qu'il n'est pas rentable, ou bien il devient le sous-fifre des autres. L'hôpital, c'est la médecine à l'état pur. Tu ne t'occupes pas d'argent, tu t'occupes de tes malades, point. Mais je comprends que ces jeunes qui ont une famille ont aussi besoin d'avoir un salaire décent. Notre société suscite des désirs de consommation différents de ceux de mon époque et aujourd'hui, on veut toujours plus. »

Pour pallier la défection de ces étudiants, les hôpitaux n'hésitent pas à faire appel aux étrangers : sur les quinze médecins de son service, chirurgiens, cardiologues et internes, sept viennent de Syrie, d'Algérie, du Maroc, de Tunisie, de Moldavie, d'Ukraine et de Chine. En France, ils vont acquérir une compétence qu'ils n'auront jamais dans leur pays, et obtenir leurs équivalences. Ils sont corvéables à merci, ne refusent jamais de faire des gardes, de travailler plus de quinze heures par jour. « Pour l'instant, ils acceptent parce que, de toute façon, ils restent encore mieux payés ici que chez eux, mais une fois qu'ils auront pris les bonnes habitudes françaises, ils râleront, et ce sera légitime : pourquoi n'auraient-ils pas les avantages des autres ? Ils n'accepteront plus de gagner moins que leurs collègues français pour le même travail, et ils n'accepteront plus de ne pas accéder aux mêmes postes. C'est encore un problème que l'on refuse de voir, comme tous les autres. »

Quant à leur avenir, elle n'ose pas y penser. Il sera, comme d'habitude, fait de bric et de broc. Après avoir obtenu l'équivalent du diplôme français de médecine, tous espèrent obtenir un poste et rester en France. Que vont donc devenir tous ces étudiants étrangers qui ont placé leurs espoirs dans notre pays ? « Quelques-uns obtiendront ce qu'on appelle un poste de " praticien-adjoint contractuel ", on en crée chaque année mais ce sont des contrats temporaires. Il n'y a aucune sécurité de l'emploi. C'est le genre de rustine que l'Assistance publique a trouvée pour colmater la brèche du navire ; puis, le jour où la rustine prendra l'eau, on en mettra une autre, et c'est comme ça que l'on surnage, mais jusqu'à quand ? »

Cette léthargie des pouvoirs publics qui n'engagent aucune action pour faire bouger les choses et que cesse la crise hospitalière, tout cela la désespère. Même la présence d'un médecin au poste de ministre de la Santé ne la rassure pas plus que ça.

« Il y a toujours de l'espoir, mais les chantiers sont tellement énormes, et les ministres sont sur un siège éjectable. A peine ont-ils pris connaissance des dossiers, commencé à parler de réformes, que déjà ils ne sont plus là. La France est le pays de l'immobilisme, les gens sont trop installés dans leurs petites habitudes, et les réformes, ils n'en veulent pas. Le Français veut être très bien soigné pour zéro franc zéro centime, un point, c'est tout. »

6.

Des couleurs pour les enfants bleus

Assis dans la minuscule salle d'attente du service de chirurgie cardiaque coincée entre le distributeur d'eau et la photocopieuse, Jean-Louis et Annie attendent qu'on vienne les chercher. Il est 18 heures, nous sommes mercredi, jour des consultations. Francine a du retard, près de quarante-cinq minutes, mais on les avait prévenus. On leur a aussi dit qu'elle prenait du temps, beaucoup de temps avec les patients, car elle explique, elle dessine, elle pose des questions. De toute façon, ce qui leur arrive est bien pire que l'attente.

Annie est enceinte de vingt-huit semaines, d'une petite fille très énergique qui ne cesse de lui envoyer des coups de pieds dans le ventre. Pourtant, en dépit de cette vitalité débordante, le bébé est atteint d'une grave malformation cardiaque. Et pour ce couple dont c'est le premier enfant, il est important de savoir dans quelle aventure il s'engage.

Dans son bureau, avant de les recevoir, elle jette un dernier coup d'œil au dossier, hoche la tête.

– Bon, on peut y aller, Pascalou, fais-les entrer. Ce n'est pas évident, cette affaire...

Quelques secondes plus tard, les parents sont assis en face d'elle. Ils savent déjà que leur bébé va naître avec un seul ventricule. Le gynécologue a parlé d'interruption de grossesse, mais Annie semble avoir envie de garder son enfant, et elle est presque à terme. En venant voir le chirurgien sur la recommandation de leur médecin, elle et son mari espèrent bien obtenir certaines réponses, quelques conseils. Surtout, ce qu'ils veulent savoir, c'est quel sera l'avenir du bébé, s'il naît ; et quel sera aussi leur avenir à tous les deux.

En examinant les échographies étalées sur son bureau, Francine constate que la malformation est méchante. Pourtant, elle est presque sûre que l'on pourra faire quelque chose, même si ce n'est pas du 100 %. Depuis le temps qu'elle exerce, elle sait que la chirurgie a beaucoup de ressources et peut agir dans la plupart des cas. Le problème, bien évidemment, restera le résultat ; car le tout n'est pas d'opérer mais de tenter de prévoir les succès et les échecs, et surtout la vie future de l'enfant à naître. De tout cela, elle va leur parler.

– Bien. Monsieur et madame Duroix, vous le savez déjà : votre enfant, au lieu d'avoir deux pompes, c'est-à-dire deux ventricules, n'en a qu'une : c'est ce que l'on appelle un « ventricule unique ». Nous pouvons faire quelque chose, mais la chirurgie que nous allons pratiquer une fois l'enfant née, ne sera qu'une chirurgie palliative.

– Nous sommes au courant, nous nous sommes un peu renseignés, mais nous ne savons pas tout...

– Je sais bien, c'est pour cela que vous êtes venus me voir et je vais essayer de vous expliquer clairement les choses. Connaissez-vous un peu l'anatomie d'un cœur normal ?

– Oui, nous avons potassé quelques livres avant de venir vous voir.

– Pour que vous compreniez encore mieux, je vais vous faire un dessin.

Prenant une feuille de papier sur son bureau, Francine dessine un cœur et commence ses explications.

– Vous savez donc que nous avons deux cœurs, c'est-à-dire deux ventricules d'où naissent deux gros vaisseaux, nous pourrions même dire deux « gros tuyaux » : l'aorte et l'artère pulmonaire. Votre petite fille n'ayant qu'un ventricule, c'est de lui que vont sortir les deux vaisseaux. La pression du jet de sang qui est envoyé par ce ventricule est bonne pour l'aorte, mais pas pour l'artère pulmonaire. Pourquoi ? Parce que normalement, dans une artère pulmonaire, on envoie du sang à une pression un peu plus basse.

Attentifs, les parents boivent ses paroles. Tandis qu'Annie serre ses mains jusqu'à en faire éclater les jointures, le père, plus calme, se risque à faire un commentaire.

– D'après ce que l'on nous a dit, l'artère pulmonaire est proéminente par rapport à l'aorte ?

– C'est vrai qu'au point de vue taille, elle est plus proéminente, mais ce qui m'importe surtout, c'est de savoir si, à son origine, il y a un rétrécissement ou pas. C'est le fond du problème. Regardez, sur ce dessin : normalement, le ventricule qui est sous l'aorte éjecte le sang sous une pression de 100, alors que celui qui est sous l'artère pulmonaire l'éjecte sous une pression de 20. S'il n'y a qu'un ventricule, cette pompe unique va générer une pression de 100 dans l'aorte, mais *aussi* dans l'artère pulmonaire, c'est-à-dire dans les poumons. Or, ils ne sont pas fabriqués pour supporter une pression aussi élevée. A l'origine de cette artère pulmonaire, il existe des petits clapets anti-reflux que l'on appelle les « valves pulmonaires ». Si elles sont normales, il se produira, comme je viens de vous l'expliquer, un gros débit. Si, au contraire, et ça je ne le sais pas encore, les valves sont rétrécies, c'est ce que nous appelons une « sténose pulmonaire » : le sang ne passera pas suffisamment dans l'artère. Enfin, parfois, et assez miraculeusement d'ailleurs, il arrive que le rétrécissement ne soit pas trop important, ce qui permet un équilibre des débits. C'est très rare mais ça peut arriver. Voilà, dans le cadre d'un ventricule unique, les trois cas de figure que nous pouvons trouver.

– Quel est le plus fréquent ?

– C'est celui avec une sténose pulmonaire. En deuxième position, vient celui sans sténose pulmonaire, et en troisième position, les formes dites « équilibrées ».

Reprenant son petit dessin, elle poursuit :

– Un deuxième point me préoccupe également. Il y a normalement, à l'entrée des deux ventricules, deux valves anti-reflux ; ce sont comme des portillons qui s'ouvrent et se referment. Or, si votre bébé n'a qu'un ventricule, il n'a aussi qu'une valve, et elle n'est pas toujours de très bonne qualité. En résumé, nous pratiquerons des interventions qui pallieront les inconvénients que cette malformation va avoir sur l'organisme de l'enfant. Si trop de sang passe dans les artères pulmonaires, nous ferons ce que nous appelons un « cerclage » pour empêcher un trop gros débit de sang. Si, au contraire, il s'agit d'un rétrécissement sur l'artère pulmonaire, nous ferons ce qu'on appelle une

« anastomose » pour renvoyer du sang dans les poumons. Dans tous les cas de figure, nous regarderons comment va le bébé et nous agirons au moment où il en aura besoin. Ces interventions pourront donc avoir lieu à la naissance, ou bien dans les premiers mois de l'enfant, ou même encore plus tard. Tout dépendra de ce que nous découvrirons.

Jusqu'en 1986, date où l'on commence à savoir réaliser correctement des échographies anténatales, Francine ne rencontrait les parents qu'après la naissance de l'enfant. Mais depuis l'avènement de ces examens, elle reçoit régulièrement dans son service des futurs parents à qui l'on a annoncé la malformation de leur bébé. Anxieux, ils viennent auprès d'elle rechercher des explications concrètes quant à l'avenir de leur enfant, mais aussi et surtout analyser et comprendre les possibilités chirurgicales et les résultats qu'on peut en attendre. Elle leur parle alors avec un maximum de précision et de vérité. Tout y passe : le nombre d'opérations à prévoir, la vie future de l'enfant, ce qu'il pourra faire, ne pourra pas faire, bref, un tableau qui peut parfois paraître noir mais qui a le mérite d'être clair.

Avec l'expérience, Francine a appris à reconnaître, et cela quasiment dès l'entrée dans son bureau, le couple qui souhaite l'avortement et celui qui souhaite garder le bébé. En ce qui concerne Annie et Jean-Louis, même si rien n'a été dit, elle a le sentiment qu'ils désirent garder cette petite fille. Enceinte de sept mois environ, Annie la sent bouger dans son ventre et, par expérience ou parce qu'elle a elle-même été mère, Francine sait qu'une interruption à ce stade-là de la grossesse devient pour une maman comme un infanticide. Mais si, dans son for intérieur, elle est quasiment certaine que le couple accepte la malformation, elle se doit toutefois d'évoquer la possibilité de pratiquer une interruption thérapeutique.

– Vous avez donc compris que le problème immédiat, c'est-à-dire dans les semaines ou les mois qui suivront la naissance, sera de régler le débit dans l'artère pulmonaire. Le bébé n'ira pas mal d'emblée et nous aurons le temps de décider de quelle intervention il a besoin. Mais il restera une hypothèque sur l'avenir en ce qui concerne cette valve auriculo-ventriculaire. Peut-être qu'elle tiendra longtemps, peut-être qu'elle se fatiguera et nécessitera une nouvelle opération. Il faut que vous sachiez que nous sommes dans le type de malformation où vous pouvez réfléchir à l'interruption de grossesse. Je dis bien *réfléchir*. Dans cette décision, évidemment, il y a énormément de choses qui entrent en ligne de compte. Elle vous appartient, mais elle est difficile à prendre et j'imagine que vous avez besoin d'être soutenus, d'être guidés. Nous sommes là pour ça, et nous ne vous laisserons pas seuls. Quel que soit votre choix, nous vous aiderons. Dans cette affaire, il y a la vie, sa vie à elle, votre petite fille, mais aussi *votre* vie. Et vous êtes pour le moment plus importants qu'elle. Pourquoi ? Parce que vous, vous êtes là, et qu'elle, elle est *potentiellement* là. Ce à quoi vous devez réfléchir c'est : est-ce que vous voulez tenter cette aventure, parce que c'en est une ? Est-ce que vous ne le voulez pas ? Est-ce que vous hésitez ? Quelle est votre position ? Voilà, j'ai beaucoup parlé, c'est à mon tour de vous écouter maintenant, de savoir ce que vous pensez, ce que vous ressentez, et nous continuerons à discuter.

Des questions, ils en ont, bien sûr. Mais c'est surtout, sans oser l'avouer, la peur des réponses qui les tenaille.

Depuis leur arrivée dans le bureau, ils se sont laissé bercer par la voix de Francine. Maintenant, c'est à eux de parler. Mais par quoi commencer ?

– Nous sommes en réalité en pleine hésitation..., commence Annie.

– C'est que nous n'avons pas assez de cartes en main pour juger le pour et le contre, enchaîne Jean-Louis. Aujourd'hui, il y a des possibilités, des risques aussi, mais où en sera la chirurgie dans dix ans, on ne sait pas trop...

– C'est vrai que la chirurgie évolue tous les jours.

Si Jean-Louis se projette dans l'avenir, pour Annie c'est l'immédiat qui compte, ou du moins, un futur beaucoup plus proche :

– Si j'ai bien compris, nous partons pour plusieurs interventions, mais vous ne nous avez pas précisé à quel âge ?

– Je ne peux pas vous dire combien d'opérations, car cela va dépendre de l'état de votre enfant. Mais au moins une ou deux interventions dans les premières années, ça sûrement. Pour essayer d'être plus précise dans ma réponse, quoique ce soit difficile, je dirai qu'il faut compter trois opérations.

– Elle sera immobilisée combien de temps ? Plusieurs semaines, plusieurs mois ? demande Jean-Louis.

– Il faudra chaque fois attendre environ un mois avant qu'elle ne soit de nouveau en forme.

– Y a-t-il des choses qu'elle ne pourra vraiment pas faire ?

– Oui. Même si elle va très bien, elle ne pourra pas faire de sports violents. Elle pourra avoir une vie probablement proche de la normale mais assez calme, son développement intellectuel sera parfait, elle aura un aspect extérieur normal. Il ne faut pas oublier que même lorsque tout va bien, ces enfants se fatiguent vite.

– Elle pourra avoir des enfants ? s'inquiète Annie.

– Il faudra en reparler. Il y a quelques années, je vous aurais dit : pas de grossesse. Aujourd'hui, je ne dis pas non, mais : à discuter et à surveiller, en fonction de l'état de son muscle cardiaque. Je ne peux pas prédire toute son évolution à elle. Ce que je peux faire, par contre, c'est essayer de vous donner des probabilités en fonction de ce que je sais, en fonction des cas que nous avons traités, en fonction de l'évolution actuelle de la médecine. Tout espoir n'est pas perdu, loin de là, mais il restera pas mal de points d'interrogation.

Annie et Jean-Louis, qui semblent, comme le pensait Francine, vouloir garder leur bébé, se lancent dans une partie difficile pour laquelle ils doivent être le plus forts possible, le plus unis possible. Elever un enfant avec une malformation cardiaque ne permet pas une vie tout à fait normale, et c'est lourd à porter. Des couples, Francine en a vu beaucoup, des parents qui semblaient prêts à affronter ensemble ce destin et que, malheureusement, elle a vus se séparer à la naissance de l'enfant. « Je ne veux pas tout mettre sur le dos des pères, car il existe des pères extraordinaires, mais j'ai aussi vu des pères quitter femme et enfant, parce qu'ils ne pouvaient pas assumer. » C'est pourquoi, tout en se gardant d'émettre une opinion personnelle, elle estime qu'il est de son devoir d'insister sur tout ce que cela comporte de garder un enfant qui n'aura pas la même vie que ses petits camarades du même âge, qu'il faudra opérer souvent, qui souffrira mais qui vivra aussi, une vie avec des joies et des peines comme tout le monde. C'est un moment très délicat de la consultation.

– Que vous dire de plus ? Vous savez, ce n'est pas facile pour moi de conseiller les parents, parce que ce sera votre vie à vous. Une vie un peu particulière, qui vous apportera certes des soucis, mais aussi beaucoup de joies. C'est pourquoi ce que je vais vous dire ne me regarde pas, mais je vais vous le dire quand même : il faut que vous ayez beaucoup d'amour entre vous parce que vous serez deux à vivre ça. Je ne connais pas la solidité de votre couple, mais elle doit être importante. Je ne vous cache pas que j'ai vu des familles éclater, se désunir à cause de la malformation de leur bébé, et pour une maman, élever seule un enfant avec un ventricule unique, c'est très, très lourd. Dans votre histoire, tout demande à être pesé, discuté. C'est entre vous que cela doit se passer.

A la fin de sa phrase, pas de réaction, seul un silence assez pesant suit ses paroles. Aurait-elle frappé juste ? Mais Annie a une autre question :

– Nous savons donc qu'elle n'a qu'une seule valve auriculo-ventriculaire. Mais si elle n'est pas bonne, que va-t-il se passer ? Pourra-t-on quand même faire quelque chose ?

– Bien sûr ! Mais ce serait déjà une grave complication. Regardez, c'est le hasard, vraiment le hasard, mais ce garçon avait la même maladie que votre fille. Lui, j'ai dû le transplanter. Mais c'est assez rare, voire exceptionnel. Le plus souvent, dans un cas comme celui de votre enfant, une chirurgie palliative suffit.

Le hasard, c'est la photo qu'elle a reçue quelques jours auparavant et qu'elle a immédiatement encadrée, d'un de ses jeunes opérés, Fabien, aujourd'hui un grand gaillard d'une vingtaine d'années.

*

Fabien est né en 1982, à une époque où les échographies anténatales étaient à leurs balbutiements et les résultats peu probants. A sa naissance, le pédiatre s'aperçoit que l'enfant a un problème et il demande des examens. Le diagnostic tombe : ventricule unique, transposition des gros vaisseaux, valve unique, oreillette unique, rétrécissement de l'artère pulmonaire. Fabien a ce que l'on appelle, d'un nom un peu inélégant, un « cœur de batracien ».

Pour ses parents, Mireille et Dominique, c'est la catastrophe, surtout que l'échographiste vient de leur annoncer que l'enfant ne survivra pas deux mois. Mais Fabien est tonique, et il vit, certes doucement, un peu au ralenti, mais c'est un enfant gai, il est joyeux. Et les années passent. La valve, qui est la préoccupation numéro un, paraît tenir. Et elle tiendra, en effet, jusqu'à l'âge de trois ans. Puis elle commence à fuir. Les parents rencontrent alors plusieurs chirurgiens et les réponses sont toujours les mêmes : « Cas trop difficile et risqué. Un espoir de réussite trop précaire. En fait, aucune chance. »

Pourtant, même face à tant de pessimisme, Mireille et Dominique ne désarment pas. Leur petit garçon doit vivre, et il vivra. L'enfant est suivi par une cardiologue qui n'est autre que Michèle Thibert, l'amie de Francine. Elle décide alors de lui adresser Fabien.

Fabien et ses parents se rendent à l'hôpital Laennec. Après avoir examiné le dossier, Francine constate qu'il est atteint d'une des cardiopathies les plus sévères qui puissent exister. Ce qui la préoccupe, surtout, c'est cette insuffisance sur la valve auriculo-ventriculaire unique.

« Je me souviens très bien, raconte Mireille. J'avais peur qu'elle refuse, elle aussi, de l'opérer, mais après nous avoir écoutés, après avoir bien étudié le dossier, elle nous a dit qu'elle était d'accord pour l'opérer, mais que cela ne serait pas facile, que ce serait une opération délicate avec une longue réanimation. Elle était très sereine, comme à son habitude, et contrairement aux autres chirurgiens, elle ne nous a jamais découragés, au contraire, elle nous transmettait son optimisme. »

La première intervention a lieu en 1986, Fabien a alors quatre ans. Francine remplace la valve. Comme il n'y en a qu'une au lieu de deux, elle est obligée de mettre une grande valve artificielle, une valve d'adulte. Et Fabien étant bleu, elle pratique en plus une anastomose pour renvoyer du sang dans les poumons. « C'était assez terrible et Fabien était le pire cas de figure qui soit. Il était en défaillance cardiaque, il avait un gros cœur, un gros foie, il était bleu et, de plus, il a fait un bloc auriculaire-ventriculaire, ce qui veut dire qu'il avait une mauvaise conduction électrique à travers le cœur, son cœur était beaucoup trop lent. J'ai donc été obligée de lui mettre un pacemaker pour accélérer les battements. »

Les suites de l'opération sont longues et compliquées. Après l'intervention, l'enfant fait plusieurs arrêts cardiaques et respiratoires. La réanimation est lourde, elle entraîne une hémorragie digestive. Fabien fait alors ce qu'on appelle une CIVD, une « coagulopathie intravasculaire disséminée ». En termes moins barbares, cela veut dire que son sang ne coagule plus.

En permanence aux côtés de leur fils, Mireille et Dominique vivent chaque minute et chaque difficulté de leur enfant. « On voyait des bocaux de sang passer dans tous les sens. Ils sortaient de sa chambre et on en ramenait d'autres. En fait, notre enfant se vidait carrément de son sang. » Ils auraient pu craquer, se décourager, pleurer. Ils ont tenu le coup. Pas un seul instant, ils n'ont baissé les bras. « Ils étaient là, se rappelle Francine, ils étaient présents mais avec une très grande discrétion. C'était dur pour eux, mais ils restaient optimistes et ils ne m'ont jamais retiré leur confiance. Ils étaient extraordinaires, ils avaient une énergie terrible. »

A sa sortie de réanimation, le petit garçon a un lourd traitement médical. Peu à peu, sa santé s'améliore, il reprend des forces. Fabien, qui continue normalement sa scolarité, ne se sent pas rejeté malgré son handicap. A l'école, il a des petits copains et lorsque, à la récréation, lui qui ne peut suivre toutes les activités physiques se retrouve seul dans son coin, il s'en trouve toujours un ou deux qui viennent le chercher pour qu'il puisse s'adonner quelques secondes à son sport favori : le foot. Et là, avec délices, tout en sachant qu'après il sera essoufflé et fatigué, il se permet de tirer deux ou trois fois dans les buts.

Pendant cinq ans, il vivra cahin-caha une vie à peu près normale, une vie au rythme de son cœur. Mais Francine et Michèle Thibert se rendent bien compte qu'il ne pourra vivre longtemps comme ça ; quelques mois, au mieux quelques années. A ce stade, seule une greffe pourrait le sauver. Elles décident alors, avec l'accord de ses parents, d'inscrire Fabien sur la liste des transplantations. Pour Mireille et Dominique, c'est presque un soulagement. La transplantation, ils l'avaient déjà évoquée en 1986, mais Fabien n'avait que quatre ans et Francine leur avait expliqué que l'on ne pouvait pratiquer ce genre d'intervention sur un cnfant aussi jeune.

Mais aujourd'hui, cinq ans plus tard, Fabien a neuf ans, les techniques ont évolué et le chirurgien sait qu'elle pourra réussir une telle intervention. Une fois sur la liste, tout le monde espère qu'il sera opéré rapidement. Mais c'est sans compter sur le sort qui semble s'acharner sur lui. Au mois de juin 1991, alors qu'il rentre de l'école, Fabien n'arrive pas à ouvrir la porte de l'appartement. Tout d'abord, Mireille pense à un jeu. Puis, tout au long de la journée, elle s'aperçoit que, même s'il ne se plaint de rien, il peine à bien tourner son bras droit, à bien s'en servir, qu'il a des difficultés à écrire et que, lui qui aime tant dessiner, n'arrive pratiquement plus à tenir son crayon. Très inquiète, Mireille téléphone à Michèle Thibert. Après avoir examiné l'enfant, elle demande un scanner cérébral, qui révèle un abcès.

Fabien se retrouve de nouveau à l'hôpital et pire, il est retiré de la liste des transplantés. C'est le coup de massue. Pour bénéficier d'un cœur, le patient doit répondre à des critères extrêmement sévères de non-infection : l'abcès vient de tout compromettre.

« Là, pour la première fois, raconte Mireille, je me suis découragée. Etre enlevé de la liste, c'était toutes les chances de ne jamais être transplanté. J'ai alors pensé : " On n'y arrivera jamais. " Et puis, avec mon mari, nous nous sommes ressaisis. Je me disais : je l'ai mis au monde, c'est pour qu'il survive. Je n'étais pas prête à accepter qu'il meure. Alors, nous nous sommes vraiment accrochés. »

En novembre 1991, après un mois à l'hôpital et quatre mois de traitement, Fabien va beaucoup mieux. Son abcès est guéri et son bras droit, qui était resté paralysé après son accident cérébral, reprend de la motricité. Petit à petit, tout rentre dans l'ordre et l'enfant est rétabli sur la liste des transplantés.

L'attente commence mais, par chance, elle ne sera pas trop longue. Le samedi 26 janvier 1992, la famille au complet regarde à la télévision l'émission *La Nuit des héros*. Il est 22 heures quand la sonnerie du téléphone retentit. Mireille décroche.

« Je me souviens, raconte Fabien, que j'ai sursauté et je me suis dit : “ Ce n'est pas pour moi, ce n'est pas possible ! ” Et puis, j'ai vu maman me regarder. J'ai tourné la tête vers mon père et j'ai compris que le coup de téléphone était pour moi. Je me suis mis à pleurer, à la fois de bonheur parce que j'étais content, mais aussi de peur. J'avais peur de mourir. »

A l'autre bout du fil, une voix de femme explique à Mireille que c'est le moment : ils ont un cœur pour Fabien. La famille doit se rendre à Laennec sur-le-champ. Mireille raccroche. Depuis plusieurs semaines déjà, la valise est prête, et à peine quinze minutes plus tard, Fabien et ses parents roulent vers l'hôpital. Dès leur arrivée, l'enfant est emmené pour des examens complémentaires, une mesure de précaution qui permettra de vérifier qu'il est toujours apte à recevoir la transplantation.

Vers 23 heures, tandis que Mireille et Dominique attendent le retour de leur fils avant son départ pour le bloc, Francine arrive. Elle les rassure aussitôt : Fabien va recevoir un cœur très sain, et dès qu'il sera là, il n'y aura plus qu'à l'installer.

« Nous étions en confiance, se souvient Mireille. Ça ne pouvait que réussir, elle nous avait une première fois sauvé notre enfant, nous étions sûrs qu'elle le sauverait une deuxième fois. Je me rappelle ses premiers mots : “ Alors, c'est le grand soir. ” Elle était très calme, c'était un peu comme si elle allait opérer une appendicite. Elle avait une feuille de papier dans la main, j'ai rapidement jeté un coup d'œil dessus et je me suis aperçue que c'était le schéma de l'intervention. Je la revois encore, qui regardait son papier : elle révisait tout ! Et lorsqu'elle nous regardait, elle nous souriait. »

A minuit, Fabien est amené au bloc. Le cœur qu'il va recevoir est celui d'un jeune homme de vingt et un ans. Un garçon atteint de mucoviscidose qui, de son côté, s'apprête à recevoir une transplantation cœur-poumons. Le garçon est longiligne, pèse cinquante kilos pour un mètre soixante-dix, et son cœur, de taille normale, rentrera sans problème à la place de celui de Fabien. La différence d'âge n'a aucune incidence, le cœur de Fabien est tellement gros qu'il peut recevoir celui d'un jeune adulte.

L'intervention a été minutieusement réglée quelques jours auparavant entre Francine et son équipe. La situation présente certains avantages : tout d'abord, le donneur n'est pas une personne décérébrée suite à un accident de la route, ce qui permet un prélèvement plus rapide ; il n'habite pas en province, mais à Paris, et l'opération a lieu non loin de Laennec, à l'hôpital Broussais : la durée du transport sera donc très courte.

« Le fait que donneur et receveur soient à Paris a permis un temps d'ischémie très bref, de deux heures et demie. Le temps d'ischémie, c'est le moment qui s'écoule entre le prélèvement, donc l'interruption de la circulation, la mise au froid dans sa petite boîte, le trajet de Broussais à Laennec et la transplantation sur le receveur. Comme Fabien avait été préparé, dès l'arrivée du cœur nous lui avons retiré le sien, et nous avons mis en place, suturé et remis en marche celui du jeune homme. Le tout en deux heures et demie. C'était un moment extraordinaire, que je n'oublierai jamais. Comme le temps avait été très court entre l'arrêt de la circulation et la remise en marche, le cœur a tout de suite très bien fonctionné. C'était merveilleux de voir ça. Ce sont des moments intenses, qui comptent dans une vie de chirurgien. Redonner la vie, pour le coup c'est bien de cela qu'il s'agissait, parce que cette transplantation, pour Fabien, ç'a été une renaissance. »

Après l'intervention, Fabien reste quelques jours en réanimation avant de rejoindre un service spécialisé réservé aux transplantés. Ses parents ne le quittent pas. Ils sont là tous les jours, et lorsque Fabien se réveille et peut parler, sa mère ne peut s'empêcher de s'exclamer :

– Tu es tout rose !

« Elle m'a donné un miroir, je me suis regardé, elle avait raison, j'étais rose alors qu'avant j'étais tout bleu. C'était vraiment impressionnant, je me trouvais normal entre guillemets. »

Depuis sa greffe, Fabien est sous surveillance constante et, pour juguler le rejet plus ou moins intense, sous traitement permanent. Lui qui vivait au ralenti avant la transplantation, mène aujourd'hui une vie quasi normale. Il a même, tout de suite après la transplantation, rattrapé le temps perdu, pensant peut-être un peu plus à s'amuser avec ses copains qu'à étudier, mais qu'importe. Aujourd'hui, il peut faire du sport, danser, rire, aimer, vivre tout simplement. Mais, pour lui, quelque chose reste : « Je me dis que je dois profiter de chaque seconde qui passe. Je préfère vivre dans le présent et je n'arrive pas à faire de projets. J'ai été malade pendant tellement longtemps que je ne peux plus me projeter dans l'avenir, je vis au jour le jour. On pourrait dire que, maintenant, c'est une vieille histoire, mais en fait, elle est toujours présente et ce sera comme ça jusqu'au bout. »

Quelques mois après la transplantation, Fabien et ses parents ont appris que le cœur qui lui avait été greffé était celui d'une personne vivante et non, comme souvent, l'organe d'une personne décédée. Pour Fabien, ça changeait tout. Aujourd'hui, il vit avec le cœur d'un autre. Ce n'est pas le sien, et il le sait. Mais ce qui est important, c'est d'avoir appris que « je n'ai pas volé la vie de quelqu'un, il était vivant lorsqu'on lui a enlevé son cœur pour me le mettre et pour, de son côté, recevoir un cœur-poumons. Je pense que si j'avais reçu le cœur d'une personne morte, j'aurais beaucoup moins accepté cette greffe. Si je n'ai pas déprimé dans les mois qui ont suivi l'intervention, c'est sûrement parce que je savais que lui aussi était en vie ».

Depuis cette transplantation, Mireille, Dominique, Vincent et Bénédicte, son frère et sa sœur, vivent enfin sans l'angoisse du lendemain, sans l'angoisse des hôpitaux, des opérations, des complications et de la mort. Et pour eux, Francine Leca, associée à cette nuit du 26 au 27 janvier 1992, restera à jamais gravée dans la mémoire de la famille. « Pour nous, Mme Leca est une femme humaine, vraie, simple et, à nos yeux, elle représente la résurrection de notre fils, la renaissance de Fabien. Et nous ne pourrons jamais l'oublier. »

La vie a donc repris son cours normal, mais avec une petite note en plus : tous les ans, Fabien fête deux anniversaires, le 26 juin, jour de sa naissance en 1982, et le 26 janvier, celui de sa renaissance en 1992.

« Si je suis ici, dit-il aujourd'hui, si je suis en vie, c'est grâce à deux femmes. Elles se sont toutes les deux battues et je suis là. Elles m'ont toutes les deux donné la vie. Ma mère la première fois, et Francine la seconde. » Timide et réservé, il se permet un sourire : « Deux naissances, deux vies, ça se fête, non? Dans quelques mois, une partie de moi aura onze ans. »

*

– Regardez Fabien : il sourit, il aime la vie!

Jean-Louis se tourne vers Annie, puis vers Francine.

– Oui, c'est vrai, quand on le voit, on ne peut être qu'optimiste! Et nous savons bien qu'il ne faut pas attendre d'être arrivé à neuf mois pour prendre la décision...

– Je conçois que c'est très difficile pour vous. Vous a-t-on déjà proposé une interruption de grossesse?

– Oui, le gynécologue nous en a parlé.

– Je connais très bien votre gynécologue, il est passé tout comme moi par certaines phases. A une époque, il ne voulait pas entendre parler d'interruption et puis là, aujourd'hui, c'est lui qui l'évoque...

Parce qu'un enfant a un cœur mal formé, interrompre la grossesse d'une mère, ou ne pas l'interrompre, est une question philosophique qui a travaillé Francine une grande partie de sa vie. Elle aussi, tout comme le gynécologue d'Annie, est passée par certaines phases, au nombre de trois. Lorsqu'elle était jeune chirurgien, les échographies n'existaient pas et quand elle voyait les enfants, ils étaient nés, alors : « Pour moi, il n'y avait qu'une chose à faire, se bagarrer, quoi qu'il arrive, jusqu'à la dernière seconde, même en ce qui concernait les plus mal formés des plus mal formés. Nous sommes là pour conserver la vie, nous devons opérer, nous devons nous battre. J'étais dans la phase étendard en avant et rien ne nous arrête. »

Puis, en vieillissant, elle bascule dans la phase inverse : « Nous faisons survivre des enfants pour qu'ils meurent dix, quinze ans plus tard, nous sommes des apprentis sorciers, c'est de la connerie, c'est trop affreux. Je me trouvais dans une phase non pas dépressive, mais de questionnement profond. »

Aujourd'hui, l'âge, l'expérience et la sagesse aidant, quoiqu'elle s'enorgueillisse souvent de « ne pas être un être sage », elle est dans ce que l'on pourrait appeler « la phase ultime », qui rejoint la première mais avec plus de réflexion, de recul, d'analyse : « Je crois aujourd'hui qu'il faut se battre parce que les années de vie que l'on permet en opérant, c'est bien, c'est ça de pris. Et maintenant, ma réaction, c'est de dire, de *me* dire : il a vécu vingt ans, vingt-cinq ans, il a vécu trente ans, il a eu des moments de grand bonheur, certes il n'a pas vécu soixante ou quatre-vingts ans, et alors ? »

Et si elle en est arrivée là, c'est parce que tous les jours, de jeunes adultes qu'elle a opérés il y a maintenant plusieurs années, viennent la voir en consultation. Ce sont presque tous des jeunes gens heureux de vivre. C'est le cas de Ghislaine, trente-neuf ans et maman d'une petite Alexia de cinq ans. Sa maladie et son parcours ne sont pas une histoire banale, mais bien la démonstration que tous les espoirs sont permis.

*

Dès sa naissance, on découvre que le bébé est atteint d'une malformation cardiaque, une tétralogie de Fallot, explique-t-on à ses parents, un peu sévère mais pas de quoi s'alarmer. Ghislaine est en effet très bleue, mais elle n'en souffre pas trop. C'est une enfant gaie et volontaire qui grandit et vit normalement au milieu de ses trois frères et sœur. Dès le début, sa mère, qui est infirmière, décide de ne pas la surprotéger. Elle doit vivre comme tout le monde, avec, certes, quelques interdictions comme celle de faire de la gymnastique ou de courir, mais qui ne perturbent en aucun cas l'équilibre de la fillette.

« Comme tout enfant différent, je me souviens du regard des autres sur moi parce que j'étais très bleue et cela se voyait. Mais je ne me suis jamais sentie rejetée, et la seule fois où j'ai eu mal, c'est lorsqu'un garçon de mon école m'a surnommée “ Rouge à lèvres ” ! Il est vrai que j'avais les lèvres très bleues, très violettes, sur un visage un peu pâle. A part ça, je n'ai pas le souvenir de difficultés ni de souffrances physiques importantes, sauf, peut-être, les moments où j'étais hospitalisée pour des cathétérismes, mais ce n'étaient pas des opérations et je n'en ai pas souffert plus que ça. »

Jusqu'à l'âge de dix-sept ans, sa vie s'écoule comme celle de tous les enfants : école, copines, distractions...

Puis, en 1980, à la suite d'un traitement pour un léger problème gynécologique, Ghislaine fait un AVC : accident vasculaire cérébral. Elle est transportée à l'hôpital Broussais. Les cardiologues en profitent pour lui réaliser un cathétérisme, et ce n'est qu'à ce moment-là que l'on découvre qu'elle a un ventricule unique : « Inopérable », lui assène-t-on. « Ils m'ont laissée repartir, en me disant : “ Ça passe ou ça casse. ” »

L'annonce de sa maladie ne la perturbe pas outre mesure. Elle, ce qu'elle veut, c'est vivre et avancer. Elle s'est vite remise de son accident vasculaire et dans l'immédiat, c'est l'essentiel. Après divers examens, Ghislaine envoie donc balader la Faculté et repart vaquer à ses occupations, notamment à ses études qui sont son seul objectif.

En 1990, sur recommandation de son cardiologue, elle passe une échographie à Paris. Après l'examen, le médecin lui annonce, contrairement au diagnostic de Broussais dix ans plus tôt, que sa malformation est opérable et qu'il serait même souhaitable qu'elle se hâte de prendre rendez-vous avec un chirurgien : elle pourrait refaire un accident vasculaire et là, ce serait grave. Alors, elle, la rebelle, décide de franchir le pas et, quelques mois plus tard, elle se retrouve à Laennec, face à Francine.

A la fin de la consultation, la décision d'opérer a été prise. Ghislaine ne renâcle pas, elle est de toute façon fatiguée et de plus en plus bleue. « J'ai tout de suite eu une confiance absolue en elle, je sentais que je pouvais remettre ma vie entre ses mains. Par contre, elle m'a parlé de deux opérations, et là, je me rappelle encore lui avoir dit : “ Non, débrouillez-vous comme vous voulez, mais il n'y en aura qu'une. " Elle a ri, elle m'a dit OK, et elle a tenu parole. »

Ghislaine est opérée le 11 mars 1991. Tout se déroule parfaitement. En réanimation, comme tous les enfants bleus, elle demande à sa mère un miroir. Elle ne veut voir qu'une chose : ses lèvres. « Elles étaient toutes roses et je me suis alors dit : " C'est gagné, c'est bon ! " »

Lorsque aujourd'hui elle évoque sa maladie, elle parle d'un « avant » et d'un « après ». L'avant, qui correspond à l'inaction physique, et l'après, qui l'oblige à trouver de nouveaux repères et lui fait goûter à des bonheurs jusque-là interdits, comme courir, qui reste un grand événement dans sa vie.

Dans les mois qui suivent l'intervention, elle goûte aux plaisirs du sport. La musculation, la natation, le rameur, font désormais partie de son quotidien. Dans les salles de gymnastique, faisant travailler son corps, elle découvre des sensations qu'elle ne connaissait pas et, pour la première fois de sa vie, elle sent ses muscles brûler, chauffer, s'étirer. « Il y a, depuis cette opération, quelque chose de changé en moi ; même si, au fond, je suis restée la même, ma vie a complètement bougé. » Et elle bouge tellement qu'en 1997, Ghislaine téléphone à Francine pour lui annoncer la bonne nouvelle : elle est enceinte.

« Je ne lui avais pas demandé son autorisation, c'était peut-être risqué mais je savais qu'avec elle, je n'avais rien à craindre et que je serais bien surveillée. »

La grossesse et l'accouchement se passent sereinement et sans difficulté. Depuis son opération, elle vient en consultation deux fois par an, et pour elle qui a toujours fui les médecins, venir à Necker est devenu un plaisir. « Je n'ai pas rencontré seulement un chirurgien, mais une femme d'un contact assez rare. Ses malades ne sont pas des pathologies mais des personnes. Pour moi, elle est tout simplement une aventurière de l'humanité. Et le jour où elle s'arrêtera, je peux vous assurer que je me sentirai orpheline ! Je ne pourrai jamais oublier que c'est elle qui a redonné des couleurs à ma vie. »

Dans la vie professionnelle de Francine, le cas de Ghislaine est la preuve que l'on ne peut pas dire à des parents qui vont avoir un enfant avec un ventricule unique que c'est une catastrophe.

Et Ghislaine n'est pas le seul exemple. La liste est longue. Il y a aussi Lætitia, trente-deux ans, très cyanosée à la naissance, opérée quatre fois, qui aujourd'hui travaille, a un fiancé, une vie tout ce qu'il y a de plus normale, et envisage bientôt d'avoir un enfant. Et puis, il y a Romain, Vincent et tous les autres. Tous sont heureux, même s'il y a eu, comme le dit Francine, « des petits bobos de l'âme, des petits coups de déprime ». Mais le désir de vivre a toujours été le plus fort, même s'ils ne vivent pas tout à fait comme nous qui avons eu la chance de naître sans cœur blessé.

*

– Vous pensez donc qu'en dehors des opérations, elle aura une vie normale ? demande encore Annie.

– Je pense qu'aujourd'hui nous pouvons, je n'ose pas dire vous *assurer* – vous vous rendez compte du poids que peuvent avoir mes mots vis-à-vis de vous, je ne peux pas vous donner des assurances, juste des probabilités –, nous pouvons *penser* que cette petite fille mènera une vie très correcte, tout en sachant qu'elle ne courra pas. Mais vous savez aussi bien que moi que les enfants s'habituent à tout.

– Connaîtra-t-elle ses limites ?

– Oui, et mieux que vous. Vous, vous les mettez à un certain endroit, elle les mettra à un autre endroit et elle n'en sera pas malheureuse. Elle aura une crise d'adolescence assez marquée, ça je peux vous le dire tout de suite parce que, à ce moment-là, les jeunes se posent des questions, notamment : « Pourquoi est-ce que je suis comme ça ? » Un adolescent normal vit déjà assez mal son passage à l'âge adulte, eh bien, c'est juste un peu plus dur pour des enfants malades. Il y aura des moments de révolte. Encore une fois, tout cela dépendra d'elle et de vous, mais de vous énormément.

Jean-Louis et Annie écoutent religieusement les paroles du chirurgien. Une heure déjà qu'elle explique et réexplique la situation. Le temps s'écoule, Francine ne regarde pas sa montre, elle n'a jamais compté son temps pour les parents, mais sa journée n'est pas encore terminée.

– Bien, je reste à votre disposition, si vous avez besoin de quoi que ce soit, de n'importe quel renseignement, vous appelez mon secrétariat et on me passera la communication.

Annie se lève, mais Jean-Louis a encore une dernière question.

– Nous habitons au troisième étage sans ascenseur, faudra-t-il déménager ?

– Il fera jour, d'ici là, monsieur Duroix ! Au début, vous la porterez, vous êtes un papa costaud. Et lorsqu'elle sera plus grande, elle montera doucement...

Sa phrase terminée, Francine se lève et raccompagne le couple jusqu'à la porte de son bureau. Elle espère qu'ils iront jusqu'au bout. Bien sûr, ce genre d'opération est toujours délicate ; c'est normal lorsqu'on sait que le cœur d'un bébé ne pèse que trente grammes et qu'il n'est guère plus gros qu'une prune. C'est vrai qu'opérer un tout-petit n'est pas un acte simple, c'est une chirurgie microscopique. Une chirurgie où un simple décalage, un mauvais calcul peuvent être fatals, une chirurgie où la concentration est à son extrême. Une chirurgie où tous les gestes doivent être contrôlés, les mains sûres et calmes.

Des parents qui s'engagent dans ce genre d'aventure, elle en a croisé des centaines. En plus de trente ans de carrière, Francine a opéré plus de six mille enfants, avec des cardiopathies variées et à divers degrés de gravité. Beaucoup de ces opérations furent des moments de bonheur et de joie, le bonheur de voir qu'un malade qu'elle croyait perdu va bien, le bonheur immédiat de réussir une intervention compliquée, risquée, et qui, au bout de la lutte, redonne la vie ; le bonheur tout court de redonner de l'espoir.

Chaque jour, elle essaye de réparer, de raccommoder le cœur de bébés, de jeunes enfants, d'adolescents, de jeunes adultes, et les succès de guérison s'enchaînent les uns après les autres. Mais parfois, au bout de tout cela, il arrive que le pire prenne le dessus. Le pire a un nom : la mort. Et tout au long de sa vie professionnelle, même si elle fut rare et discrète, elle ne l'a pas épargnée. Mais elle est là, elle existe et, chaque fois, ce bonheur immédiat qu'elle aime tant se transforme alors en une douleur terrible, la seule qui autorise ses larmes à couler sur son visage, la seule qui l'autorise à dire : « Tu sais, c'est un métier très dur. »

Au fil des ans, elle est, non pas plus consciente de ce qu'est la mort, parce qu'elle l'a toujours été, mais elle est plus sensible, plus réceptive et, chose incroyable chez elle, elle accepte désormais de montrer cette sensibilité. « Avant, explique Pascale, elle se barricadait derrière son éternel : “ Tu ne dois pas laisser transparaître que tu es malheureuse à en crever. ” Elle avait une force immense pour ne pas montrer qu'elle était quelque part détruite. Maintenant, elle n'arrive plus à cacher ses sentiments, je crois que c'est le poids d'une vie professionnelle qui a été intense, fatigante et émotionnellement difficile. »

En même temps, elle sait également, et elle le dit, que l'échec est formateur, qu'il est même indispensable à la formation pratique, mais aussi mentale et intellectuelle, du chirurgien. Pour elle, même si l'échec est extrêmement douloureux parce que c'est la vie de l'autre qui s'arrête, il apporte une remise en question totale qui l'incite, et incite tout chirurgien, à travailler plus encore : « Je crois qu'il faut en connaître, il faut en souffrir, mais il faut les surmonter. »

Tous ses plus beaux souvenirs, qu'ils soient heureux ou malheureux, concernent surtout des adolescents ou des jeunes adultes. Lorsqu'elle perd un bébé, un nourrisson, sa tristesse n'est pas la même ; le chagrin atteint surtout la famille : « Ils ont attendu ce bébé et ce bébé meurt. La douleur est aiguë mais elle est différente, parce qu'il n'y a pas de passé, ni pour lui, ni pour ses parents, ni pour moi. »

En revanche, avec ceux qu'elle a opérés nourrissons, puis enfants, et qui décèdent à dix, vingt, trente ans, le passé est là. Il berce les souvenirs. C'est un passé de lutte, une lutte en commun pour redonner la vie ou une vie meilleure. Et chaque intervention et réintervention fut pour elle, pour eux, pour leur famille, un immense défi dans lequel ils ont tout misé. C'est pourquoi la perte de ces « grands » fait particulièrement mal. Tous ont compté, aucun n'a disparu de sa mémoire. Pour qu'ils vivent, elle a tout fait, tout ce qui était en son pouvoir, mais comme l'a si bien dit le père de Stéphane, le jour de la mort de son fils : « Mme Leca n'est pas Dieu le père, on ne peut pas gagner tout le temps, elle ne peut pas tout faire, tout réussir, elle ne peut pas sauver l'humanité ; elle a gagné pendant vingt-sept ans et c'est beau. »

Ce décès-là, contrairement à d'autres, elle ne s'y attendait pas, personne ne s'y attendait, et pourtant Stéphane s'est éteint sur la table d'opération, car ce jour-là, son cœur, qu'elle réparait depuis vingt-sept ans, n'a pas voulu, tout simplement, se remettre doucement à battre. Les paroles de son père, la dignité de la famille, rien n'y a fait : Francine était anéantie. Cet après-midi ensoleillé du mois de juin, elle a quitté Necker, et pendant deux longues heures, elle a marché dans les rues de Paris pour s'accorder le droit de pleurer, mais seule, au milieu d'une foule anonyme.

Si, dans sa dignité, le père de Stéphane lui a rendu hommage, ce n'a pas toujours été le cas, et parfois, dans leur détresse, il arrive aux parents de lui reprocher de ne pas avoir suffisamment annoncé les risques, de ne pas avoir évoqué l'échec. Toutefois, si ce reproche la touche, elle poursuit dans sa ligne de conduite parce qu'elle se refuse à rajouter encore une couche d'angoisse. Savoir prendre sur ses épaules, cela participe de la définition qu'elle donne de son métier : protéger, apaiser la peur des autres, en oubliant la sienne.

« Même si ce genre de situation reste exceptionnel, les gens sont parfois injustes ; mais dans la douleur, les mots dépassent souvent les pensées, la souffrance fait dire des choses que l'on ne peut pas contrôler. Je les comprends et je l'accepte, mais je veux qu'ils sachent tous que leurs enfants que j'ai perdus, jamais je ne pourrai les oublier. »

A Necker, au deuxième étage du bâtiment Sèvres, Fabien, Ghislaine, Stéphane, Romain, Olivier et les autres, ce n'est pas le titre d'un film, mais celui d'une vie, auquel s'ajoutera bientôt un nouveau prénom, Mathilde : Annie et Jean-Louis ont décidé d'aller jusqu'au bout de leur aventure.

7.

Olivier

« Si je devais, à soixante-quatre ans, faire un point sur ma vie professionnelle mais aussi philosophique, spirituelle, et que l'on me demande quels ont été les plus grands événements qui l'ont marquée, quels en ont été les grands tournants, je ne parlerais pas de réussite ni d'échec chirurgical, je ne parlerais pas de mes nominations diverses et variées, de mes satisfactions et j'en ai eu beaucoup, non, je ne parlerais pas de tout cela, car un des plus grands événements de ma vie de médecin, c'est lui, c'est Olivier. »

« On encadre les photos des gens qu'on aime », dit-elle souvent. C'est pourquoi, parmi tous les clichés qui, dans son bureau, racontent sa vie, il y a celui d'Olivier, un jeune homme au regard vif, intelligent, au visage fin et aux yeux cerclés de lunettes rondes, au sourire mi-énigmatique, mi-caustique. Entre eux, c'est une vieille histoire de complicité et de tendresse, qui a commencé en septembre 1972.

*

Olivier a trois mois, c'est un beau bébé bien potelé, mais cyanosé : il est bleu. Tout comme Fabien, il n'a qu'un seul ventricule, mais, plus grave, ses artères pulmonaires sont de très petite taille. Sa malformation porte le nom d'« atrésie tricuspide avec hypoplasie pulmonaire ».

Lorsque Francine reçoit les parents d'Olivier, c'est une consultation comme toutes les autres. Des parents dignes qui ne s'écroulent pas, même si les larmes leur embuent les yeux. Les questions aussi sont les mêmes : quelles sont les chances de survie ? que va-t-on pouvoir faire ? pourra-t-on le guérir ? sera-t-il opéré souvent ? Le cas du ventricule unique faisant partie des malformations les plus graves, Francine se doit de leur dire qu'elle ne pourra jamais guérir complètement le cœur de leur fils, que l'on ne peut pas ajouter un ventricule et que l'on ne peut pas changer toute la voie pulmonaire. La chirurgie pratiquée, comme pour la première opération de Fabien, sera une chirurgie palliative. Pour Francine, l'urgence, car la vie du bébé est en grand danger, c'est de tout faire pour renvoyer, et cela très vite, de l'oxygène dans son organisme.

Le 4 octobre 1972, Olivier entre au bloc. C'est la première opération d'une liste qui sera longue. A sa sortie, Francine n'est pas satisfaite. Les branches pulmonaires du bébé étaient trop petites, les difficultés immenses, et elle craint que la réparation ne soit pas adéquate. Elle ne s'est pas trompée : quelques semaines après l'intervention, il est toujours aussi bleu. Elle propose alors, en accord avec les parents, de tenter une autre réparation.

Le 11 novembre 1972, Olivier entre pour la deuxième fois au bloc. L'opération est une intervention qui, à cette époque, est, disons-le, « à la mode » en chirurgie cardiaque. Il s'agit d'une « anastomose de Potts ». Tous les chirurgiens qui la pratiquent en sont satisfaits, ils disent obtenir de bons résultats, ce qui était certes le cas dans l'immédiat mais sans projection dans l'avenir; et il faudra plusieurs années pour s'apercevoir que cette opération a en fait une action délétère. L'anastomose de Potts, Francine s'en souviendra toute sa vie : « Je pourrais dire que, pour Olivier, elle fut à la fois sa chance et sa malchance. »

Cette opération consiste à renvoyer du sang dans les poumons mais de façon importante, en suturant l'artère pulmonaire avec l'aorte, ce qui permet au sang de l'aorte de passer à forte pression dans le poumon. Cela présente l'avantage de rendre l'enfant moins bleu et de « pousser », en quelque sorte, sur les branches pulmonaires, leur permettant ainsi de se développer.

« Si je dis que cela fut sa chance et sa malchance, c'est parce que cette intervention, qui aujourd'hui ne se pratique plus, lui a permis de bien vivre pendant douze ans. Il était beaucoup moins cyanosé et l'on observait une croissance progressive de ses branches pulmonaires. Ça, c'est le côté très positif de la médaille. Le côté négatif, c'est que le sang, qui passait à trop forte pression dans ses poumons, les lui a petit à petit abîmés, laissant apparaître au début des signes, tout à fait modestes mais réels, d'hypertension artérielle pulmonaire, c'est-à-dire des lésions au niveau des artérioles pulmonaires, les petits vaisseaux du poumon. De là, s'est ensuivi une longue et pénible aventure. »

Les artérioles pulmonaires ne sont pas faites pour recevoir du sang à forte pression et à fort débit, et la réaction au fil des ans se traduit par un épaississement et un durcissement de ces petits vaisseaux, entraînant une élévation de la pression à l'intérieur de l'artère pulmonaire.

Jusqu'à l'âge de douze ans, Olivier ne ressent pas les méfaits de cette opération. Au contraire, il vit normalement, poursuit sa scolarité sans problème. C'est un enfant sociable qui a beaucoup d'amis. A l'école, il est même brillant, récoltant bonnes notes et prix d'excellence. Etudier, il aime ça : lorsqu'il ne le fait pas, il s'ennuie. C'est un enfant éveillé, intelligent, avec un humour corrosif qu'il gardera jusqu'à la fin de sa vie et qui fut sans doute son meilleur compagnon, lui permettant de vivre sa souffrance avec dérision. Un humour qui marqua au fer rouge ses proches : « Un jour, alors que j'étais enceinte de Thomas, mon troisième enfant, raconte Monique, sa mère, il s'est précipité vers moi pour me donner une chaise. Il avait neuf ans, et il m'a dit : “ Attention, assieds-toi, fais-le entier, celui-là. ” »

A l'âge de douze ans, Olivier qui, extérieurement, paraît bien, ne l'est pas intérieurement. Ses poumons commencent à souffrir, et il faut envisager une troisième opération. Pour Francine, c'est un véritable crève-cœur, mais elle n'a pas le choix : si l'on veut tenter de préserver son avenir, il faut absolument diminuer la pression du sang qui passe dans ses poumons.

En décembre 1984, Olivier entre donc de nouveau au bloc. Cette fois-ci, elle veut lui faire une « anastomose cavo-pulmonaire », une opération qui, plus tard, se révélera être, pour les autres enfants atteints de la même malformation qu'Olivier, la bonne opération. Malheureusement, pour lui, il est déjà trop tard : la pression dans l'artère pulmonaire est trop élevée. Dans les veines caves, veines qui amènent tout le sang veineux vers le cœur, les pressions sont très basses et l'anastomose ne peut fonctionner que si les pressions sont basses également dans le poumon, ce qui n'est pas le cas.

Au début de l'opération, elle prélève un morceau de poumon pour une biopsie. Les résultats arrivent, le verdict est dur : les poumons sont atteints et montrent des signes importants d'hypertension artérielle pulmonaire. Dès lors, Francine doit renoncer à l'anastomose. Elle se contente donc de supprimer le Potts et de réparer l'artère pulmonaire endommagée.

A sa sortie du bloc et dans les jours qui suivent, Olivier est moins bien, et il est plus bleu.

Trois mois plus tard, il revient à l'hôpital pour une quatrième opération. Sur un multi-opéré comme Olivier, l'intervention s'annonce encore plus difficile, il y a des adhérences partout. De plus, la marge est assez étroite entre essayer qu'il ne soit pas trop bleu et tenter néanmoins de ne pas recréer un débit trop important dans son artère pulmonaire, sinon, c'est le retour à la case départ et une détérioration de plus en plus importante des poumons.

Francine refait une biopsie qui confirme la première. Les poumons sont dans un état dramatique et pourtant, si elle veut qu'Olivier survive, elle doit augmenter la pression à l'intérieur, un peu, pas trop, tout est au millième : trop, les poumons s'abîmeront très vite; pas assez, ils manqueront d'oxygène et Olivier sera cyanosé. Au bloc, se joue entre elle et le cœur de son patient une véritable partie d'échecs, une diagonale du fou infernale.

A l'époque, Olivier est en classe de troisième. Ces deux opérations successives l'ont changé. Il se sent plus mûr mais, surtout, différent de ses camarades de collège. Ces passages douloureux qu'il vient de subir, il en parle avec ironie. S'il a toujours refusé que l'on explique la gravité de sa maladie à son petit frère Thomas, il ne cache en revanche rien à sa sœur dont il est très proche. Ensemble, ils font du cheval, elle de l'obstacle et lui du dressage, ensemble ils jouent de la musique, lui du piano, elle du violon. Ils sont complices, très attachés l'un à l'autre, et Olivier ne lui épargne rien. D'ailleurs, peu de temps après sa quatrième opération, il lui dit :

– Tu sais, j'en ai marre ; si la suite se passe mal, je ne lutterai pas.

Chaque intervention est une énorme souffrance, physique pour lui, psychologique pour ses parents. D'opération en opération, ces derniers ont de plus en plus de mal à supporter de voir leur fils crucifié sur un lit en salle de réanimation. Et pourtant, il ne se plaint pas, il leur sourit, il tente même de les ménager, surtout sa mère. « Comme il ne pouvait pas parler en réanimation parce qu'il était intubé, il écrivait. Et je me souviendrai toute ma vie de ce jour où il a écrit : “ Je suis la Belle au moi dormant. ” J'étais bouleversée. »

Un an plus tard, Olivier est de nouveau opéré. C'est la cinquième opération depuis sa naissance. Mais il tient bon et ne lâche pas prise. Il s'accroche, il veut encore vivre.

Puis les années passent, tant bien que mal, jusqu'à la terminale, année de ce qui fut un changement radical dans son comportement et sa vie en général. Lui qui aimait sortir avec ses amis s'éloigne d'eux, refuse de les voir, s'enferme dans son univers. Il voyage : l'Espagne, l'Italie, l'Angleterre ; il écrit beaucoup, des pièces de théâtre ; il fait de la photo, écoute de la musique classique et de l'opéra ; il s'isole. Puis un jour, il se met à fréquenter des jeunes qui errent dans le dédale de leur vie chaotique. Olivier les voit, un peu, puis un peu plus souvent, et lorsque sa mère s'en étonne et lui demande ce que lui apportent ces fréquentations, et ce qu'il a de commun avec ces jeunes, il lui répond froidement :

– Mais tout, tout : nous n'avons pas d'avenir, ni les uns, ni les autres.

« Je crois que c'est à ce moment-là qu'il a véritablement plongé dans une espèce de décadence. Son idole, c'était Oscar Wilde. Olivier avait mis sur pied une sorte de construction un peu à la *Lorenzaccio*, manipulant les paradoxes, il adorait cela. Il aimait la provocation, le goût des retrouvailles, de la tragédie. »

A l'âge de vingt ans, Olivier décide de prendre lui-même en main sa maladie et il finit par refuser que ses parents l'accompagnent à Laennec. Il souhaite être seul face à Francine. Entre elle et lui, avec le temps, se sont installées une grande complicité et une profonde tendresse. Ensemble, ils plaisantent, ils échangent, ils parlent, avec, bien sûr, toujours la même touche d'ironie dans les propos d'Olivier. « Ce n'était pas une ironie méchante, non, elle était douce ; c'était un peu comme s'il disait : “ Je prends soin de vous, moi aussi, je vous dis que tout va bien, que c'est OK, mais je sais que tout n'est pas parfait. Ne vous en faites pas, on verra bien. ” Il semblait heureux, j'espère qu'il l'était vraiment. »

Elle aime son intelligence, elle aime parler avec lui, elle l'aime tout simplement, comme elle aime son propre fils. D'elle, il disait : « C'est ma mère », parce qu'elle lui avait donné la vie plusieurs fois. Et dans son entourage, tous sont unanimes : il avait en Francine une confiance infinie. « Un jour, se rappellent ses parents, il nous a raconté qu'avant une opération, elle avait eu vers lui un regard qui semblait demander : “ Mais tu as confiance ? ” et il lui avait répondu : “ J’ai confiance, vous ferez ce que vous pourrez. ” »

En 1992, Olivier est de nouveau très bleu. Il est handicapé et vit un peu plus au ralenti. Avec sa croissance, les anastomoses pratiquées les années précédentes sont devenues insuffisantes. Francine décide donc de le reprendre : ce sera la septième opération. Pour lui rendre une vie plus confortable, elle lui refait une nouvelle anastomose, cette fois-ci quasiment à l’intérieur du poumon où elle « branche » un petit tuyau d’homogreffe. Le résultat lui paraît satisfaisant, Olivier est moins cyanosé et semble aller mieux. Cliniquement, en tout cas.

Moralement, en revanche, ça ne va plus. Dans l’année qui suit l’intervention, aux dires de sa mère, Olivier bascule dans un autre monde. Un monde où personne, pas même sa famille, ne peut l’aider. Peu à peu, il ferme les portes à tout, aux projets, aux copains. « Je ne suis plus comme eux », explique-t-il. Il rompt même avec la jeune fille dont il est amoureux. Pire, à partir de 1993, il oublie les consultations, il s’y rend de moins en moins et rien n’y fait, pas même les sermons de Francine qui, lorsqu’elle a le bonheur de l’apercevoir, n’hésite pas à « l’engueuler ».

Rien ne va plus, sa vie est différente et les obstacles semblent s’acharner sur lui; alors qu’il s’était inscrit en licence d’acoustique au CNAM, le Centre national des arts et métiers, il s’entend dire qu’on ne le garde pas. Le motif invoqué : on ne peut pas installer de bouteilles d’oxygène à côté de lui. Puis, c’est au tour de la médecine du travail qui le déclare « inapte pour l’acoustique » sous le prétexte qu’il ne pourrait pas supporter d’être enfermé dans un sous-marin.

« C'était n'importe quoi, un véritable délire ! se souvient Monique. Olivier n'avait pas besoin d'oxygène et il n'a jamais été question qu'il aille dans un sous-marin. Il ne s'est jamais vraiment remis de ces rejets. Il était fou de rage. »

Les mois passant, Olivier ne supporte plus ce genre de souffrance. Lui, qui a toujours été un battant, commence à ne plus assumer d'être « montré du doigt », et les désillusions se succèdent. Dur de se battre avec soi-même, avec sa santé, avec un univers difficile. A cette époque, il ne vit plus avec ses parents, mais dans une chambre au huitième étage de leur immeuble. Depuis quelques années déjà, il a pris son indépendance, mais sans vraiment s'éloigner d'eux et, souvent, il descend pour partager leur repas. La chambre sous les toits, c'est pour préserver sa solitude ; il en a besoin et il aime se retrouver avec lui-même. Là, il s'adonne à ses passions : étudier, écrire, penser et rêver, malgré tout, peut-être à cette vie qu'il n'aura jamais ou à cette fin qu'il évoque devant ses parents avec un calme effrayant : « La fin, un jour, il faudra bien qu'il y en ait une. »

Puis, en 1997, son attitude change et c'est presque avec détresse que son père et sa mère constatent qu'Olivier, le solitaire, se rapproche un peu plus du cocon familial. Pour eux, ce n'est pas un rapprochement sans signification. De plus en plus souvent, lorsque Monique, professeur de français, rentre le soir du lycée, elle le trouve dans le salon. Il ne fait rien, il l'attend. Et lui qui aimait être seul se met à travailler à ses côtés, allant même jusqu'à se joindre régulièrement aux repas de famille.

En février 1997, il décide d'accompagner sa mère à Venise où elle part huit jours en voyage avec ses élèves. C'est la première fois depuis longtemps que mère et fils partagent leur vie vingt-quatre heures sur vingt-quatre. Des moments de bonheur extraordinaires, mais aussi de terribles angoisses. Monique s'aperçoit chaque jour un peu plus des difficultés qu'éprouve son fils pour respirer, sa toux est sèche et il maigrit. Dès leur retour à Paris, elle lui conseille de retourner voir Francine. Il renâcle, il promet, mais il n'y va pas. Il attend.

C'est qu'Olivier ne veut qu'une chose, et cela depuis longtemps : fuir le milieu médical. Il n'en peut plus, il ne veut plus. Un soir, rentrant du lycée, elle le trouve allongé sur le canapé du salon, il a les mains jointes. Elle ne peut retenir le frisson qui la parcourt et elle lui demande d'arrêter. Il la regarde et lui répond :

– Il faut bien que je m'entraîne.

« C'était une pirouette, une façon de dire : " Je sais ce qui va se passer. " Un jour, dans une conversation, il avait eu cette phrase : " Vous avez cru avec papa devoir me faire opérer, je ne vous en veux pas mais j'ai souffert. Maintenant, les choses sont comme ça. " J'ai senti qu'il n'avait plus envie, il n'y avait pas d'animosité, il voulait tout simplement dire : " J'ai bien vécu, voilà, c'est bien. " »

De jour en jour, Olivier perd des forces, il tousse de plus en plus, il a de la fièvre. Et, enfin, en octobre, il décide d'aller consulter à Laennec. Il a alors vingt-cinq ans. En fin d'après-midi, il téléphone à sa mère et lui explique qu'il est rentré à la maison prendre sa valise : il doit retourner à l'hôpital et souhaite qu'elle l'accompagne.

Francine est inquiète. La radio montre une image anormale dans le poumon gauche. La machine se met alors en marche, et c'est le début d'une longue batterie d'examens :

IRM, cathétérisme, et bien d'autres. Le résultat n'est pas brillant : anévrisme pulmonaire infecté, ce qui signifie qu'une énorme poche de sang s'est formée à l'intérieur de son poumon. Il doit rester à l'hôpital, sous antibiotiques.

Il y passera trois semaines. Au début, accompagné de sa mère, il se rend dans le jardin, puis, peu à peu, ses déplacements se réduisent au couloir ; jour après jour, son univers se rétrécit. Un matin, Olivier ne quitte plus sa chambre. Plus rien ne l'intéresse, il ne regarde même plus les cassettes de ses films préférés. « Je n'arrive plus à rentrer dedans », dit-il simplement.

Malgré les antibiotiques, l'infection résiste et il semble impossible de la juguler. Pour Francine, il ne reste alors qu'une solution : tenter l'opération. De toute façon, l'explosion de cette boule de sang est inéluctable, et l'hémorragie qu'elle entraînera le tuera en quelques minutes. Son anévrisme pulmonaire est une véritable bombe à retardement. Elle n'a pas le choix, elle le sait, il le sait.

« Toute ma vie, j'ai eu des choix à faire, ils me collent à la peau en permanence et ils ne sont pas faciles, mais celui-ci était simple : j'opère, je le tue ; je n'opère pas, il va mourir. »

Le nœud est indénouable, mais elle refuse d'assister en spectateur inactif à un drame. « Je me disais qu'entre 100 % et 99 %, il restait toujours ce petit 1 % grâce auquel, peut-être, si on avait de la chance, ça se passerait bien, si on préparait bien, si on prévoyait tout, si, si, si, si... Si on partait dans cette aventure bien armés avec un moral fort, on tomberait peut-être dans ce 1 % de chance. Peut-être. Nous y sommes allés. Alors était-ce de l'inconscience ?

Non, je ne le pense pas. De la folie ? Je ne le pense pas non plus. Je ne voulais tout simplement pas être Ponce Pilate, être assise à regarder, à me laver les mains, à me décharger. »

La décision prise, Francine travaille son opération. Elle s'assure l'aide de chirurgiens confirmés, dont un chirurgien pulmonaire. Dans sa chambre, Olivier attend le jour J. Tout est en ordre, il a vu les gens qu'il aime, sa sœur rentrée d'Espagne où elle est étudiante, ses parents, son frère, ses proches.

La veille de l'intervention, Francine passe un moment avec Monique et Serge, son mari. Elle leur explique la situation, elle ne cache rien, leur dit que ce sera difficile.

« Nous savions que nous étions dans un autre processus, raconte Monique. Nous avions un autre regard sur la maladie. Nous savions aussi que, depuis trois ans, Olivier souhaitait que tout cela s'arrête. Il n'y croyait plus, elle non plus d'ailleurs, enfin c'est ce que je pense. Je revois son regard ce jour-là, il n'était pas le même que d'habitude. Avant chaque intervention, on se quittait toujours sur un sourire en disant : “ Bon, allez, on y va ! ” Et là, je crois que nous n'avions plus rien d'autre à échanger que le silence. »

Le 4 novembre 1997 au matin, Francine ouvre la porte de la chambre d'Olivier. Allongé sur son lit, il attend le chariot qui, dans quelques instants, l'amènera en salle d'opération. L'un et l'autre, comme à leur habitude, se lancent quelques boutades, quelques pirouettes pour ne pas trahir la peur qui les tenaille tous les deux. A 8 heures du matin, Olivier entre au bloc. Commencent alors dix-huit heures de lutte acharnée.

*

L'opération est techniquement difficile, car les hémorragies sont importantes. Très vite, bien que l'intervention ne se fasse pas à cœur ouvert mais fermé, Francine est obligée de mettre en marche la CEC, la circulation extracorporelle, afin de provoquer une hypothermie profonde et de pouvoir diminuer le débit cardiaque, se trouvant ainsi à la limite même de l'arrêt circulatoire. Cette action est la seule solution pour qu'elle puisse ouvrir la poche de sang sans que le champ opératoire soit immédiatement noyé. Et ça marche ; à la fin du geste, ça ne saigne plus. Seulement, le poumon gauche, qui a été gorgé de sang, est dans un état pitoyable. La décision est alors prise d'en pratiquer l'ablation. Olivier ayant été opéré plusieurs fois à cet endroit, tout est dur comme du béton et les conditions de travail sont extrêmement difficiles, mais ils y arrivent. A la fin, il a perdu beaucoup de sang, on le transfuse massivement. L'intervention à proprement parler est terminée, elle aura duré neuf heures.

Après la transfusion, l'équipe tente d'arrêter la CEC, mais si le cœur fonctionne bien, le poumon, le dernier qui lui reste, se remet alors à saigner ; les hémorragies surviennent les unes après les autres, puis, petit à petit, l'insuffisance d'oxygénation de l'organisme devient dramatique. Et totalement irréversible.

*

Dans leur appartement parisien, Monique et Serge attendent que Laennec les appelle. Rester à l'hôpital est insoutenable. Régulièrement, Pascale les tient au courant par téléphone de l'évolution de l'opération.

Il est 17 heures lorsque la sonnerie retentit pour la énième fois. A l'autre bout du fil, Pascale leur demande de venir : « Mme Leca veut vous voir. » Une demi-heure plus tard, ils frappent à la porte du bureau. En quelques mots, Pascale leur explique la situation : le poumon saigne. Monique comprend alors que l'état d'Olivier est grave, c'est le scénario que tout le monde redoutait.

En attendant de pouvoir descendre au bloc, ils patientent dans le bureau de Francine. Vers 20 heures, le poste de Pascale sonne : Mme Leca les attend.

Lorsqu'ils arrivent devant la porte d'entrée du bloc opératoire, Francine est là. Son visage est tendu et ses yeux sont mouillés de larmes. Doucement, elle leur prend la main, les regarde intensément. En quelques mots, elle leur explique l'état dans lequel se trouve Olivier et ne leur cache pas que ça se passe mal. Puis elle leur dit :

– Attendez-moi dans mon bureau.

Monique lui demande alors :

– Qu'est-ce que nous attendons ?

– Moi.

Il n'y a pas de réponse plus claire. La porte du bloc se referme. A travers le hublot, Monique regarde Francine repartir vers son enfer. « Elle aurait pu quitter le bloc, mais elle ne l'a pas fait, elle voulait être près de lui. »

21 heures, 22 heures, minuit, 1 heure du matin, plus les heures passent, plus elles sont angoissantes pour Monique et Serge qui attendent, assis dans le bureau de Francine.

Au bloc, la situation se dégrade. Les différentes tentatives d'arrêter la CEC se soldent chaque fois par un échec.

Francine ne veut pas baisser les bras, elle se battra jusqu'au bout. Mais à 2 heures du matin, devant l'inéluctable, elle doit se résigner. La voix cassée, elle annonce :

– On arrête.

Pendant quelques secondes, le cœur qui était vigoureux continue à battre. « On le voyait dans le thorax, sur le scope de l'électrocardiogramme... Puis j'ai vu les battements ralentir, c'était atroce. J'ai enlevé mes gants, ma casaque, mon masque... Dans la pièce, je te jure qu'il régnait un silence terrifiant, le silence qui s'installe pour cacher l'horreur du moment. »

Malgré dix-huit heures d'acharnement pour la vie, Olivier est décédé le 5 novembre 1997, à 2 heures du matin. C'était sa neuvième opération.

Arrivée dans son bureau, devant les parents, elle ne peut prononcer qu'une phrase :

– C'est fini.

« C'est un démonstratif neutre et franc, dit Monique. C'est une porte qui s'est fermée. Olivier n'aurait jamais voulu que ce soit quelqu'un d'autre qu'elle qui l'opère. Il est mort dans ses bras, en quelque sorte, et c'est ce qu'il désirait le plus. »

Après avoir raccompagné les parents d'Olivier chez eux, Francine retourne à Laennec. Elle ne peut pas, elle est incapable de rentrer chez elle. Pascale la trouvera, quelques heures plus tard, allongée sur son canapé, défaite, anéantie. Après avoir préparé du café, elle lui en sert une tasse et s'assoit en face d'elle. C'est alors que Francine lui dit :

– Tu te rends compte, lorsqu'il est mort, lui qui a toujours été bleu, il était tout rose.

Comme tout chirurgien, Francine a perdu un certain nombre de malades. Mais la mort d'Olivier, aujourd'hui encore, elle ne peut en parler sans avoir les larmes aux yeux. Ce décès, elle ne le supportera jamais, elle ne l'oubliera jamais. Et pourtant, dans ce moment qui fut le pire de sa vie professionnelle, elle n'a pas jeté les gants en disant : « Je n'en peux plus, je n'en veux plus », mais elle sait que ce 5 novembre 1997, elle qui n'est pas croyante, elle a pensé à cette phrase de l'Evangile : « Père, éloignez de moi ce calice. »

« On veut tout simplement que la difficulté s'arrête, que l'échec s'éloigne, que quelqu'un vienne t'aider, te guider, mais ce n'est qu'une supplique momentanée devant une angoisse, ce n'est jamais un reniement, ni un renoncement. »

8.

Missionnaire du cœur

Chaque jour, près d'un enfant sur cent naît avec une malformation cardiaque, et pour 20 % de ceux-ci, la chirurgie est le seul espoir de survie. En France et dans les pays industrialisés, il n'est pas difficile de les opérer et de prendre en charge intervention et hospitalisation. Malheureusement, dans plus de 50 % du monde, le manque de technologie, de compétence et le dénuement sont tels que le simple fait de vivre est un problème. Fatigués, essoufflés, ralentis, ces enfants mènent une vie au rythme d'un cœur déséquilibré et désordonné, qui s'achèvera prématurément, avec une mort injuste, révoltante. Un constat que Francine, impuissante, a maintes fois eu l'occasion de faire.

Sa première activité « missionnaire », c'est sur l'île de la Réunion qu'elle l'effectue. A cette époque, au début des années soixante-dix, ce département français est dépourvu de cardio-pédiatre, et *a fortiori* de chirurgien cardiaque. En revanche, les enfants atteints de cardiopathies congénitales se trouvent, eux, en assez grand nombre. Les hôpitaux de l'île prennent alors contact avec Michèle Thibert. Se souvenant de la fougue et de la compétence de son ex-interne,

Michèle lui propose de l'accompagner à la Réunion. Inutile de dire que la nouvelle chef de clinique de Jean Mathey ne se fait pas prier et, pendant près de dix ans, les deux femmes se rendront chaque année sur l'île, non pour opérer, mais pour poser des diagnostics.

Aux côtés de Michèle, lors de ces missions, Francine se perfectionne en cardiologie, notamment dans le cathétérisme. Grâce à cette technique, l'on peut désormais voir ce qui se passe dans le cœur : elle consiste à introduire par la veine fémorale une sonde de la forme d'un gros spaghetti, qui monte alors par la veine cave inférieure et pénètre dans l'oreillette droite. De là, sous amplificateur de brillance, c'est-à-dire sous télévision, le médecin, par des torsions et des rotations, fait prendre à la sonde différentes orientations permettant de pénétrer dans les différentes cavités du cœur, une technique utilisée en particulier lorsqu'il y a des communications anormales, à savoir des trous à l'intérieur de l'organe, ce qui est souvent le cas dans les cardiopathies congénitales. En pratiquant cet examen extrêmement performant, les cardiologues puis les chirurgiens peuvent affûter leurs diagnostics.

Leur matériel sous le bras, nos deux « docteurs Schweitzer » sillonnent l'île en 4 × 4, des plaines aux montagnes, des bords de mer au pied du volcan, pour dépister les enfants atteints de malformations cardiaques et les envoyer se faire opérer à Paris. Ces missions ont duré une dizaine d'années ; puis, peu à peu, des cardio-pédiatres sont arrivés de métropole et se sont installés sur l'île ; ils leur ont alors gentiment fait comprendre qu'elles n'étaient plus indispensables.

Au cours de ces missions à la Réunion, Francine et Michèle se sont liées avec Marie-Antoinette Mulliez, une pédiatre avec laquelle elles collaborent. Ce médecin, qui a beaucoup voyagé, les incite à se rendre dans d'autres pays où, là aussi, les cardiopathies congénitales sont un fléau.

Leur première destination sera le Yémen du Nord, plus précisément la ville de Taizz, située à moins de 200 kilomètres au nord d'Aden, dans la région des hauts plateaux. Là, elles sont accueillies par une compatriote, une radiologue française installée là-bas depuis une vingtaine d'années. « C'est fou, mais je ne me souviens pas de son nom ! Michèle non plus, d'ailleurs. C'était une grande bourgeoise, elle avait de l'argent et elle avait décidé de se consacrer à ce pays. Je me rappelle que pour faire ses radios, elle utilisait un appareil d'une vétusté terrible, il marchait, comme on le disait en riant, " avec des pédales ". Elle avait beaucoup de mal à recevoir des plaques, mais elle parvenait quand même à faire ses clichés, c'était assez incroyable ; elle avait une telle passion pour le Yémen que rien ne la rebutait. C'était quand même un peu une aventurière. »

Pour Francine, ce premier contact avec un pays du tiers-monde est plutôt rude. Si les charmes de Taizz lui rappellent la magie des *Mille et Une Nuits*, pour le reste, ça s'apparenterait plutôt à une plongée dans le Moyen Age. A l'hôpital de la ville où se déroulent les consultations, nos deux médecins français travaillent dans des conditions assez dramatiques : coupures d'eau et d'électricité régulières, insalubrité totale, saleté repoussante, et, dans les couloirs, il n'est pas rare que leurs pas croisent les cavalcades de souris ou de rats, attirés par l'odeur de sang. Quant aux patients, en majorité des patientes, ils sont dans un état de santé pathétique. Ce sont des adolescentes âgées de douze à dix-huit ans, frappées de rhumatisme articulaire aigu, une maladie redoutable due au streptocoque hémolytique, que l'on attrape par une angine et qui donne, dans les cas les plus typiques, une arthrite inflammatoire. En général, le malade a 38 ou 39 de fièvre, il a mal à la gorge et, au bout de quelques jours, il a des fluxions, des rougeurs au niveau des articulations, et puis ça passe. Dans les pays occidentalisés, le traitement se fait par antibiotiques et le microbe est rapidement tué ; mais dans des pays comme le Yémen, les antibiotiques, il n'y en a pas, et une fois installé, le streptocoque peut commencer ses ravages. Ce n'est que quelques mois après les premiers symptômes de fébrilité et de douleurs rhumatismales qu'apparaissent les lésions cardiaques : le streptocoque a sécrété une toxine qui s'est installée sur les valves et les a détériorées. Les patients tombent en défaillance cardiaque, leur cœur grossit, puis c'est au tour du foie ; le système circulatoire se met au ralenti et c'est la mort. Mourir en défaillance cardiaque est une fin horrible qui se traduit par une faiblesse intense et une asphyxie totale. Allongées sur leur lit d'hôpital, entourées de leur voile et de grands vêtements qui les couvrent de la tête aux pieds, les jeunes femmes attendent dans la souffrance et la résignation cette mort inéluctable.

« Pour se soigner, elles recevaient trois gouttes de perlimpinpin par-ci, trois gouttes de perlimpinpin par-là, et on les regardait mourir ; il n'y avait aucune autre possibilité. J'ai vraiment vu les ravages du rhumatisme articulaire aigu qui existe encore dans beaucoup de pays, mais à ce point-là, c'était vraiment tragique. »

Face à ce désastre, Francine et Michèle tentent alors de faire quelque chose. Elles savent que la chirurgie peut guérir ces jeunes femmes. Seulement, au Yémen, il n'y a rien, à peine une « salle d'opération » pour soigner plaies et bosses. Grâce à la radiologue française, elles rencontrent des officiels yéménites et vont droit au but : elles leur expliquent que, si l'on ne fait rien, ces jeunes femmes qu'elles viennent de voir à l'hôpital de Taizz vont mourir. Et pourtant, poursuivent-elles, on pourrait les sauver : il suffirait de les opérer. Pas ici, bien sûr, mais à Paris : si leur gouvernement accepte de les prendre en charge, elles seront sauvées.

« Je ne pensais pas que cela marcherait, se souvient Francine, pourtant, quelques mois après mon retour en France, j'ai reçu un fax m'annonçant que huit malades allaient arriver. J'étais très heureuse. Mais une autre surprise m'attendait : en guise de jeunes femmes, ce ne sont que des garçons qui sont venus ! Pas une fille ! Les autorités yéménites avaient préféré sauver les garçons. Comme quoi, dans ces pays-là, la femme ne vaut rien. J'étais dégoûtée, mais je les ai opérés, et ils sont repartis chez eux. Guéris. »

Après son expérience au Yémen, elle décide de continuer à consacrer du temps aux pays en voie de développement. C'est ainsi qu'en mai 1994, à l'appel du directeur de l'hôpital Im Baba du Caire, elle se rend en Egypte. Cette fois, elle est seule. Une expérience inoubliable.

Lorsqu'elle arrive au petit matin à Im Baba, le premier jour de ses consultations, c'est une véritable marée humaine qui l'accueille. Le bouche-à-oreille a fonctionné, on parle d'elle depuis des semaines et ils sont venus des quatre coins de l'Egypte pour la voir. Dans la cour, la foule est tellement dense qu'elle est obligée de donner du coude afin de pouvoir se frayer un chemin. Il est 8 heures lorsqu'elle parvient au deuxième étage où l'attendent les médecins. Là, ils l'installent dans un petit salon et, coutume et hospitalité obligent, ils lui servent du thé, des gâteaux, des fruits, et l'assaillent de questions. Se pliant aux demandes, elle répond d'abord avec calme et cordialité ; puis, voyant l'heure qui tourne, elle commence à montrer quelques signes d'impatience : s'ils continuent à la gaver et à l'assommer avec leur verbiage, elle ne débutera pas sa consultation avant 10 heures du matin.

« Je leur disais régulièrement qu'il fallait se mettre au travail, mais j'avais l'impression de leur parler chinois. Ils me répondaient : “ Les gens sont venus pour vous, ils vous attendront. ” J'étais sidérée ! Et si je ne m'étais pas mise un peu en colère, on aurait pu rester assis à manger des gâteaux et boire du thé pendant des heures. »

L'hôpital d'Im Baba est l'hôpital public du Caire. L'hygiène y est déplorable, les murs sont sales et délabrés, les couloirs regorgent de papiers gras et de détritus divers et variés. Toute la journée, les malades défilent devant Francine dans le bureau que l'administration lui a réservé. Beaucoup sont dans des états graves et il est impossible de les opérer. Pour d'autres, la cardiopathie est moins importante et leur cas peut attendre. Enfin, pour ceux qui doivent être opérés, Francine accepte de pratiquer quelques interventions sur place. Si l'hôpital est insalubre, les blocs opératoires sont convenables et le matériel est en assez bonne condition de marche. Seule la chaleur y est insupportable : elle peut même être redoutable, non pas pour les malades qui, bourrés d'antibiotiques avant les opérations, ne craignent que peu les septicémies, mais pour les chirurgiens, qui dégoulinent et suffoquent.

« C'était vraiment folklorique. Je n'avais encore jamais vécu cela. Lorsque je commençais l'opération, j'étais assistée de deux chirurgiens égyptiens de bon calibre, mais si, par malheur, je n'avais pas terminé à 14 heures, je les voyais quitter le bloc ! Ils me laissaient seule avec un interne et partaient travailler en clinique privée pour gagner de l'argent. C'est incroyable, mais c'est vrai. J'ai dû vieillir de deux ans pendant cette mission, tant physiquement que moralement : tout d'abord, les malades étaient très difficiles ; et puis, je travaillais dans des conditions qui n'étaient pas les miennes, sans mon équipe. J'espère quand même avoir pu enseigner quelque chose et faire avancer un peu la situation, mais j'en doute... »

Sa semaine tirant à sa fin, et ne pouvant rester indéfiniment au Caire, elle confie aux chirurgiens locaux les enfants qu'elle n'a pu opérer. Et là encore, elle n'est pas au bout de ses déconvenues : pour les cas les moins graves, on lui répond que cela sera possible, mais que la liste d'attente est longue ; quant aux plus graves, alors là, c'est un autre problème : ils ne sauront pas faire ! Elle leur répond qu'ils peuvent parfaitement les opérer et que, s'ils ne le font pas, ces enfants vont mourir.

« Ils me disaient alors qu'*Inch Allah* : c'était la volonté de Dieu ! J'avais envie de leur tordre le cou. Lorsque je suis rentrée en France, j'étais démoralisée, désespérée d'avoir laissé ces enfants et de n'avoir rien pu faire pour eux. Je savais que la plupart ne seraient pas opérés parce qu'ils n'avaient pas d'argent pour payer l'intervention et que, même s'ils en avaient eu un peu, la liste d'attente était tellement remplie qu'ils seraient morts avant que leur tour arrive. »

Des missions comme celle-là, elle en fera plusieurs. Et chaque fois, ce sera la même culpabilité : celle de ne pas pouvoir opérer tous les enfants qui en ont besoin, de ne faire, le plus souvent, que poser des diagnostics qui ne seront jamais suivis d'effet et, pire que tout, de n'être finalement qu'une signature au bas d'une ordonnance. Le temps passant, elle supporte de moins en moins les limites de son action. Car en dehors de ses missions, elle est aussi inondée de lettres venant des pays les plus pauvres de la planète. Des lettres de parents qui implorent de l'aide, des parents qui lancent un dernier cri d'espoir ; des parents qui ont entendu parler d'elle par les médecins de leur pays, des chirurgiens qu'elle a, pour beaucoup, formés dans son service, ou qui connaissent, tout simplement, sa réputation. Et de mois en mois, d'année en année, ces missives la déchirent un peu plus.

Un jour de novembre 1995, une de ces bouteilles jetées à la mer l'attend sur son bureau. Elle vient de Téhéran. Ce sont les mots désespérés d'un père. Son enfant, faute d'opération, va mourir. Cette lettre, elle ne l'a plus et ne peut en reproduire la teneur exacte, mais elle se souvient que cette supplique fut celle de trop. L'appel de ce père la hanta des jours durant. « Elle a été profondément touchée par ce qu'écrivait ce papa, se rappelle Pascale. C'est dommage que nous n'ayons plus cette lettre, parce que les mots de ce père étaient terrifiants, c'était un véritable cri de mort, de douleur. Alors, pourquoi celle-là plus qu'une autre ? Des appels au secours, nous en recevions tout le temps, de gens démunis qui nous suppliaient d'opérer leur enfant. Chaque fois, elle disait : “ Mais comment faire ? Ils n'ont pas d'argent ! Moi, je les opérerais bien gratuitement, mais pas l'hôpital. ” »

Fut-ce la lettre de trop ? Cette fois, elle décide de passer à l'action. La scène se situe tôt le matin, dans la salle de réunion du service de chirurgie cardiaque de Laennec ; avant d'entrer au bloc opératoire, elle jette un dernier coup d'œil aux dossiers des consultants de l'après-midi et s'exclame soudain :

– Pascalou ! J'ai trouvé le moyen d'aider tous ces gens. Nous allons réactiver ce qui dort depuis plus de trois ans ! Vois-tu ce que je veux dire ?

Elle voit. Trois ans, c'était en 1992, l'année de la réfection des chambres. En 1990, un an après sa nomination en tant que chef de service, Francine décide de rénover les chambres de ses patients. Les lieux sont décrépis, les murs sont gris et le tout confère à l'ensemble une ambiance froide et triste. C'est déjà difficile d'accepter la maladie mais si, en plus, elle doit se vivre dans un endroit sans clarté, c'est totalement déprimant. Une fois sa liste des chambres à rénover établie, elle demande à l'administration les fonds nécessaires pour redonner un peu de couleur aux séjours de ses malades. Pleine d'entrain, sûre de convaincre la direction, elle rencontre les financiers et expose son projet. Mais voilà, tout le monde n'a pas sa vision de la vie, et la réponse est un iceberg : le budget de l'Assistance publique est ultra-serré et... désolés, nous ne pouvons rien faire, nous n'avons pas d'argent pour cela.

Loin de se démoraliser, elle se dit alors que si l'Etat ne l'aide pas, la société civile, elle, pourra peut-être le faire. Et pour cela, elle va créer une association. C'est ainsi que cette même année, elle dépose les statuts de « Mécénat-Chirurgie cardiaque » et entre en campagne pour récolter l'argent nécessaire à la rénovation de ses chambres. Sa première démarche est de prendre contact avec différentes entreprises de bâtiments, des laboratoires et, enfin, des particuliers, des amis de la famille, et des amis d'amis. Pour les convaincre, son argument est simple : « Si un jour vous êtes malade et devez être hospitalisé, aimeriez-vous séjourner dans un gourbi ou dans une belle chambre, avec de beaux murs blancs et un cabinet de toilette qui fonctionne ? » Bien évidemment, tous répondent qu'ils préféreraient une belle chambre. « Eh bien, c'est parfait ! Si vous m'aidez à rénover celles de mon service, vous pourrez venir chez moi et vous en aurez une belle. Vous serez aux petits oignons ! Sinon, je n'ose imaginer où vous tomberez. »

« Je n'étais pas très sûre que cela marcherait, se souvient Pascale. Demander de l'argent pour repeindre les chambres d'un hôpital, et de l'Assistance publique en plus, c'était quand même culotté ! »

Et pourtant, ça marche. Les caisses de l'association remplies, elles peuvent, dès 1992, rénover dix chambres du service. C'est pourquoi, en 1995, Francine se dit que, si elles ont trouvé de l'argent pour ravaler des murs, il n'y a pas de raison qu'elles n'en trouvent pas aussi pour réparer des cœurs.

Sa décision prise, elle bat le fer tant qu'il est chaud et change les statuts de l'association. Mécénat-Chirurgie cardiaque devient « Mécénat-Chirurgie cardiaque-Enfants du monde ». Sa première action est de reprendre immédiatement contact avec ce père iranien : enfin, elle va pouvoir sauver son enfant. La lettre est partie, malheureusement aucune réponse n'est jamais revenue. S'est-elle perdue ? L'enfant est-il décédé ? La famille a-t-elle quitté Téhéran ?

Elle ne le saura jamais. « C'est cet enfant qui est à l'origine de Mécénat-Enfants du monde, et j'ai toujours ce goût amer dans la bouche de n'avoir pu le sauver. J'aurais tellement aimé. »

Pour l'aider dans son entreprise, elle fait appel à son filleul, Patrice Roynette. Ce chasseur de têtes est avant tout un humaniste qui connaît très bien les associations humanitaires. N'a-t-il pas, au début des années quatre-vingt-dix, créé lui-même une organisation, « La Mer à Suresnes », dont le but est de permettre, tous les ans au mois de juillet, à environ deux mille enfants issus des banlieues et de milieux défavorisés de s'initier à la voile sur la Seine ? Alors, lorsque sa marraine lui dit qu'elle souhaite opérer en France des enfants de pays pauvres atteints de malformations cardiaques, et qu'elle a besoin de son aide, il n'hésite pas à s'engager à ses côtés : « J'ai toujours eu beaucoup de respect pour Francine, son métier m'a toujours passionné. Je ne suis pas cardiaque, ma femme et mes enfants non plus, mais par contre, je connais les difficultés que l'on rencontre pour faire avancer ce genre d'organisation et je me suis dit que l'on y arriverait mieux à deux. Avec ma femme Sophie, nous sommes partis du principe que notre famille fonctionnait bien, que nos enfants ne réussissaient pas trop mal, alors donner de notre temps et de notre énergie à Mécénat, cela nous a paru tout à fait normal. »

Et c'est ainsi que commence l'aventure. Les choses s'installent progressivement. L'objectif prioritaire est de récupérer rapidement de l'argent. Le premier mécène est un laboratoire pharmaceutique dont le président, Jacques Sentenac, séduit par l'objectif de Mécénat, mais aussi par sa présidente, décide de donner le coup de pouce de départ, et non des moindres : le chèque est d'un montant de 400 000 francs, de quoi faire venir les premiers enfants. Mais lesquels ? Comment choisir ? Comment décider ? Il ne faut pas précipiter les choses, et avant tout mettre en place une logistique minutieuse.

« Je revois encore Mme Leca, raconte Pascale, aligner des chiffres sur un bout de papier pour évaluer le coût de l'opération d'un enfant. Il n'était bien évidemment pas question qu'il soit le même que pour un petit Français, il fallait absolument le diminuer. »

De calcul en calcul, elle en arrive à la conclusion que les frais hospitaliers, intervention comprise, ne doivent pas excéder 50 000 francs. Difficile, lorsqu'on sait qu'une seule journée d'hospitalisation revient déjà à 10 000 francs. Qu'à cela ne tienne : puisque le coût de l'opération ne saurait être diminué, il faudra réduire le temps de présence à l'hôpital. Et encore, cela ne suffira pas. Alors, comme en 1990, elle décide de se tourner vers l'hôpital.

Et une fois de plus, la voilà son bâton de pèlerin à la main, arpentant « le tapis rouge » de la direction de l'Assistance publique. Dans ces hautes sphères, politesse oblige, on l'écoute attentivement exposer son projet, on loue même son initiative, on la congratule mais, malheureusement, on ne peut rien faire. Ce nouveau refus ne la décourage pas : elle fera sans eux. Grâce aux premiers dons, Mécénat a réuni assez d'argent pour faire venir aux moins huit enfants. L'équipe se lance. Patrice, en charge du « commercial », doit trouver d'autres mécènes ; le choix de ce mot est important, car à Mécénat, on ne parle pas de « financiers », ni de « donateurs », ni de « sponsors ». Et « si l'aspect financier est important, le mot " mécène " n'implique pas uniquement cette notion d'argent, mais aussi la prise en charge, passionnée et amoureuse, de l'œuvre d'art qu'est le cœur d'un enfant ».

A Laennec, depuis qu'elle a créé Mécénat, on parle. On peut même dire que « ça jase » dans les couloirs. Comment cela va-t-il fonctionner? Y aura-t-il plus de travail? Que va-t-on nous demander? Est-ce bien raisonnable? Et puis, à vrai dire, on y croit peu, voire pas du tout. Qu'importe : pour Francine, qu'ils soient français ou étrangers, la venue de ces enfants est avant tout celle de gamins malades à réparer; alors, les états d'âme, ce n'est pas vraiment son problème; et puis, ce projet, elle ne veut pas l'imposer; pour elle, il fait simplement partie d'une suite logique à sa vocation.

« Tout le monde pensait que c'était complètement fou, relate le Dr Maryline Levy. Moi, cela ne m'a pas étonnée du tout : ça correspond au personnage. Elle y a mis une énergie qui m'a vraiment épatée et qui m'a véritablement donné envie de la suivre. Dire que tout le service approuvait ce projet serait mentir; en fait, les gens ont d'abord eu peur de l'investissement qu'on allait leur demander et puis, elle nous a très vite avertis que les examens devraient être réalisés rapidement pour diminuer le coût du séjour; bref, que ce serait un peu la course. C'est là que certaines personnes ont pris peur. Maintenant, c'est du passé et Mécénat fait partie de notre quotidien. Je ne pense pas qu'il y en ait encore qui ne soient pas d'accord, comment pourrait-on ne pas l'être en voyant ces enfants? »

Tandis que certains, à l'hôpital, sont dubitatifs, de leur côté, Francine et Pascale s'attellent avec frénésie à leur tâche. Tout n'est pas encore prêt, loin s'en faut, quand les circonstances vont brutalement accélérer le processus. Depuis l'annonce du projet Mécénat, un jeune médecin suit la mise en route de l'aventure avec un vif intérêt. Il s'appelle Pavel Bors. Interne dans le service de chirurgie cardiaque, il est de nationalité moldave. Or, en Moldavie, les enfants atteints de cardiopathies congénitales se comptent par centaines. Et lorsqu'on connaît la pauvreté du pays et l'absence de toute technologie, il est évident que ces enfants ne peuvent être opérés là-bas. Prenant un matin son courage à deux mains, il demande un entretien à sa patronne. Très vite, il lui parle de deux jeunes garçons de sa connaissance qui auraient besoin d'être opérés d'urgence. Pourquoi pas ? lui répond-elle, mais il lui faut voir les dossiers. Ça tombe bien, justement, les dossiers, il les a avec lui. Et c'est ainsi que les deux premiers « enfants Mécénat » seront deux petits Moldaves. Ils s'appellent Alexander et Artiom, et sont âgés de trois et six ans.

Le dispositif, qui se mettait doucement en place, passe alors à la vitesse supérieure. Réunissant un soir son équipe, alors essentiellement composée de Pascale et de Patrice, Francine annonce l'arrivée des deux enfants pour le mois de juillet 1996. A son assistante qui s'inquiète des préparatifs, elle oppose un discours rassurant : pour les visas, ça ne posera pas de problème ; et pour ce qui est de la convalescence, elle s'est entretenue avec le Dr Lucet, le médecin-chef, ainsi que le directeur du château des Côtes, un centre de cardiologie pédiatrique : ils soutiennent leur action et acceptent de prendre dans leur établissement les enfants après leur opération.

– Bien, répond Pascale, mais où vont-ils vivre pendant leur séjour ?

Bonne question. Dès la conception de l'association, l'équipe a naturellement pensé aux familles d'accueil, des bénévoles qui s'occuperont des enfants pendant leur séjour en France. Mais pour l'instant, il n'y a personne, et les petits Moldaves arrivent dans trois semaines. Là encore, pour Francine, pas de quoi s'inquiéter, on trouvera. Et si on ne trouve pas, eh bien, elle les prendra chez elle. C'est alors qu'une idée lui vient, lors d'une visite de routine.

Comme chaque année, au mois de juin, Fabien, le premier enfant qu'elle a transplanté, accompagné de Mireille, sa mère, se rend à l'hôpital. Ravie de les revoir, elle les installe dans son bureau, examine Fabien, s'enquiert de son quotidien, puis, soudain, se tournant vers Mireille, elle se lance :

– J'ai quelque chose à vous demander, mais si cela n'est pas possible, ce n'est pas grave.

Avant même de savoir de quoi il s'agit, Mireille répond :

– Pour vous, c'est oui d'emblée.

– Attendez quand même de savoir de quoi il retourne.

En quelques mots, elle lui explique alors qu'avec Patrice Roynette et Pascale, elle vient de créer une organisation humanitaire dont le but est d'opérer en France des enfants démunis atteints de malformations cardiaques. Ils ont bien évidemment pensé aux familles d'accueil lors de la création de l'association, mais les choses se précipitent, et ils n'ont personne pour accueillir les deux premiers, qui arrivent dans... quinze jours. Mireille accepte aussitôt : elle les prendra chez elle, il n'y a aucun souci à se faire.

« Il n'était pas question que je lui refuse quoi que ce soit. Elle avait sauvé mon fils, j'aurais eu mauvais gré de lui dire non. La création de Mécénat ne m'a pas étonnée du tout, ça lui correspond tout à fait, je trouvais que c'était une aventure extraordinaire et mon mari et moi voulions vraiment en faire partie. »

Le 1er août 1996, Alexander et Artiom seront donc opérés par Mécénat-Chirurgie cardiaque-Enfants du monde. Ils resteront en France pendant un mois. Mireille et Dominique, son mari, les garderont près de trois semaines. Puis, pour les soulager et afin qu'ils puissent eux aussi partir en vacances, c'est « maman Nizou », la mère de Sophie Roynette, qui prendra le relais. Ces deux premières familles sont toujours familles d'accueil.

Aujourd'hui, ils sont plus d'une centaine à avoir rejoint Mécénat. Quant aux enfants, en six ans d'existence, l'organisation en a opéré près de cinq cents. Si les premiers étaient originaires des pays de l'Est, ils viennent désormais d'une cinquantaine de pays, d'Afrique, du Tibet, du Kazakhstan, de Syrie, du Laos, des enfants issus de tous les continents. Mais pour qu'ils puissent être opérés, pour qu'ils puissent venir en France, c'est toute une chaîne de solidarité qui est mise en place et le travail quotidien de toute une équipe.

*

– Il faut absolument que je range cette photo d'Ismaëlle, ça fait deux jours qu'elle traîne sur mon bureau ! Qu'est-ce qu'elle a grandi ! Pascalou, tu m'apportes l'album ? Mesdames, Julhian, je vous demande un instant.

Comme tous les vendredis matin, la petite cellule « familles d'accueil » de l'organisation est réunie dans le bureau de Francine. Il y a Claudie, Bernadette et Julhian.

Les deux derniers sont arrivés il y a quelques semaines. Claudie, elle, est là depuis quatre ans. Ce sont eux qui ont la charge, entre autres, de répartir les enfants dans les familles, de s'occuper des visas et du transport. Ce matin, il y a également Sabrina, cardiologue, qui, comme tout le personnel du service, s'occupe des enfants de l'association. Elle vient souvent discuter du cas d'un « enfant Mécénat » qui lui cause quelques soucis. Aujourd'hui, c'est un petit Marocain opéré la veille et qui a un épanchement. Après avoir regardé avec elle les examens et les radios, Francine la rassure : rien de bien méchant. Sabrina est confortée dans son diagnostic mais, en bonne perfectionniste, elle préférait avoir l'avis du chirurgien. « Je trouve cette action formidable ! Je ne me suis pas posé de question : tout de suite, j'ai suivi Mme Leca. On a l'impression d'être utile différemment. »

L'album de photos à la main, Pascale est de retour dans le bureau. C'est le troisième album constitué depuis la création de l'organisation. Francine aime bien le feuilleter et le montrer à ses collaborateurs, car tous ont une part dans cette réussite. Aujourd'hui, l'association, qui reçoit une vingtaine de dossiers par mois, opère deux enfants par semaine, voire trois. En cherchant une page libre pour mettre la photo d'Ismaëlle, une fillette qu'elle a opérée il y a cinq ans, maintenant une superbe jeune fille complètement guérie, elle ne peut s'empêcher de regarder toutes les photos insérées dans l'album. Et comme toujours, chaque fois qu'elle revient sur ce passé, elle est émue de voir ces visages.

« J'aimerais dire que ce ne sont que de bons souvenirs, ce qui est le cas à 95 % mais, c'est comme dans la vie, il y a du bon et du mauvais. Là, je regarde cette photo d'une petite fille du Burkina. C'était une opération difficile, et elle est morte au bloc. C'est vraiment très dur lorsqu'on perd un enfant. Dur pour moi, bien sûr, mais pour la famille d'accueil aussi, c'est terrible. » Et puis, bien sûr, il y a la famille de l'enfant. Immédiatement prévenue par la cellule familles d'accueil, son attitude est toujours très digne. « Nous ne verrons jamais leurs larmes, mais nous savons qu'ils réagissent avec beaucoup de force. Ils nous ont donné leur confiance, ils savent, c'est du moins ce qu'ils disent à leur médecin, que nous avons fait l'impossible, que nous avons tout tenté. Ils ont une grande dignité, et j'ai énormément de respect pour eux. Il y a aussi des enfants qui viennent et qui repartent sans être opérés, parce que nous sommes arrivés trop tard, parce que la maladie, aux examens pratiqués chez nous, se révèle trop avancée ; c'est difficilement supportable, surtout pour ceux qui les accueillent. Heureusement, il n'y a pas que des histoires tristes. Tenez, lui, c'est un petit Malgache : aujourd'hui, il trotte comme un lapin, il est vraiment minouchet. Nous en avons sauvé beaucoup et c'est cela qui compte. »

Les photos se succèdent, dévoilant la merveilleuse mosaïque qui forme notre monde. Trouvant une page blanche, elle y insère la photo d'Ismaëlle, celle d'une belle aventure, d'un pari gagné. Reprenant l'album, Pascale repart dans son bureau et Sabrina en salle d'échographie. Le staff peut se mettre au travail.

– J'ai reçu un mail vraiment étonnant, commence Francine. Je vais vous le lire : « Très cher professeur et maman Francine Leca, je me nomme Asta et je suis condamnée à mourir faute de moyens financiers pour me faire opérer le cœur, dont je souffre atrocement depuis ma naissance. Actuellement âgée de quatorze ans, je suis de nationalité camerounaise et issue d'une famille modeste dont les moyens très limités se sont vite épuisés à cause de ma maladie qui chaque jour, chaque minute, chaque seconde, me rapproche un peu plus d'une mort certaine et prématurée. Mais Dieu merci, grâce à la radio RFI, j'ai appris l'existence de votre association. Ma très chère maman Leca, considérez cette lettre comme un SOS lancé par votre propre fille qui vous interpelle et qui en appelle à votre générosité et à votre amour maternel. Considérez que moi, Asta, qui aurais pu être votre propre fille, n'ai d'autre recours que vous. Considérez en fin *[sic]* que si jamais vous ne prenez pas le cas de votre fille que je suis au sérieux et que j'en venais à mourir, vous seriez quelque peu responsable de la mort de votre fille. Certes, aucun tribunal au monde ne vous condamnerait pour enfanticide *[sic]*, mais celui de votre conscience le ferait probablement. Entendez donc mes pleurs et les cris de douleur d'une condamnée se trouvant dans le couloir de la mort, dans l'espoir d'être secourue et sauvée par vous. Je vous remercie... », etc., etc. Pas mal, non ? Alors ça, c'est le style africain très fleuri des gens un peu érudits : elle doit sûrement aller à l'école et elle connaît bien le français. Il y a quelques fautes, mais pas beaucoup.

Des lettres de désespoir, Claudie, Bernadette et Julhian en ont déjà lu, mais de celle-ci, entre sérieux et fou rire, ils ne savent que penser.

– Si je comprends bien, lui dit Bernadette, si vous ne la sauvez pas, vous serez responsable !

– C'est un peu ça. En fait, je ne suis pas complètement sa maman, je ne suis pas tout à fait Dieu mais sa représentation sur Terre, et en même temps, si je ne la soigne pas, je serai coupable d'infanticide. C'est tout de même une lettre émouvante. Je lui ai renvoyé un mail en lui demandant un maximum de compte rendu médical ; et puis, dès que j'aurai réceptionné tous ces documents, je prendrai ma décision et je vous transmettrai le dossier ; on verra. Pour l'instant, je ne sais pas ce qu'elle a.

Pour faire venir un enfant, le plus important pour l'équipe est de connaître son état médical. « Nous faisons de la médecine, pas de l'action vétérinaire. Nous devons avoir le compte rendu de son cardiologue sur place, mais nous devons également interroger avec précision l'enfant et ses proches. Après, on juge. » Et dans le cadre de Mécénat, ces étapes sont sûrement les plus difficiles à franchir. En général, les dossiers ne sont pas complets, les médecins répondent mal aux questions, et il arrive que les résultats des différents examens mettent tellement de temps à nous parvenir qu'il est parfois trop tard.

Pour décider si un enfant sera opéré, il faut un minimum de renseignements : une observation médicale récente, une radio du cœur, un électrocardiogramme, une échocardiographie si possible, les sérologies HIV et hépatite, les antécédents, les traitements en cours, un document d'état civil, une photo de l'enfant et une attestation de non-prise en charge par le pays d'origine. Ce dernier papier est essentiel, car si le gouvernement prend en charge l'opération de l'enfant, celui-ci sera opéré dans le cadre normal de l'Assistance publique et non dans celui de Mécénat, dont le but est de venir en aide à ceux qui n'ont aucun recours.

En ce qui concerne Asta, elle espère recevoir le maximum d'informations d'ici un mois. Elle remettra alors le dossier à Pascale, sur lequel elle aura écrit : « urgent », « moyennement urgent », « pas urgent ». Si ce n'est pas urgent, Pascale donnera une place dans les huit mois à venir; si c'est moyennement urgent, cela pourra être dans les quatre mois; mais si la cardiopathie demande une opération d'urgence, tout sera mis en œuvre pour faire venir l'enfant dans les six semaines suivant la décision. Dès lors, la balle sera dans le camp de Claudie, Bernadette et Julhian qui s'occuperont de toute la logistique pour son arrivée en France.

Différents dossiers sur les genoux, Claudie revient sur un cas en attente depuis une semaine.

– Madame, qu'avez-vous décidé pour Philomène, la jeune fille du Congo?

– Elle a dix-sept ans, c'est ça?

– Oui...

Le problème que rencontre Mécénat depuis quelque temps est celui de l'accueil des adolescents. Pour les familles françaises, accueillir un enfant et héberger un adolescent sont deux démarches qui n'ont rien à voir. Jusqu'à douze ou treize ans, l'enfant arrive rapidement à s'intégrer et à se repérer dans une famille où il trouve chaleur, amour et, bien souvent, d'autres copains de son âge. Pour un adolescent, la prise en charge n'est pas la même : c'est le moment de la vie – et cela, quelles que soient la nationalité, l'éducation ou la religion – où le jeune est plus en révolte, plus en demande, plus conscient également des réalités du monde dans lequel il atterrit; vivre dans une atmosphère différente de la sienne, où il ne manque de rien, où tout paraît facile, même si cela ne l'est pas, crée parfois des tensions. Ces jeunes se réfugient souvent dans un mutisme que les familles d'accueil ont du mal à gérer. Conscients qu'ils sont là pour être guéris, ils le sont aussi que la vie qu'on leur offre n'est pas celle qu'ils ont chez eux ni qu'ils auront jamais. Leur attitude est alors celle de l'enfermement; ne pas communiquer, pour dire : « Nous ne sommes pas pareils. »

« Ils font souvent la gueule, explique Francine, traînent des pieds, ne veulent pas manger; ils sont parfois assez durs, ils rejettent tout ce qu'on leur propose. C'est d'ailleurs pareil pour les petits Français, c'est la crise de l'adolescence. Mais pour les familles d'accueil, malgré tout l'amour qu'elles peuvent donner à ces enfants, ce n'est pas toujours facile. De plus en plus, nos familles sont assez réticentes à prendre des enfants de plus de quinze ou seize ans. Je peux les comprendre, mais en même temps, moi, ça me fout en l'air de devoir refuser un gamin parce que je ne sais pas où l'héberger. Il est malade, je peux le soigner, si je ne le fais pas il mourra, et toujours trop tôt. C'est vraiment un problème. »

Pourtant, là encore, Francine a trouvé une solution. Depuis un an, Mécénat travaille en collaboration avec Mme Noah, la mère de Yannick, qui, dans le cadre de son organisation « Les Enfants de la Terre », lui donne un coup de main en prenant un ou deux adolescents par mois dans ses centres. Une aide qui retire une sacrée épine du pied à l'équipe de la cellule familles d'accueil.

A Mécénat, les adolescents ne représentent qu'à peine 10 % des opérés. La moyenne d'âge est de sept ans, et 25 % sont des nourrissons. Depuis quasiment le début, l'association a élaboré un questionnaire qui doit être rempli par les familles et les médecins des enfants malades, un moyen simple et efficace de mieux connaître le futur patient avant son arrivée. Un interrogatoire un peu poussé sur l'environnement familial, le caractère et le mode de vie, comme les coutumes alimentaires, la sieste, le coucher, etc. Bernadette a entre les mains le questionnaire de Philomène, dûment complété.

– Apparemment, le papier a été rempli par le cardiologue, je pense que les parents ne savent pas écrire le français ou écrire tout court. La famille compte cinq enfants, le père est agriculteur, la mère ne travaille pas.

– Alors, concernant le caractère de l'enfant, qu'est-ce qui est écrit ? Communique-t-elle ?

– Il semble que oui.

– Que mange-t-elle ?

– Tout, elle n'a pas d'interdits.

– A-t-elle des peurs spécifiques ?

– Elle a peur de rester seule dans le noir.

– Comportement ?

– Sociable, normal.

– Quelles sont ses réactions dans certaines situations : colère, timidité, peur ?

– Elle est un peu timide, elle peut se fâcher mais ses colères ne durent pas.

– Qu'aime-t-elle ?

– Elle aime les jeux de cartes, les téléfilms, regarder le football et lire les revues féminines.

– Sait-elle qu'elle va rester quelques semaines en France ?

– Oui.

– Sait-elle qu'elle va être opérée ?

– Oui, sa mère le lui a expliqué.

Ensuite, le document précise qu'elle s'exprime essentiellement en lindiala, qu'elle apprend le français à l'école et le parle moyennement. Elle est issue d'une famille catholique, a été baptisée et va régulièrement à la messe. Elle étudie au lycée, elle se lève à cinq heures du matin et aime aider sa mère dans les travaux ménagers.

– Eh bien, c'est parfait tout cela. Cette enfant a besoin d'être opérée, ce n'est pas dramatique mais nous allons la faire venir dans les trois mois. Ce sera sûrement une enfant silencieuse, mais douce, on verra bien. Julhian, quelle est la situation des parents ?

– Le père gagne 82 euros par mois et, au Congo, une famille de deux enfants vit décemment avec 200 euros par mois.

– Oui, c'est donc la grande pauvreté. Bon, au suivant.

Pendant plus d'une heure, ils passeront au crible toutes les demandes qui ont reçu l'aval de Francine sur un plan chirurgical. Environ dix dossiers seront étudiés. Les enfants viennent du Sénégal, du Laos, du Congo, d'Inde. Tous ont des cardiopathies allant de la plus simple à la plus grave. Les enfants opérés par Mécénat ont des atteintes de nature différente. Elles sont soit d'origine congénitale, soit consécutives à un rhumatisme articulaire aigu, une affection très fréquente dans ces pays.

Dans la fiche de renseignements remplie par les parents, Francine a remarqué que pour la majorité des garçons, à la question du sport préféré, ils ont coché le football.

– Vous voyez, mon rêve, c'est que les filles puissent étudier et que les garçons puissent jouer au foot, comme cela nous pourrons créer une équipe aux couleurs de Mécénat !

Bernadette, Claudie et Julhian sourient. Cette idée lui trotte dans la tête depuis des mois, et ils le savent. Son souhait serait de pouvoir un jour organiser avec la Fédération française de football un match opposant les enfants de Mécénat à une grande équipe française, elle n'ose espérer l'équipe de France, quoique... La recette de cette rencontre permettrait à Mécénat d'opérer encore plus d'enfants.

– Riez, riez, un jour, j'y arriverai ! Bon, c'est tout pour aujourd'hui, on refait un point la semaine prochaine. Ce soir, je pars à Brest avec Catherine pour la remise d'un chèque du Rotary Club. Je serai de retour demain. Il n'y a rien d'autre ?

Claudie lui tend une liasse :

– C'est le courrier... Nous avons reçu quelques lettres de remerciements.

– Ça, ce sont des moments que j'adore ! Ces lettres sont toujours incroyables. Donnez-les-moi.

Claudie lui remet le paquet. Cinq lettres, toutes aussi fleuries les unes que les autres. Comme celle de Justine, la maman d'une jeune Camerounaise, qui lui écrit : « Mme le Professeur. Une fois de plus je viens par la présente vous saisir, avec les larmes aux yeux mais avec un cœur plein de joie, et ceci grâce à vous. [...] J'ai enfin pu, comme un rêve, embrasser ma Christelle guérie et la sentir près de moi [...]. Que Dieu soit loué. Je n'oublierai jamais ce que vous et votre équipe avez fait. Une messe d'action de grâce a été dite et une intention de prière vous a été dédiée [...]. L'Eternel seul saura vous le rendre et vous récompenser pour toute la peine que vous avez prise. Si vous le permettez, acceptez que je vous dise de continuer dans cette voie afin de redonner espoir aux nombreuses familles qui en ont besoin [...]. Que le Seigneur vous comble de ses grâces. Justine. »

Il y a celle des parents de Daniel, du Congo. Le père de ce jeune Congolais est encore plus dithyrambique : « Par la présente j'ai l'honneur de venir auprès de votre personnalité pour vous remercier pour tout ce que vous avez fait gratuitement pour mon fils Daniel. [...] Vous remarquerez que je couche ces quelques lignes de remerciements après une longue période de méditation, de plus ou moins deux semaines, cela s'explique de la manière où lors de nos prières en famille pour chercher la face de l'Eternel, afin de vous remercier, on manquait toujours des mots à vous adresser. En famille nous nous sommes concertés et avons arrêté une décision que si Daniel arrivait un jour à se marier et mettre au monde une fille, cette fille portera le nom de : Dr Francine Leca »...

Il y a aussi Marie-Odile qui écrit : « Je te écris une lettre pour te dire merci beaucoup pour avoir ma opéré... Je suis content que tu me operé parcequ'si toi tu n'as pas me operé je ora très morte... Je ne te oublie jamais de tout ma vie je te embrasse très fort. Marie-Odile. »

Après la lecture, malgré l'émotion, elle ne peut s'empêcher de rire. Il faut dire que les mots utilisés peuvent difficilement amener les pleurs. Et comme toujours, lorsqu'elle est émue, elle a ce besoin irrésistible de pirouetter : « Eh bien, si avec toutes ces actions de grâce et Dieu tout-puissant qui veille sur moi, je ne vais pas au Paradis, je ne comprends plus rien ! »

De retour dans leur bureau situé sous les toits des vieux bâtiments de l'hôpital Necker, Claudie, Bernadette et

Julhian se mettent au travail. Les journées sont intenses. Si aujourd'hui, tout semble rodé et fonctionner avec méthode et discernement, Claudie se souvient des débuts, lorsque l'équipe s'occupant des familles d'accueil n'était pas encore constituée et que Pascale faisait tout : « Elle était à la fois la comptable et la gestionnaire; elle s'occupait des visas, de recruter les familles, etc. D'abord est arrivée Annie, la " bénévole plein temps " comme la surnommait Mme Leca, puis j'ai intégré l'équipe. »

C'est que faire venir des enfants n'est pas un mince travail. Si dans les deux premières années, Mécénat travaille essentiellement avec les pays de l'Est, à la suite de deux reportages télévisés, c'est l'explosion : les sujets, retransmis dans de nombreux pays par TV5, entraînent une déferlante de lettres vers l'association. « Ça venait de partout, d'Asie, d'Afrique, du Maghreb, et l'on se demandait bien comment nous allions nous y prendre, parce que ce n'étaient pas des pays faciles. Mais nous nous sommes jetées dans l'aventure sans trop nous poser de questions, avec une Mme Leca qui ne cessait de dire : " Si nous, nous n'y allons pas, personne n'ira. " Nous avons bien évidemment suivi, on ne pouvait pas faire autrement, parce qu'elle aussi, elle relève ses manches. »

Claudie se souviendra toujours de la première fois où elle a rencontré sa future patronne. Ce jour-là, Francine recevait dans son bureau une petite Algérienne de Kabylie. La fillette avait onze ans et parlait un français impeccable. Afin que Claudie voie un aspect concret de l'action de Mécénat, Francine lui avait demandé d'assister à l'entretien. Alors que le chirurgien expliquait à l'enfant qu'elle allait être opérée parce qu'elle avait un trou dans le cœur et qu'il fallait le réparer, très sérieusement la petite fille lui avait alors demandé : « Est-ce que je vais mourir sur la table d'opération ? » Claudie s'était raidie sur son siège, frappée par la question de l'enfant. Francine, elle, loin de se laisser perturber, avait pris une feuille de papier et lui avait expliqué par un dessin, comme elle fait régulièrement avec les parents, l'acte chirurgical qu'elle allait pratiquer. « J'étais complètement bluffée. Je me suis alors dit : " C'est bon, je veux travailler avec cette femme. " Pour moi, ce fut un moment très fort qui m'a donné envie d'apporter tout ce que je pouvais. »

Dans la logistique de Mécénat, le nerf de la guerre, ce sont les familles d'accueil, et par ricochet, l'équipe qui s'en occupe. Dans leur petit deux-pièces exigu, Claudie, Bernadette et Julhian passent leurs journées à établir les dossiers des enfants, à téléphoner au Quai d'Orsay pour obtenir les visas, car c'est à Mécénat d'en faire la demande, à appeler les divers consulats français qui aident l'association lorsque des démarches avec les gouvernements s'avèrent difficiles, à se mettre en rapport avec les ambassades des pays concernés en France afin que les autorisations de sortie des malades soient validées. Pour que les enfants puissent venir en France, Mécénat est obligé de fournir aux autorités de leur pays des attestations, des engagements de prise en charge totale concernant le séjour et l'opération. Dans tout ce travail, le plus difficile, pour l'équipe, c'est de pouvoir maintenir le contact avec les parents sur place, surtout lorsque la famille habite dans le désert ou dans la brousse, pour s'assurer que les visas sont bien récupérés, que le billet d'avion est en poche, qu'ils ont bien signé la décharge parentale et leur consentement éclairé, certifié par un médecin local, et qu'ils ont bien compris que l'enfant venait seul, car il est impossible pour Mécénat de prendre en charge le déplacement et le séjour d'un père ou d'une mère.

En ligne depuis cinq minutes avec la Sabena, la compagnie aérienne belge, Julhian se bat pour qu'elle accepte qu'un enfant du Congo voyage seul sur un de ses vols.

– Ecoutez, le Pr Leca vous a adressé un mail en ce sens : l'enfant n'a pas besoin d'oxygène et il peut voyager normalement, un convoyeur d'Aviation sans frontières suffit. Vous ne pouvez pas refuser.

A l'autre bout du fil, l'interlocuteur se montre inflexible : l'enfant ne montera dans l'avion qu'accompagné d'un médecin. La compagnie veut se protéger. Une situation qui n'est pas rare. En dehors d'Air France, qui travaille depuis 1996 avec les collaborateurs de Mécénat et leur fait confiance, les autres transporteurs, après avoir pris connaissance du dossier, demandent souvent qu'un médecin soit aux côtés de l'enfant, de crainte qu'un problème ne survienne dans l'avion.

« Nous ne pouvons pas envoyer un médecin chercher l'enfant pour veiller sur lui tout au long du voyage, explique Claudie. Cela nous coûterait beaucoup trop cher, car c'est un billet d'avion plein pot, une nuit d'hôtel et des défraiements. Bien sûr, si la venue de l'enfant nécessite un accompagnement médical, nous le faisons, nous ne prenons pas de risque ; mais si ce n'est pas le cas, nous ne le faisons pas. Nous passons alors des heures au téléphone à essayer de leur expliquer, Mme Leca elle-même appelle le médecin-chef de la compagnie. Parfois ça passe, parfois non, et dans ce dernier cas, l'enfant ne peut pas venir. »

Est-ce la persévérance de Julhian ? Le mail de Francine ? La Sabena finit par accepter de prendre le petit Kobo. Mécénat, qui travaille tous les jours pour récupérer de l'argent et sauver le maximum d'enfants, doit être très économe de ses deniers. Mais les mots « compréhension » et « humanitaire » ne se déclinent pas de la même façon dans toutes les langues...

L'équipe ne chôme pas : dans quelques jours, six enfants arriveront quasiment en même temps, ce sont donc les derniers préparatifs. Tandis que Claudie est en ligne avec le consulat de France au Laos, Bernadette fait le point avec les responsables d'Aviation sans frontières, l'organisation humanitaire qui se charge de convoyer les enfants de leur pays d'origine vers la France et vice versa. Dans la semaine à venir, six convoyeurs partiront pour le Laos, la Syrie, le Congo, le Mali et l'Inde. Tout à son affaire, le trio n'a pas entendu la porte d'entrée s'ouvrir. Toujours souriante, Mme Jouet, une maman d'accueil, passe une tête.

– Bonjour !

Claudie est la première à réagir.

– Bonjour, madame Jouet ! Alors, vous venez prendre le dossier de la petite Nadim ?

– Oui, elle arrive dans une semaine et je ne suis pas très en avance.

– Ne vous inquiétez pas, vous êtes toujours à l'heure et surtout très fidèle.

Mme Jouet, âgée de soixante-quinze ans, fait partie des plus anciennes de l'organisation. Bénévole depuis cinq ans, elle est arrivée à Mécénat à la suite d'une rencontre avec Pascale qui habite à quelques pas de chez elle. L'humanitaire, elle a toujours su ce que c'était, donnant, depuis des années, de son temps à la Croix-Rouge de sa ville. Au départ, elle pensait soutenir l'organisation financièrement. Puis, sur les conseils de son mari, elle s'est décidée à accueillir des enfants chez elle. Maman et grand-mère de nombreux petits-enfants, elle a, dans sa grande maison de la banlieue parisienne, tout ce qu'il faut pour s'occuper d'eux, des petits de préférence : « Je ne suis plus toute jeune et c'est plus facile pour moi de porter un bébé ou un tout-petit; un grand, je ne pourrais pas, j'aurais trop peur de le faire tomber, alors qu'un bébé ou un enfant de deux ou trois ans, j'ai l'habitude avec les miens. »

Et c'est vrai que chez les Jouet, les enfants ont de quoi être heureux. Tout au long de leur séjour, ils vivent en plein air avec pour terrain de jeux l'immense parc de la propriété. Ils ont aussi un formidable compagnon, qui répond au nom de Nietzsche, un gros toutou affectueux sur le dos duquel ils grimpent avec bonheur. Le premier enfant que la famille a accueilli était une petite Moldave de deux ans, Adriana, peu de temps après suivie de deux autres enfants du même pays, puis d'un Mauritanien, d'un Marocain et, bientôt, d'une petite Syrienne. « Il faut les apprivoiser, et une fois que c'est fait, c'est merveilleux. Ils se sentent à l'aise, ils sont chez eux. Je ne suis pas leur grand-mère, mais je les aime comme mes petits-enfants, ils font partie de ma famille. Je sais seulement qu'un jour ils vont repartir. Alors, bien sûr, le moment du départ, c'est l'horreur ! Et en même temps, après on retrouve sa vie, on s'occupe beaucoup pour que leur départ soit mieux digéré. Mais c'est très difficile. »

Dans le bureau, Bernadette sort le dossier de Nadim. La petite Syrienne a trois ans, elle habite Damas.

– Elle a « un cœur », précise Bernadette.

Un cœur, deux cœurs, trois cœurs : trois petits logos sur les dossiers qui indiquent la gravité de la maladie. Un cœur, ce n'est pas grave ; deux, c'est moyennement grave ; avec trois cœurs, on tombe dans les pathologies compliquées, qui demandent une attention de tous les instants, une surveillance intensive, surtout avant l'opération, de la part de la famille qui reçoit l'enfant.

Mme Jouet semble soulagée :

– Un cœur, ça va. J'ai eu chaud, la dernière fois, avec le petit Marocain. Je me levais même la nuit pour voir s'il respirait. Aujourd'hui, il est en pleine forme, cela s'est bien passé, mais j'ai vraiment eu peur !

Lorsque les familles accueillent des enfants atteints de lourdes pathologies, elles savent que, de toutes les façons, elles trouveront toujours un membre de Mécénat pour les soutenir, et le service au complet pour répondre à leurs inquiétudes. Elles ne sont pas sans parachute, et c'est pour cela qu'elles s'engagent à fond. En dehors du désir profond d'apporter une aide à des enfants malades, certaines ont dans leur entourage un membre atteint d'une malformation cardiaque ou souffrant d'un problème cardiaque. Quant à celles qui n'avaient jamais été en contact avec ces malformations, toutes sont unanimes pour dire que le cœur, c'est du concret, et que leur action l'est donc encore plus.

Avant de devenir famille d'accueil, les candidats sont reçus par Claudie ou Bernadette. Ils doivent répondre à certains tests, car ce n'est pas un parrainage qu'on attend d'eux, mais bien une prise en charge d'enfants. Parmi les critères requis, il y a tout d'abord la disponibilité ; pendant un mois et demi, deux mois, leur vie sera centrée sur celle de leur protégé : il y aura les consultations à l'hôpital, qui prennent du temps, l'opération, la convalescence au château des Côtes, pendant laquelle il faudra aller lui rendre visite. Ensuite, vient l'aspect géographique. Comme toutes les opérations sont réalisées à Paris, à l'hôpital Necker et, depuis quelque temps, à la Mutualité, dans le service de François Laborde, un ancien interne de Francine, les familles doivent habiter Paris ou la région parisienne afin, si l'état de santé de l'enfant le requiert, de pouvoir se rendre très vite à l'hôpital. Le troisième critère, lui, porte sur l'environnement. Au cours de l'entretien, Bernadette et Claudie tentent de cerner la personnalité et les motivations de la famille candidate. Il est impératif que le malade vive son séjour dans une atmosphère de douceur, de tendresse et de quiétude. L'équipe demande également que le lieu d'habitation soit accessible aux enfants qui sont très fatigables et qui, avant l'opération, se déplacent toujours avec difficulté. Autant dire que sixième étage sans ascenseur s'abstenir. Enfin, après l'entretien, les familles ont plusieurs jours pour confirmer leur désir de participer à l'action de Mécénat.

« En général, lorsqu'elles ne se sentent pas capables de prendre un enfant, on n'entend plus parler d'elles. On pourrait croire que nous les motivons pour qu'elles deviennent familles d'accueil, mais nous faisons tout le contraire : on leur dit que c'est dur, qu'il faut être disponible, que les enfants ne parlent pas notre langue, qu'ils sont plus chétifs que les autres, qu'il faut toujours avoir un œil sur eux ; bref, nous ne sommes pas spécialement encourageantes, et je peux vous assurer que la famille qui revient et qui nous dit oui, c'est qu'elle est vraiment motivée. Bien évidemment, nous ne sommes jamais sûrs, et nous ne commençons à bien connaître une famille que lorsqu'elle a déjà pris un ou deux enfants. »

A Mécénat, être parents bénévoles, c'est donner et recevoir. « Moi je n'ai aucun mérite, explique Mme Jouet. Je ne veux surtout pas que l'on me décerne une médaille : si je ne pouvais pas, je ne ferais pas ; je peux, je fais ; c'est tout. Ce n'est rien de donner un peu de bonheur, c'est naturel ; et puis, j'en donne, mais qu'est-ce que j'en reçois ! »

Accueillir ces enfants, c'est aussi les faire entrer dans un univers magique, qu'ils ne connaissent pas, et dont beaucoup n'ont même jamais imaginé l'existence. Il se passe alors des scènes émouvantes. Comme le jour où ce jeune Moldave – passionné par les études et parlant un français parfait –, se rendant à la Fnac avec sa famille d'accueil, reste stupéfait devant les rayons de livres, puis, soudain, éclate en sanglots. Et lorsqu'on lui demande ce qui se passe : « Tant de livres, on me l'aurait dit que je ne l'aurais jamais cru ! » Chez lui, dans les vitrines des librairies, les présentoirs sont souvent vides. Il y a aussi l'histoire d'une jeune Malienne qui, quelques jours avant de repartir dans son pays, dit à sa famille d'accueil : « Adoptez-moi, vous avez déjà six enfants, je serai la septième. » On lui explique alors que ses propres parents l'attendent, qu'elle a chez elle des frères et sœurs qui ont hâte de la revoir et que, maintenant qu'elle est guérie, elle doit rentrer chez elle. La fillette réplique : « Chez nous, personne ne s'est occupé de moi comme vous l'avez fait ; nous n'avons pas d'eau, pas d'électricité. Si vous ne voulez pas de moi comme enfant, je peux le comprendre, mais je peux devenir votre femme de ménage. » Si ces réactions demeurent exceptionnelles, elles existent ; c'est pourquoi le personnel de Mécénat demande toujours aux familles de ne pas trop gâter les enfants, ce qui n'est pas toujours facile à comprendre : aucune n'a jamais l'impression de trop en faire ! Toutes, en revanche, ont le sentiment d'avoir apporté quelques semaines de bonheur à un enfant. Et réellement, c'est ce qu'elles ont fait, car ces enfants ont emmagasiné quelque part, dans un coin de leur tête, des souvenirs inoubliables qui viendront, comme le disait un jeune Marocain, « me redonner de l'espoir et du courage quand j'en aurai besoin, là-bas, chez moi ».

Avant que Mme Jouet ne reparte, Claudie et Bernadette lui rappellent qu'elles sont là quoi qu'il arrive : un coup de cafard, une émotion trop forte, un problème avec l'enfant, leur porte est ouverte. Ici, c'est un peu le confessionnal, l'endroit où les familles viennent s'épancher ; et Mme Jouet, comme tous ceux qui prennent part à l'action de Mécénat-Chirurgie cardiaque, le sait. Dans une semaine, elle sera à l'aéroport de Roissy-Charles-de-Gaulle pour réceptionner la petite Nadim. L'aventure continue...

En dehors de la cellule familiale, un autre groupe de l'organisation, quelques arrondissements plus loin, au 33 rue Saint-Augustin, s'active à un tout autre travail, sonnant et trébuchant, celui-ci. Dans les locaux de Proway, la société de Patrice Roynette, Marie, François et Geoffroy forment la petite équipe chargée de trouver l'argent nécessaire à la venue des enfants. Se joignent également à elle, lorsqu'on a besoin d'eux, ceux et celles que Francine surnomme « mes “ rocœurs ” et mes fourmis rouges » : des hommes et des femmes de tous âges, qui aident bénévolement l'association dans la mise au point des diverses manifestations organisées pour lever des fonds. Et les sous, c'est important, car sans eux, pas de Mécénat, et sans Mécénat, pas d'enfants. Malgré les dons spontanés de particuliers sensibilisés à la suite d'un reportage à la télévision, à la radio ou dans la presse écrite, malgré les dons d'entreprises qui soutiennent, chaque année, par quelques chèques « importants » l'action de l'association, cela ne suffit pas; et l'équipe de Saint-Augustin doit redoubler d'imagination pour mettre en place les événements, culturels ou sportifs, dont les recettes permettent d'opérer toujours plus d'enfants.

Celui qui anime l'équipe est le filleul de Francine, dont elle loue les qualités : « Il a une énergie, une générosité et une créativité incroyables ! Pour lui, aider est aussi spontané que respirer, et cela dans tous les domaines. Mécénat lui fait simplement des journées de quatorze heures au lieu de douze. » C'est ainsi que depuis six ans, des artistes comme Jean-Philippe Collard, I Muvrini, Laurent Petitgirard, les ballets tahitiens, les artistes du cirque Bouglione, et bien d'autres encore ont soutenu Mécénat en donnant des galas. Ce genre d'action exige énormément de travail. Outre convaincre les personnalités – ce qui n'est pas forcément le plus difficile, la générosité est partout si l'on sait la chercher –, il faut à Marie et François beaucoup de conviction dans leurs démarches pour dénicher et surtout obtenir gratuitement les salles où se produiront chanteurs, musiciens, baladins. Ce sont des journées entières consacrées à la mise au point d'une seule soirée, car rien ne doit être négligé, de la sécurité au programme, en passant par l'accueil et jusqu'au bouquet de fleurs remis à la fin de la représentation. Marie, la plus ancienne de l'Equipe, se souvient bien de la première manifestation : « C'était au musée des Arts forains. Nous avions réussi, grâce à Sophie Roynette, à disposer gratuitement de la salle ; puis, nous avions organisé une grosse tombola. Différentes sociétés, partenaires de Patrice dans le cadre de son travail, nous avaient offert des lots qui étaient gagnés tout au long de la soirée. Il y a eu beaucoup de monde, c'est le bouche-à-oreille qui a fonctionné, et nous avons réussi à récupérer assez d'argent pour faire venir quatre enfants. C'était la première fois, on y croyait, et ensuite, on a dit : " On continue. " »

Manifestations culturelles, mais aussi sportives : tous les ans, le golf de Saint-Nom-la-Bretèche organise en faveur de Mécénat une compétition ouverte à tous ceux qui pratiquent ce sport. L'événement rapporte chaque année de quoi opérer sept enfants. Pendant trois années consécutives, dans le cadre de la Course du Figaro, des sportifs tels que Stéphane Diagana, Jean-Pierre Papin, Stéphane Caron, Colette Besson ont couru sous les couleurs de Mécénat-Chirurgie cardiaque. Des courses parrainées par Muriel Robin, Carole Bouquet ou encore Inès de La Fressange qui fut l'une des premières personnalités à soutenir Mécénat. Séduite par l'action de l'organisation, c'est elle qui l'a contactée pour proposer son aide ; et depuis quatre ans, quasiment pas un article sur l'ancien mannequin n'est publié sans que soit citée l'organisation de Francine. Toujours disponible, elle est là lorsqu'on a besoin d'elle, et tout cela dans la simplicité et la gentillesse.

De tels soutiens apportent à Mécénat, et l'humanitaire a aussi besoin de cela, une image valorisante auprès du grand public. Mais ce que l'équipe appelle « de l'événementiel » ne s'arrête pas là. Aux quatre coins de France, des communes, des mairies, des entreprises, des écoles, des clubs sportifs, des clubs service tels que les Rotary et les Lions Clubs se mobilisent pour venir en aide à l'association. Une aide qui se traduit sous différentes formes, allant de la compétition sportive aux rallyes, aux brocantes, aux ventes de charité, aux ventes de vin... Et chaque fois, Francine se déplace. C'est ainsi qu'on peut la croiser à Bourg-en-Bresse, à Vannes, à Albertville, dans le Nord, dans le Sud, dans l'Ouest et dans l'Est, partout où des gens de bonne volonté se sont mobilisés pour elle. Des déplacements qui lui prennent beaucoup de temps sur des journées déjà bien chargées, mais qu'elle assume, tenant à remercier en personne ceux qui se sont donné du mal pour participer à son action. Et Marie, qui l'accompagne de temps en temps, sait ce que cela représente.

« C'est fatigant pour elle. Lorsqu'elle part, que ce soit près de Paris ou à l'autre bout de la France, elle ne sait jamais combien elle va recueillir. Ce peut être 10 000 francs ou plus, ou moins, mais ça n'a pas d'importance, elle le fait quand même. Ce qui la motive, c'est de voir que des gens se sont défoncés pendant des jours pour rapporter quelques sous, et elle respecte cela. Et nous, lorsque nous acceptons d'aller, un week-end entier, vendre sur le marché les disques que Mme le maire de Malakoff a offerts pour Mécénat, eh bien, même si parfois on aimerait mieux être avec notre famille, on se dit qu'on nous a fait un cadeau et qu'il ne se refuse pas. Rien ne se refuse. D'ailleurs, si Johnny ou Sardou nous appelaient demain pour nous dire : “ Nous allons vous aider et donner un concert pour vous ”, on ne leur dirait pas non ! »

Cette année encore, l'équipe a mis en place des dizaines de manifestations. François a même obtenu le passage gratuit d'un clip publicitaire sur une grande chaîne de télévision. Et comme tout travail mérite récompense, l'année 2003 sera pour Mécénat celle de sa participation au plus populaire des événements sportifs français : le Tour de France. C'est Geoffroy qui se trouve à l'origine de ce partenariat. De contact en contact, il a réussi à accéder aux bonnes personnes qui lui ont un jour décroché le sésame tant convoité : un rendez-vous avec le grand patron, Jean-Marie Leblanc.

En 2003, le Tour de France fêtera son centenaire. Depuis des années, la direction est sollicitée par de nombreuses organisations humanitaires, ce qui n'a rien d'étonnant : apparaître dans la caravane du Tour, pour une association, c'est l'opportunité de toucher des millions de personnes. Bien que tous les projets adressés à Jean-Marie Leblanc et ses collaborateurs aient été aussi louables les uns que les autres, il avait toujours répondu par la négative. Alors, lorsque l'équipe de Mécénat s'est attelée au défi de remporter la Grande Boucle, au sein de l'organisation, les sceptiques étaient nombreux.

Et miracle, ça a marché ! Certes, le centenaire y est pour beaucoup. Car le Tour de France 2003, c'est avant tout la commémoration d'aventures humaines, de souffrances, de fêtes et d'épopées, mais c'est aussi se projeter dans l'avenir, avec un Tour qui portera les couleurs de la jeunesse. Et Mécénat, justement, c'est l'avenir de cette jeunesse. Aussi, lorsque le dossier de Mécénat arrive sur le bureau de Jean-Marie Leblanc, il retient son attention.

« J'ai tout de suite été convaincu par l'action de Francine Leca, explique Jean-Marie Leblanc. Redonner la vie à des enfants, les guérir d'un cœur malade pour que, demain, ils puissent revivre comme tout le monde, refaire du sport, du vélo ou autre chose, moi, j'ai trouvé cela formidable. Ça cadre tout à fait avec ce regard sur la jeunesse et sur l'avenir que veut donner le Tour de France. »

Si l'objectif de Mécénat – la guérison de tous ces enfants venus du monde entier – l'a séduit, il reste que sa rencontre avec Francine fut sans doute déterminante : « C'est une sacrée bonne femme, je dis les choses comme elles sont. Elle nous a charmés, subjugués. Il nous a été difficile de rester insensibles à sa passion qu'elle nous a fait partager. Elle en parle avec tellement de fougue et de vérité qu'on écoute, tout simplement, on est pris. Et puis, ce qui est formidable, c'est qu'en dehors de l'aspect chirurgical, il y a aussi un engagement humain extraordinaire. Il suffit de voir les familles d'accueil, le dévouement de ces gens qui font tout pour ces enfants. C'est aussi le côté cœur de cette association. Et je n'ai qu'un souhait : que pour Mécénat-Chirurgie cardiaque, il n'y ait que du concret sur le Tour de France. »

En attendant de savoir ce que ce « miracle » apportera à l'association, Francine continue ses déplacements, de manifestation en manifestation, certes plus modestes, mais tout aussi précieuses. Ce jour-là, elle se rend à Brest, invitée par le Rotary Club de Landerneau. Un voyage pas tout à fait comme les autres, car cette fois, elle est accompagnée de la marraine de Mécénat, la navigatrice Catherine Chabaud. Engagée depuis quatre ans, elle a rencontré Francine par l'intermédiaire d'Anne Combier, une amie de longue date de Patrice Roynette et coach de la navigatrice.

« Je me souviens, raconte Francine, des paroles d'Anne qui me disait : Catherine est une fille généreuse qui acceptera sûrement de “ marrainer ” votre organisation. » Et elle n’avait pas tort. Dès la rencontre, Catherine accepte chaleureusement, en précisant toutefois que ce sera la première et la dernière fois, car elle prend ce parrainage très à cœur et ne se dispersera pas. Une parole qu’elle a tenue, car depuis cet engagement, elle a beaucoup œuvré pour Mécénat, notamment en portant les couleurs de l’organisation lors de son deuxième Vendée Globe, et en présentant à Francine Lionel Lemonchois, un autre navigateur, qui s’engage lui aussi et court en 2001 la mini-transat sur un bateau Mécénat.

Dans le sillage de Catherine, on trouve également ses parents, Jean et Suzanne Chabaud, qui sont depuis quatre ans famille d’accueil au sein de l’organisation. Pour la « voileuse », le déclic s’est fait en salle d’opération. « C’est en sortant du bloc, après avoir assisté à une opération, que cela m’a paru une évidence : je devais aider Francine et associer le Mécénat à toutes mes actions. Elle, elle n’a pas le temps de courir après l’argent, car elle opère toute la journée. Et pourtant, elle consacre toutes ses pauses à remuer ciel et terre. Quand on la rencontre, on a envie de la suivre. Voilà pourquoi j’ai décidé de pousser les portes pour deux. Son action est merveilleuse, et elle ne peut pas laisser indifférente. »

A Brest, il n’est pas question de salle d’opération ni de départ de grande course, mais d’une manifestation où la mer et le cœur auront leur importance : Catherine est là pour présenter le film de sa dernière course. Dans la salle, ils sont plus de trois cents fans, venus regarder le dernier exploit de leur navigatrice préférée, mais aussi, par la même occasion, apporter leur soutien à Mécénat ; car toute la recette de cette soirée lui est destinée. Après une heure de spectacle, la salle applaudit ; Catherine, bien sûr, mais aussi l'action menée par Francine Leca. On la congratule, la presse est là. On aime, on est solidaire et on le prouve : le chèque qui lui est remis ce soir-là est d'une valeur de 15 000 euros, le prix de la guérison pour deux enfants. Une fois de plus, Francine n'en revient pas : « Ils ne me connaissent pas, et pourtant ils ont donné. Je suis toujours étonnée par autant de générosité. On se fout de moi lorsque je dis que l'homme est bon, mais je le maintiens, il est bon et il est généreux. »

De petits événements en grandes manifestations, Mécénat-Chirurgie cardiaque-Enfants du monde est passé de 364 enfants opérés en 2001, à 480 enfants en 2002. Et pour 2003, Francine est optimiste : « J'espère qu'il y en aura 200 cents de plus ! Tout le monde me dit qu'il faut y aller doucement, mais je n'oublie jamais que si l'on n'avance pas, on recule. »

9.

Damas, novembre 2002

Il est 9 heures du matin lorsque Francine franchit la porte de Saint-Thomas pour pénétrer dans le quartier de Bab Touma où l'activité bat déjà son plein. Les échoppes sont ouvertes, une quinzaine de taxis jaunes attendent d'éventuels touristes qui, en ce mois de novembre et début de ramadan, se font rares. Les vendeurs de légumes, oignons frais, gros radis, blettes, ciboulette, installent leur charrette à l'angle des ruelles, les bouchers suspendent à leur étal leur viande de mouton piquée de persil, et des boulangeries s'échappe la bonne odeur des pitas fraîches, nature, au sésame ou au pavot.

Bab Touma est situé dans le vieux Damas. C'est le quartier chrétien de la capitale syrienne, le seul endroit où, au détour d'inextricables ruelles, on découvre des églises orthodoxes ou romaines, datant des siècles passés. C'est un quartier plein de vie où s'imbriquent couleurs, cris, odeurs et marchandises. C'est aussi là que se trouve la maison dispensaire de Terre des Hommes, une organisation humanitaire dirigée par un prêtre lazariste libanais, le père Paul.

Tournant à gauche, puis à droite, puis encore à gauche, Francine s'avance d'un pas assuré dans les ruelles de Bab

Touma comme si elle était chez elle. Il est vrai que depuis 1996, elle y vient une à deux fois par an, en mission humanitaire. Le quartier n'a plus de secrets pour elle. Elle en connaît les moindres contours, les cours intérieures, les murs des maisons, percés de moucharabiehs et de portes basses, le sol recouvert de pavés biscornus, les rues qui n'en sont pas vraiment, étroits boyaux sinueux dans lesquels peut aisément se perdre le touriste peu aguerri.

Dans la cour intérieure de la maison de l'association Terre des Hommes, ils sont déjà une vingtaine d'enfants, accompagnés de leurs parents. Ils viennent des quatre coins de la Syrie, Alep, Hama, Homs, tous sont atteints de malformations cardiaques graves et issus de familles défavorisées. Dès son arrivée, Francine est accueillie par le père Paul et son équipe. Il y a Magda, la vieille amie, qui ne travaille plus pour l'organisation depuis un an, mais qui ne raterait pour rien au monde la visite de Francine ; il y a Rouly, une jeune femme d'origine grecque, bénévole dans l'association, qui gère les dossiers de Mécénat et sert d'interprète, et Bassima, infirmière bénévole à Terre des Hommes. Il y a enfin Armelle, jeune informaticienne française installée au Liban et qui, lorsqu'elle se rend en Syrie, donne toujours un coup de main au père Paul. Comme à l'habitude, les retrouvailles sont chaleureuses. Autour d'un café, on demande à Francine des nouvelles de Paris, de l'équipe de Mécénat, des enfants, et l'on s'enquiert de ses prévisions pour l'année à venir. Dans leur coin, les familles attendent. Francine regarde sa montre : 9 h 20, il y a du boulot.

– Bon, père Paul, ce n'est pas tout, mais il faut y aller.

– Bien sûr, bien sûr. Ils sont tous arrivés en même temps, on leur avait pourtant donné des heures, mais vous savez comment ça se passe. Nous en avons prévu entre soixante-dix et quatre-vingts sur trois jours, ça va.

Francine sourit. Chaque année, c'est la même histoire : elle a beau dire qu'elle prend du temps avec les enfants et qu'il ne faut pas lui bourrer sa journée si elle veut faire correctement les choses, mais non. C'est un peu comme si elle parlait au vent. Les demandes sont de plus en plus importantes, Terre des Hommes accepte, et tout le monde se dit qu'elle fera avec.

– Oui, père Paul, c'est cela, ça ira... Comme d'habitude, on fera avec. Bon, on commence parce que je n'ai pas envie de terminer à 10 heures du soir !

Dans un coin du patio, Magda et Rouly finissent de disposer la table et les chaises. L'œil rieur, le père Paul se tourne vers Francine :

– Vous voyez, on est un peu lents, mais on a compris...

Depuis six ans, à chaque mission, les consultations de Francine à Terre des Hommes se faisaient dans une pièce exiguë et sombre. Elle ne disait rien, mais ne rêvait que d'une chose : consulter dehors, dans ce patio magnifique soutenu par des piliers aux pierres grises, blanches et noires, aux mosaïques bleutées, avec un toit en arcade de pierres brutes. En ce mois de novembre 2002, où l'automne n'est que le prolongement d'une fin d'été doux et lumineux, son rêve est exaucé : elle consultera pendant trois jours dehors, au milieu des arbres et des pierres.

Autour d'elle, la petite équipe prend place, puis tout le monde attend. Quoi ? Sa réaction, lorsqu'elle lèvera la tête et découvrira, derrière elle... son portrait réalisé tout en mosaïque de bois, par un jeune homme handicapé dont s'occupe le père Paul, et qui trône là, accroché au mur !

Sentant les regards fixés sur elle, Francine est intriguée. Se retournant enfin, elle découvre le portrait. L'air est d'abord stupéfait, puis amusé, et enfin troublé, car elle sait que ce cadeau est le plus beau témoignage de tendresse et d'amitié. Malgré l'émotion, elle ne peut s'empêcher de plaisanter :

– Hafez et Saddam vont être jaloux !

Tout le monde éclate de rire. C'est vrai qu'en Syrie comme en Irak, les portraits des chefs suprêmes s'affichent à tous les coins de rue, et dans leur palais, les dignitaires trônent sous leur image. Si, chez nous, on appelle cela le « culte de la personnalité », eux parlent d'admiration pour leur « guide ».

Après avoir remercié avec chaleur, Francine se met au travail. Il est déjà 9 h 45 et la journée sera longue. Dans ce pays de 16 millions d'habitants, si le gouvernement consacre environ 40 % de son budget national à la défense, il n'en alloue que 5 % à la santé. Et en Syrie, il naîtrait chaque année près de cinq mille enfants atteints de cardiopathies congénitales graves : des transpositions des gros vaisseaux, des troncs artériels communs, des ventricules droits doubles issues, des pathologies de plus en plus rares en France chez les enfants, car elles sont le plus souvent détectées lors de la grossesse et opérées tout de suite après la naissance.

Dans ce patio, vite transformé lors de ces consultations en véritable cour des Miracles, Francine tape gentiment du poing sur la table. Elle a eu à peine le temps de voir deux enfants qu'un sacré bazar s'est déjà installé. Les familles, qui sont venues tôt, sont impatientes de quérir son avis. Depuis le temps qu'elle vient à Terre des Hommes, sa réputation a traversé les déserts et, pour ces gens, elle représente leur seul espoir de voir leur enfant sauvé. Alors, petit à petit, ils se sont rapprochés de la table de consultation, s'agglutinant autour du médecin. Il ne lui est plus possible de poursuivre dans ces conditions. En quelques mots, d'une voix calme mais ferme, elle demande à Magda et Rouly de rétablir un peu l'ordre.

– Chacun son tour, Magda ! Je ne peux pas travailler comme ça. Si tout le monde se précipite sur moi pour me tendre ses radios, comment voulez-vous que je fasse ? Nous avons une liste : quand viendra leur tour, nous les appellerons.

Francine regarde la feuille sur laquelle sont inscrits une trentaine de noms.

– Où en suis-je... Ah, oui ! Maintenant, c'est à Fadi Assad.

Cheveux longs tombant sur la nuque, Fadi a sept ans. Pour venir voir le docteur français, sa maman lui a mis ses habits du dimanche : le costume marron, la chemise jaune et la cravate rouge à carreaux. Accompagné de ses parents, il est arrivé le matin même par le car de Homs, la troisième ville du pays, un gros centre industriel où est raffinée la moitié du pétrole syrien. Le père de Fadi est ouvrier agricole et gagne à peine 80 euros par mois. La maman, qui porte le *hijab*, le foulard, ne travaille pas. Tandis que Francine ausculte le petit garçon, sa mère ne la quitte pas des yeux. Dans son regard, comme dans celui de toutes les mères dont elle examine les enfants, on sent un espoir mêlé de crainte. Toutes savent que si leur fils ou leur fille doivent être opérés, ils devront partir, loin, là-bas en France, et pendant longtemps.

– Bien, retourne voir maman, Fadi.

Après l'auscultation, elle note sur son cahier son premier diagnostic et consulte à nouveau le dossier de l'enfant. Fronçant les sourcils, l'air contrarié, elle se tourne vers le père Paul qui, comme à son habitude, vient de lui apporter des gâteaux, des dattes et du café, le tout posé sur les dossiers, mais qu'importe, c'est l'intention qui compte.

– Tout est écrit en arabe, père Paul ! Il faut me traduire tout ça. J'ai besoin de connaître le gradient : cet enfant a une sténose aortique, mais je dois en savoir plus. Est-ce qu'on parle de pression, là-dedans ?

– De pression... ?

Le père Paul la regarde avec de grands yeux. Tandis qu'il se plonge dans la lecture du compte rendu médical, Francine en profite pour poser quelques questions à la maman. Le temps s'écoule vite, il ne faut pas en perdre une miette. Assistée de Rouly qui traduit au fur et à mesure, elle apprend que Fadi a des pertes de connaissance, qu'il tombe, et qu'il a parfois de la fièvre. Les malaises, pour Francine, cela veut dire semi-urgence : elle va devoir l'opérer et le faire venir à Paris au début de l'année 2003. Lorsqu'elle demande à la mère si l'on a déjà évoqué l'opération, elle répond que non : selon leur médecin, ça ira avec des médicaments...

– Bon, alors, ce gradient, père Paul, il vient ou pas ?

– Oui, oui... Il est écrit qu'il y a « une grande pression ». Un « rétrécissement aortique », puis « valvulaire avec une forte pression de 66 millimètres »...

– 66 ? de moyenne ou systolique ?

– Systolique... ? Oh là là ! On n'a pas ça, nous, en théologie.

– Lisez bien, ça doit être écrit quelque part.

Devant l'air ahuri du père Paul, véritable comédien de nature, l'assistance ne peut se retenir de rire. Il parcourt le dossier et son visage s'éclaire :

– De moyenne !

– Eh bien, voilà ! C'est ce qu'il me faut.

– Attendez, attendez, non... Là-dessus, il est écrit que « la moyenne est de 35 à 40 ».

– Ah, donc 66, c'est la systolique, et la moyenne est de 35 à 40. En général, on n'opère que lorsqu'elle est à 50. Mais comme il fait des malaises, je pense qu'il vaut mieux intervenir assez vite, avant que cela ne s'aggrave. A part ça, dites-moi ce qui est écrit pour le ventricule gauche ?

– Hum, hum... Il parle d'une valve qui a trois... mais je ne sais pas trois quoi...

– Trois feuillets.

– Ah ?... Bon ! Le Père, le Fils et le Saint-Esprit, c'est normal, en somme. Après, il parle de « couvre-lit » du cœur, qu'est-ce que c'est que ça ?

– Le péricarde.

– Eh bien, il est dit que « le couvre-lit va bien ». En conclusion, il est écrit qu'il faut surveiller tous les six mois, tu dois donc revenir tous les six mois. Voilà.

Lorsque le père Paul évoque sa première rencontre avec Francine, il parle d'éclair, de déclic : « Nous avons tout de suite senti que nous étions de la même trempe. » C'était en 1996. Elle vient de fonder Mécénat et sur demande de son assistant d'origine syrienne, Wassim Khoury, elle se rend à Damas. Si la chirurgie cardiaque existe en Syrie, elle est surtout pratiquée dans le privé par des chirurgiens formés en France ou aux Etats-Unis qui dispensent leur savoir-faire aux enfants cardiaques issus de familles aisées, capables de payer une intervention qui coûte environ 9 000 euros ; non remboursable, car, dans ce pays, la Sécurité sociale n'existe pas, pas plus que les mutuelles ou toute autre assurance quelle qu'elle soit. Les pauvres, eux, n'ont que le public comme porte de salut, un public où la liste d'attente s'étale sur plusieurs années, car les chirurgiens qui opèrent dans ce secteur, pour un salaire de misère, consacrent plus de temps au privé où ils sont mieux rémunérés. Conclusion : il n'est pas rare d'apprendre que l'enfant est mort avant la date programmée de l'intervention. De plus, dans le service public, le manque de technologie de pointe se fait sentir. Quant aux compétences, elles sont limitées, les chirurgiens ne sachant pas opérer les cardiopathies compliquées ni les enfants de moins de cinq ans. L'arrivée de Francine et de Mécénat est alors perçue par Terre des Hommes comme un miracle.

« Avant qu'elle n'arrive, les enfants mouraient, explique le père Paul, et Francine, c'est tout simplement leur chance de vivre, d'avoir un avenir. Ici, nous manquons de tout, et nous avons tout juste un ou deux chirurgiens qui savent faire. Depuis 1996, Mécénat a opéré une quarantaine d'enfants qui, en Syrie, étaient condamnés d'avance. »

Père Paul, qui donne aux gens qu'il aime des noms de totems, en souvenir de son époque scoute où lui-même s'appelait « Léopard joyeux », n'a pas hésité une seconde à « totémiser » Francine : « “ Abeille active ”, c'est son nom ! Une abeille qui veut faire des ruches partout pour pouvoir sauver le maximum d'enfants. Elle n'a jamais failli à ses promesses, et je sais que tout enfant qu'elle reçoit devient un peu son propre enfant. On pourrait même l'appeler " Mme Cœur d'El Mundo ", parce que son cœur est tellement grand qu'il peut contenir tout le monde. J'ai croisé beaucoup de gens dans ma vie qui faisaient de l'humanitaire, mais je n'ai jamais rencontré une personne comme elle, elle donne tout. »

Toujours assise sous son portrait, « Abeille active » continue ses consultations dans une ambiance plus que folklorique, une ambiance qu'elle a appris à gérer, restant concentrée sur son travail malgré le bruit, auscultant, étudiant les dossiers, posant des questions, prenant des notes avec une rigueur qui épaterait ses collaborateurs parisiens, eux qui ont tendance à la trouver assez « bordélique ». Autour d'elle, les gens, une dizaine de personnes environ, discutent, fument, mangent, boivent, arrivent et repartent, tout cela sans se soucier un seul instant de sa présence. C'est un flux et un reflux permanent. Mais elle reste calme, ne « s'excitant », comme elle dit, que lorsqu'elle se trouve face à l'incompétence totale d'un médecin. Et là, justement, c'est le cas.

Fatmé, une petite fille de six ans, et sa maman viennent d'arriver avec, pour tout examen dans son dossier, une échographie cardiaque mal faite. Les images sont passées et on n'y voit rien. Francine, qui vient d'ausculter l'enfant, constate qu'elle a une cicatrice allant du sternum à l'abdomen, et lorsqu'elle demande de quoi elle a été opérée, la mère répond tout bonnement : « De son cœur. » Mais elle ne connaît pas le nom de la maladie dont souffre sa fille. Pour Francine, c'est la goutte d'eau qui fait déborder le vase : poser un diagnostic rien que par l'auscultation, la radio et un électrocardiogramme, elle sait faire, mais là, il n'y a rien ! Rien, sauf une échographie illisible.

« C'est de la médecine très difficile, il me faut quand même un minimum ! Si j'avais au moins une radio, je pourrais voir l'état de son cœur et la chirurgie qui a été pratiquée. De toute façon, la petite est tellement bleue que ça n'a pas l'air d'être une grande réussite. Là, je suis à la limite de mes possibilités ; le stade suivant, c'est la boule de cristal. »

Assise face à Francine, la maman ne bouge pas. Elle semble résignée. Ce sont de pauvres gens, très pauvres. Les mains de la femme sont calleuses, ses habits élimés, propres mais avec des taches à jamais fixées sur les tissus, la peau est ridée et les yeux tristes. Et pourtant, cette femme, qui paraît avoir plus de soixante ans, en a tout juste quarante. Son mari a quinze ans de plus qu'elle, il est chiffonnier et gagne à peine 30 euros par mois pour nourrir une famille de cinq personnes. Tout comme sa femme, il a écouté la traduction de Rouly, et lorsqu'il entend parler de radio, on peut facilement imaginer que, dans sa tête, il se demande comment il va pouvoir payer un tel examen. Pour Francine, il suffit de voir les parents pour comprendre dans quelle misère vit la famille. Cherchant du regard le père Paul, elle lui fait signe :

– Il me faut absolument une radio. Je dois savoir de quoi souffre cette enfant. Mais il est clair qu'ils n'ont pas le sou, ça va leur coûter une fortune. Est-ce que Terre des Hommes peut faire quelque chose ?

Le père Paul opine du chef. Prendre en charge les examens cardiologiques des enfants relève également de sa mission. Il sait que lorsque les parents arrivent les mains vides, sans examens, c'est tout simplement parce qu'ils n'ont pas eu les moyens de les payer. Cela fait partie du contrat moral passé avec Mécénat. Dans le cadre de leur association, les deux organisations humanitaires participent aux frais. Ceux de l'accueil en France et de l'opération sont pour Mécénat. Quant à Terre des Hommes, elle verse à l'association sa quote-part qui s'élève à 2 290 euros par enfant. Pour le père Paul, « ce n'est rien, rien comparé à ce que nous devrions payer ici si nous devions faire opérer ces enfants en Syrie. C'est la moitié du prix d'une opération. Nous marchons main dans la main dans cette affaire ; notre but, c'est d'aider les autres ».

Quelques heures plus tard, Fatmé et ses parents reviennent, la radio à la main. Prioritaire, la maman, un peu gênée, passe devant tout le monde et tend le cliché à Francine qui l'examine immédiatement. L'enfant a un gros cœur, Fatmé doit être opérée en France. Rouly traduit. Alors que le papa remercie, des larmes coulent sur le visage ridé et buriné de la mère. Un scénario qui se répète chaque fois qu'elle prononce les mots « opéré » et « France ». Pour ces mères, pauvres et analphabètes pour la plupart, leurs enfants, c'est toute leur vie, leur seule raison d'être dans un pays où, au fin fond des campagnes, la femme n'est rien ou pas grand-chose.

« Je comprends sa réaction. Ici, les enfants sont accrochés à leur mère comme des Marsupilamis. Cela fait plusieurs heures que je suis là, et je suis étonnée de ne pas en avoir encore vu une donner le sein à un gamin de trois ans, c'est du classique. Leur petit, c'est la seule chose qui leur appartienne vraiment. Alors, lorsque tu dis à cette maman que sa fille doit venir à Paris, à elle qui ne sait même pas situer la France, c'est comme si tu lui enlevais les tripes, comme si tu lui arrachais le cœur. Ce n'est pas un manque de confiance, c'est viscéral. »

Outre la consultation de nouveaux cas, cette mission est pour le chirurgien l'occasion de revoir une vingtaine d'enfants qu'elle a déjà opérés, et d'évaluer le résultat des interventions pratiquées. Dans la cour, c'est un moment d'euphorie et de joie. Les parents arrivent les uns derrière les autres, avec des bouquets de fleurs pour la remercier de ce qu'elle a fait. Pour elle, c'est peut-être le moment le plus important, car pouvoir examiner à nouveau ces enfants lui permet d'avoir un recul précieux.

Hamra a neuf ans, Francine l'a opérée il y a trois ans d'une cardiopathie épouvantable. Aujourd'hui, elle se porte à merveille. Elle qui, avant l'opération, n'avait que 48 % de saturation et était bleu marine, est aujourd'hui une fillette rose et pimpante, elle court, elle joue, travaille bien à l'école, et lorsqu'on lui demande ce qu'elle veut faire plus tard, le visage tourné vers celle qui lui a sauvé la vie, elle répond : « Docteur. »

« Voir cette enfant me remplit de bonheur. C'est une immense satisfaction, c'est vraiment gratifiant de se battre pour ces gamins. Sa cardiopathie était grave, mortelle, et aujourd'hui elle a l'air épanouie, bien dans sa peau, elle a des projets pour l'avenir. Pour un chirurgien, c'est le summum du bonheur de voir des enfants qui devaient mourir, aller bien, et non pas seulement survivre, car ce ne serait pas suffisant, mais survivre dans de bonnes conditions. C'est un très bon résultat, c'est là que je suis heureuse d'avoir créé Mécénat. »

Parmi les vingt enfants qu'elle a opérés et qui sont présents ce jour-là dans le patio de Terre des Hommes se trouvent trois frères : Mehdi, Mourad et Abdelkader Salloum. Francine ne les avait pas revus depuis septembre

2001, date de leur départ de Paris et de leur retour en Syrie. Leur histoire avec Mécénat avait commencé le 14 juin de la même année.

*

Ce jour-là, c'est l'effervescence à Khalédia, un petit village de quatre cents âmes, situé au nord-est de la Syrie, où vivent Abdel, Mourad et Mehdi. Dans quelques heures, ils partiront pour Damas et, de là, ils s'envoleront pour la France. Les trois frères sont atteints de cardiopathies congénitales graves, associées à des malformations orthopédiques, tout d'abord aux mains où elles se traduisent par quelques doigts palmés, puis aux pieds, avec deux pouces soudés et un orteil en trop. Une première pour Francine qui n'a encore jamais vu ce genre d'association, et encore moins trois enfants appartenant à une même fratrie atteints de malformations cardiaques. Leurs parents, Mohammad et Hamda, ont eu sept enfants : deux sont morts, qui souffraient eux aussi de malformations congénitales ; dans la famille, seuls les deux aînés, Medji et Banane, ne sont pas malades. Abdel, Mourad et Mehdi sont âgés respectivement de trois, sept et neuf ans. Depuis leur naissance, leur mère court de rendez-vous en rendez-vous à l'hôpital et, jusqu'à ce qu'elle rencontre le père Paul et Mécénat, on peut dire que sa vie a été un calvaire : « Lorsque nous avions un rendez-vous, raconte Hamda, ce qui n'était déjà pas facile à obtenir, nous partions avec les enfants à 4 heures du matin pour Damas. A 7 heures, nous étions à l'hôpital et là, on devait faire la queue. C'était très long, et puis, lorsque notre tour arrivait, on nous disait : " Les consultations sont terminées, rentrez chez vous. " On aurait dit qu'ils se moquaient de nous. »

Désespérés, Hamda et Mohammad ne savaient alors plus que faire ni, surtout, vers qui se tourner. Les enfants étaient très malades, surtout Mehdi, qui était tout bleu, et le petit Abdel : le moteur qui vrombissait dans sa poitrine devenait chaque jour un peu plus assourdissant. Le couple savait que les médicaments prescrits par le cardiologue ne suffiraient plus bien longtemps : leurs trois petits garçons devaient absolument être opérés. Mohammad gagne 91 euros par mois, faire opérer ses enfants lui en coûterait 27 500, soit vingt-cinq années de salaire. Alors, Mohammad et Hamda avaient fini par se résigner. Jusqu'à ce jour de février 2001 où, grâce au père Paul et à Terre des Hommes, ils avaient rencontré Francine Leca.

A Khalédia, ce 14 juin 2001, on s'apprête à prendre le dernier repas en famille. Les cousins, les oncles, les tantes, les voisins, tous sont venus dire au revoir aux enfants. Tandis que les femmes font à manger, dans la chambre, Hamda boucle la valise, une pour trois, il n'y a pas grand-chose à mettre dedans. Se séparer de ses enfants, elle s'y est préparée, et si elle ne peut retenir ses larmes, elle a conscience de la chance qui leur est offerte : « C'est Dieu qui a amené docteur Leca; sans elle, mes enfants allaient mourir. *Inch Allah*, que Dieu la bénisse, que Dieu la protège. Je sais que mes enfants seront bien en France, je sais qu'ils seront bien soignés. »

Dans la cour, Mehdi, Mourad et Abdel jouent avec leurs cousins. Ils sont heureux, ils n'ont pas peur de partir, ils savent que c'est pour leur bien. Mohammad et Hamda leur ont montré où se trouvait la France et expliqué qu'ils allaient là-bas pour être guéris et qu'ils auraient une « maman provisoire ». Hamda leur a même dit qu'ils pourraient l'appeler maman.

*

Tandis que dans la famille Salloum on termine les préparatifs, « le papa et la maman provisoires » des enfants viennent d'arriver à Necker. Dans vingt-quatre heures, Mehdi, Mourad et Abdel seront là, c'est le dernier briefing avant leur arrivée. Nadine et Eugène Bondy n'en sont pas à leur coup d'essai. Bénévoles à Mécénat depuis l'an 2000, ils ont déjà accueilli deux petites Africaines, mais l'une après l'autre. Cette fois-ci, trois d'un coup, c'est une première. Lorsque Claudie leur a parlé de ces frères, Nadine et Eugène n'ont pas hésité : « Pour nous, il était inconcevable de les séparer, ç'aurait été inhumain. Ils arrivent dans un pays qu'ils ne connaissent pas et, en plus, sans leurs parents. Nous ne pouvions pas en prendre un et laisser les deux autres partir ailleurs, c'est trop dur. »

Et puis, Eugène, qui a passé une partie de son enfance en Egypte, parle l'arabe, un atout qu'à Mécénat il est le seul à posséder.

Les Bondy ont découvert l'association par l'intermédiaire d'une autre famille d'accueil. De leur rencontre avec Francine sont nées tout d'abord une sympathie, puis une amitié : « Elle fait partie de la famille. Nous avons eu le coup de cœur, c'est le cas de le dire ! C'est une femme exceptionnelle, qui donne tellement pour ces enfants. »

Dans le bureau du chirurgien, la future famille des trois petits Syriens l'écoute attentivement. Dès leur arrivée, elle leur a tendu une photo des enfants pour qu'ils puissent s'en faire une idée, mais Nadine a refusé de la regarder : elle ne veut, justement, se faire aucune idée ; elle les attend, c'est tout. En quelques mots, Francine leur expose la situation, à commencer par celle de Mehdi qui, selon elle, est le plus malade des trois. Il est très cyanosé, c'est le plus fatigué et aussi le plus fatigable. Mourad, lui, paraît en meilleure condition physique. Quant à Abdel, Francine émet des réserves, elle préfère attendre le bilan général.

« Bon, Eugène, Nadine, ils arrivent demain vendredi. Vous avez donc le week-end pour respirer. Dès lundi, on commence la batterie des examens, notre fameux parcours du combattant. Vous avez l'habitude, mais là, n'oubliez pas qu'il va être multiplié par trois ! Donc, ordre du docteur : prenez des vitamines, car lundi, ça va être une chaude journée. »

*

Quatre heures du matin à Damas, dans le patio du père Paul, Mourad, Mehdi et Abdel finissent de s'habiller. Dans quelques heures, ils prendront l'avion en compagnie de Liliane, convoyeuse à Aviation sans frontières. Cette organisation humanitaire, composée d'anciens stewards, hôtesses et pilotes d'Air France, travaille depuis 1996 avec Mécénat. Ce sont eux qui vont chercher les enfants dans leur pays et qui les ramènent à la fin de leur séjour en France. Liliane a connu ASF par son mari, commandant de bord à Air France. Elle est infirmière, mais n'hésite pas, lorsque son travail le lui permet, à prendre quelques jours de vacances pour les « petits Mécénat ».

« Pour moi, c'est un véritable bonheur de venir les chercher. C'est ma façon de participer à cette aventure qui fera bientôt de ces petits malades des enfants en pleine santé. Je trouve cela merveilleux, j'ai du temps, et le consacrer à cette cause me paraît tout naturel. Ce n'est pas grand-chose, le plus important, c'est Mécénat qui le fait, mais nous y participons et c'est ça qui est bien. »

La présence d'un convoyeur d'Aviation sans frontières est une nécessité : elle permet de diminuer l'angoisse des enfants qui, s'ils voyageaient seuls, se sentiraient abandonnés. C'est aussi une sécurité, une tendresse et une attention de chaque instant, tout au long d'un voyage qui peut paraître bien long – jusqu'à seize heures d'avion pour des pays comme l'Inde ou le Laos – à des enfants fragiles qui viennent de quitter tous leurs repères.

17 heures. La petite troupe monte dans le bus du père Paul. Une dernière fois, Hamda serre ses enfants dans ses bras. Elle ne dit rien, mais son visage traduit sa douleur de les voir partir.

*

Après quatre heures et demie de vol où les enfants ont passé leur temps à jouer avec Liliane, l'avion atterrit à l'aéroport Charles-de-Gaulle. A la porte 2 du Hall 2B, Nadine et Eugène attendent leurs « petits bouts » avec impatience. Les familles d'accueil ont l'entière responsabilité des enfants, et ce, de leur arrivée en France jusqu'à leur départ.

Une fois la douane franchie, Liliane passe le relais aux Bondy. Sa mission est terminée. Elle a du mal à les lâcher :

« C'est court, nous n'allons pas plus loin, c'est un peu triste parce que nous ne les reverrons pas, et même si le voyage n'a pas été très long, on s'attache. Ce sont des enfants, et ceux-là, en plus, ils sont tellement mignons ! »

Si Mehdi et Abdel sourient et ne semblent pas perturbés par leur arrivée à Paris, Mourad, le plus réservé des trois, reste un peu à l'écart, observant ce monde qu'il ne connaît pas, intrigué par cette langue qu'il ne comprend pas. Eugène l'attire à lui, le rassure, lui parle en arabe, décrochant enfin un sourire de Mourad qui se laisse prendre par la main.

Chez les Bondy, qui habitent en banlieue parisienne, tout a été fait pour que les petits Salloum se sentent bien. Dès leur arrivée dans la grande maison à la façade couverte de lierre, Eugène et Nadine leur montrent leur chambre, grande et spacieuse. Pour qu'ils ne soient pas dépaysés, et surtout pour ne pas les séparer, ils partageront tous les trois la même. D'abord intimidés, les garçons ne savent pas quoi faire. Eugène leur explique qu'ils vont dormir là : Mehdi dans le lit contre le mur, Mourad dans celui près de la fenêtre et Abdel dans un petit lit sous les poutres. L'arabe d'Eugène est très compréhensible et chacun prend vite ses marques. Nadine, qui ne dit rien, ne cesse de les regarder, attendrie. « Ils sont si petits ! Je ne sais pas pourquoi, mais je les avais imaginés plus grands. C'est la première fois que nous avons des petits bouts comme ça, ils paraissent vraiment petiots. »

Si l'objectif des Bondy est de recréer, le temps de leur séjour, une véritable famille, ils n'oublient pas qu'ils ne sont pas les vrais parents des enfants. « Lorsque nous avons eu les deux petites Africaines, tous les soirs, nous disions “ Bonne nuit, Bamako ” et “ Bonne nuit, Kinshasa ”. Il faut absolument que les enfants gardent le contact avec leur vie là-bas. Nous leur parlons régulièrement de leur papa et de leur maman, nous regardons ensemble leurs photos. C’est très important, ce ne sont pas nos enfants et nous savons qu’un jour ils repartiront. Maintenant, avec ces petits, le soir, nous dirons : “ Bonne nuit à Damas. ”

Le lundi suivant, dès 8 heures du matin, les Bondy sont à pied d’œuvre à l’hôpital Necker. Pour les aider, ils ont fait appel à des amis, qui sont aussi famille d’accueil, Jean-Pierre et Christine Laude. Les enfants viennent passer de nombreux examens, et tous doivent être faits dans la journée. Pour chaque opération, l’association ne dispose – sauf problèmes postopératoires où, là, l’enveloppe « explose » – que de 7 600 euros. C’est en raison de ce budget serré que les examens pré-opératoires sont réalisés en une journée, au lieu de trois habituellement. C’est donc une véritable course, de laquelle tout le monde sort épuisé. Mais comme le dit Suzanne Chabaud : « On y va avec notre instinct maternel, et puis on fonce. Je crois qu’il ne faut pas se poser trop de questions, on agit avec amour, et le reste suit. »

Et de l’amour, Nadine et Eugène en ont beaucoup. C’est dans la gaieté et la bonne humeur qu’ils enchaînent les différents services situés dans ce petit village qu’est l’hôpital Necker. La journée commence par la stomatologie. C’est un examen important, car la bouche est un foyer infectieux qui peut être préjudiciable lors d’une opération. Heureusement, la dentition des petits Salloum est en assez bon état, malgré quelques caries : les interventions sont reportées jusqu'à ce que toutes les dents soient soignées. Après la stomatologie, c'est la radio, puis l'ORL, puis la prise de sang, un des moments les plus critiques de la journée. Aucun enfant n'aime les piqûres. Le temps étant compté, Eugène, Nadine, Christine, Jean-Pierre, et les enfants passent d'un service à un autre sans prendre de pause à l'heure du déjeuner. Mais Nadine, prévoyante, sort de son sac, à la demande, petits gâteaux secs, fruits et bouteilles d'eau.

L'examen le plus important, et qui sera décisif, c'est l'échographie cardiaque. Elle permettra de visualiser dans les moindres détails l'état du cœur de l'enfant et indiquera l'acte opératoire. Dans la salle d'échographie, les enfants font la connaissance du Dr Maryline Levy. L'examen n'est pas douloureux et, si l'enfant ne comprend pas le français, l'intonation douce de la voix de la cardiologue suffit en général à l'apaiser. Mais Mehdi est tellement crispé qu'à peine la jeune femme l'a-t-elle touché qu'il se met à pleurer. Nadine tente de le rassurer, mais rien n'y fait. Les pleurs du petit garçon font entrer de l'air dans ses poumons, et Maryline a quelques difficultés à voir le cœur.

– En général, ils finissent par se calmer. Allons, Mehdi, je ne te fais pas mal. Détends-toi.

Tout en poursuivant l'examen, elle continue de lui parler. Petit à petit, l'enfant se calme.

Comme Fabien, comme Olivier, Ghislaine et tant d'autres, Mehdi a un ventricule unique. Francine, qui vient d'arriver dans la salle, regarde attentivement l'écran. Elle paraît soulagée, la valve auriculo-ventriculaire n'a pas l'air de fuir : « Si elle fuyait, je serais très mal. Ce sont des valves que l'on ne répare pas facilement, que l'on ne remplace pas facilement. Si tout se déroule comme prévu, ça se passera bien. Nous n'allons pas le guérir, mais nous allons l'améliorer, lui donner une vie plus confortable, et il sera moins bleu. » Assise aux côtés de Mehdi, elle le prend dans ses bras :

– Mehdi, Mehdi, sèche tes larmes, c'est fini. Allez, on va casser la croûte ; ça, c'est important !

Après une petite pause pour un goûter bien mérité, les enfants sont examinés par le Dr Stanislas Lyonnet, du service de génétique. Il n'en revient pas : des syndromes dits « cœur-mains », où les anomalies osseuses des extrémités sont associées à une cardiopathie congénitale, il en a déjà vu, mais cela, non :

– Je dois dire que cette coexistence est assez exceptionnelle. C'est pour nous très intéressant, et notre objectif va être d'essayer de trouver le gène responsable.

Lorsque, quelques semaines plus tôt, le Pr Munich, chef du service de génétique à Necker, avait appris la venue des trois frères, il avait immédiatement manifesté son intérêt. A son tour, il examine les enfants. Tout comme le Dr Lyonnet, il est très intéressé. Même si, comme il le dit, son équipe arrive « après la bataille » – les anomalies du développement sont déjà constituées et, de toute manière, même s'ils trouvent quelque chose, ils seront dans l'impossibilité de reprogrammer le développement du cœur ou des extrémités –, il n'en reste pas moins que sur un plan scientifique et humain, trouver le gène responsable de cette association est capital : « Il est très important pour nous de comprendre la fonction de ce gène. Ces enfants viennent d'une région de très forte consanguinité : est-ce qu'il y a beaucoup de malades comme eux ? Pourrions-nous faire de la prévention chez d'autres patients en Syrie ? Il y a toujours des bénéfices à comprendre ce qui se passe ; lorsque nous ne comprenons rien, rien n'est possible. Bien sûr, les données que nous tirerons de tout cela ne leur serviront peut-être pas à eux, mais elles serviront à d'autres. »

Le prélèvement de sang effectué sur les trois frères est parti pour un tour de génome qui durera longtemps. A ce jour, il « tourne » encore mais, au bout de sa course, il devrait apporter des réponses aux questions des généticiens et permettre, peut-être, dans l'avenir, que de telles anomalies ne se reproduisent plus.

19 heures, le parcours du combattant s'achève enfin. Les enfants sont épuisés, Mehdi est très bleu, il est temps pour la famille de quitter Necker et de rentrer se coucher.

Dans la salle de staff, Francine et Sabrina planchent sur le résultat du cathétérisme d'Abdel. L'examen dévoile une cardiopathie très compliquée. Et Francine se pose des questions : va-t-elle pouvoir l'opérer ?

« Je dis toujours qu'on ne peut pas appuyer sur un bouton et voir une feuille sortir avec un diagnostic précis. Nous connaissons des cardiopathies qui rentrent dans des cases, mais de temps en temps, certaines n'entrent dans aucune. C'est exactement ce qui se passe ici. J'ai montré l'examen à cinq cardiologues parisiens " distingués ", et aucun ne m'apporte de réponses sûres. Là, il est quoi... 19 h 30, l'opération est prévue dans deux jours, et je ne sais toujours pas si je vais pouvoir l'opérer. J'ai besoin de réfléchir, la nuit porte conseil, comme on dit. »

Vingt-quatre heures plus tard, chez les Bondy, on se prépare à retourner à Necker pour la dernière consultation préopératoire. Cela fait à peine cinq jours que les enfants sont arrivés en France et ils ont déjà pris leurs marques. Assis sur les genoux de Nadine, Mourad suit sa première leçon de français, qui commence par un cours d'anatomie. Concentré, il répète après Nadine : « le nez », « les oreilles », « la bouche », « les mains », « les pieds », et on recommence. Mourad est aux anges, il apprend vite, et lorsqu'on lui demande s'il va bien, il répond, les yeux pleins de malice et dans un français impeccable : « Oui, ça va bien. » Si l'on ne connaissait pas l'histoire, on pourrait penser que ces trois-là sont des petits Bondy. En cinq jours, complicité, tendresse et affection se sont instaurées. Et comme chaque fois, Nadine ne peut s'empêcher d'éprouver de l'appréhension à l'approche des résultats des examens : « Bien sûr, nous sommes en confiance ; nous savons que les enfants vont être pris en charge par une équipe chirurgicale extraordinaire, que tout est mis en œuvre pour que les opérations se déroulent parfaitement. Mais savoir qu'il faut ouvrir, travailler sur ces petits cœurs, même si c'est pour les guérir, eh bien, quand même, ça fait un peu mal. »

A l'hôpital, lorsqu'elle frappe à la porte du bureau du bâtiment Sèvres, Nadine croise les doigts. Elle sait que tout va se jouer dans quelques secondes. Que va-t-on leur annoncer ? Quelle est la gravité de la maladie des enfants ? Et elle a beau dire que ce ne sont pas les siens, la boule est là, au creux de son estomac.

Assise dans son fauteuil, Francine les invite à prendre place. Nadine ne cesse de la regarder, essayant tant bien que mal de lire dans ses yeux. Comme d'habitude, elle parle avec douceur, elle sait l'angoisse de la famille d'accueil. Elle commence par Mehdi. En quelques mots, elle explique que sa cardiopathie est très compliquée et que, malheureusement, elle ne pourra pas la réparer. Nadine se fige.

– Mais attendez, poursuit Francine, ce n'est pas pour autant une catastrophe, car si ce n'est peut-être pas réparable à 100 %, c'est opérable. Nous lui ferons une chirurgie palliative. Mehdi n'aura jamais une vie complètement normale, mais nous allons le rendre un peu plus rose et lui permettre de marcher, de courir un peu sans s'essouffler, et de mener une vie, disons, confortable pour lui. Il va pouvoir jouer et grandir, c'est déjà un bel objectif.

Et pour les Bondy, un soulagement. Naturellement, ils auraient préféré que Mehdi reparte guéri, mais le fait qu'on puisse l'opérer est déjà un grand pas.

Vient ensuite le tour de Mourad. Si, contrairement à Mehdi, il a bien deux ventricules, son cœur est anormalement gros et sa valve fuit. Sans opération, l'enfant sera bientôt en défaillance cardiaque.

– Ce petit bonhomme, comme on peut le constater, paraît en pleine forme : il est rose, il trotte, mais à long terme, je dirais même à moyen terme, si je ne l'opère pas, il deviendra plus malade que Mehdi. Par contre, ce qui est sûr, c'est que lui, après l'intervention, il sera complètement guéri.

Mourad qui, au cours de la conversation, s'est approché de Francine, joue avec son stéthoscope. Son regard espiègle va d'Eugène à Nadine pour revenir sur Francine.

– Vas-y, mets-le dans tes oreilles !

Et, lui prenant le stéthoscope, elle lui montre comment faire. Mourad essaie à son tour, puis il place l'appareil sur la poitrine de Francine. Dans la pièce, c'est l'éclat de rire général :

– Tu as raison, il faut toujours ausculter son chirurgien avant l'opération !

Reste Abdelkader. Le sort de cet enfant, elle n'a cessé d'y penser, et ce matin, dès son arrivée à l'hôpital, elle a de nouveau analysé, décortiqué tous les résultats, tous les clichés. Ce qu'elle va dire, elle le sait, va faire mal, mais la vie est ainsi : pour lui, elle est arrivée trop tard, et elle n'y peut rien. Sur son canapé, Abdel, qui est un enfant extrêmement gai, joue avec ses frères, insouciant.

– Bon, reprend Francine, il reste ce gai luron d'Abdel. Je vais surprendre infiniment et je sais que je vais vous faire beaucoup de peine, mais le plus grave des trois, c'est lui. Notre ami Mehdi a des artères pulmonaires trop petites et trop rétrécies, donc le sang ne passe pas suffisamment ; Abdelkader, lui, au contraire, a une pression de sang trop importante dans ses artères pulmonaires : ses poumons sont atteints, et contre cela, malheureusement, il n'y a pas grand-chose à faire. Et quand je dis pas grand-chose, il n'y a rien à faire.

D'un geste discret, Nadine essuie ses yeux. Dans sa tête, dans son cœur, c'est un véritable tohu-bohu : pas Abdel ! Pas lui, pas ce petit gamin si plein de vie, toujours de bonne humeur, toujours prêt à s'amuser, à rire ! Que va-t-il devenir ? Combien de temps lui reste-t-il à vivre ? Ces questions-là, elle aimerait les poser, mais elle ne le peut pas. Rien, pas un son ne passe. Francine devine ses pensées, pourtant, elle ne dira rien de plus ; « mort », « condamné », ce sont des mots qu'elle se refuse à utiliser, même s'ils font partie de la vie : « Je ne les prononce jamais parce que, pour moi, ils sont inutilement, complètement agressifs. Alors, bien évidemment, on va me dire que je me voile la face ; eh bien, il faut se la voiler de temps en temps. Pourquoi dire à une famille, dont l'enfant va vivre encore quelques années une vie pas trop mauvaise, qu'il va mourir un jour, qu'il est condamné ? Condamnés, nous le sommes tous ! Moi, je suis condamnée. Je sais que je mourrai avant un certain nombre de mes petits enfants que je n'ai pas pu opérer. Vivre avec l'idée que l'on a un enfant qui est condamné, c'est intolérable. C'est inhumain. Pourquoi leur mettre la terreur au ventre ? »

*

Au bloc opératoire, les brancardiers installent Mehdi, à demi conscient, sur la table d'opération. Dans la salle, il y a les anesthésistes, les panseuses et les instrumentistes. Avant l'arrivée des chirurgiens, les anesthésistes doivent préparer l'enfant, le « monitorer », car tout au long de l'intervention, toutes ses fonctions vitales vont être surveillées en permanence : le rythme cardiaque, la pression veineuse, la pression artérielle, la température, la saturation en oxygène ; quant à sa respiration, elle est assurée par une machine. C'est sur le scope que les médecins surveilleront les fonctions vitales du petit garçon. Pendant la préparation anesthésique, à l'autre bout de la table, les instrumentistes s'affairent, préparant avec minutie scalpel, pinces, ciseaux, aiguilles, bougie, etc., qui sont alignés dans un ordre précis. De leur côté, les panseuses s'occupent de Mehdi qui, tout frêle, paraît perdu sur cette longue table, au milieu de tout ce matériel qui l'entoure. Doucement, elles lui mettent çà et là des coussins pour que rien ne vienne le blesser ou l'agresser.

Damas, novembre 2002

A l'extérieur du bloc, Francine se brosse les mains et les avant-bras. Elle sait que, pour cette opération, elle va être amenée à prendre des décisions de dernière minute en fonction des lésions qu'elle trouvera. Ce genre d'intervention, elle en a pratiqué des centaines mais, cette fois-ci, le cas est un peu plus compliqué que d'habitude. Après s'être « astiqué jusqu'à luire mains et bras », elle entre en salle. Les champs opératoires ont déjà été mis en place, Wassim a ouvert le thorax, tout est prêt et le travail d'orfèvre-plombier-couturier va pouvoir commencer. Une infirmière lui tend une serviette stérile pour s'essuyer, l'aide à enfiler sa casaque et lui met ses gants. Francine remercie, s'approche de la table.

– La branche droite est belle, mais la gauche, ce n'est pas génial, je ne vais pas pouvoir brancher les veines caves. Nous allons lui faire un autre type d'anastomose.

Et, tendant sa main vers l'instrumentiste :

– Line, fais voir un tube de 7.

Le tube qu'elle tient entre ses doigts fait penser à un raccord de plomberie, il est de la même couleur, blanc, et flexible.

– C'est un peu gros... Qu'est-ce que je fais ? Je ne peux pas le réopérer tous les huit jours non plus. Passe-moi de la ficelle, je vais diminuer le calibre.

Délicatement, Francine serre le tube pour le diminuer. Entre trop et trop peu, la marge est très étroite, c'est à un demi-millimètre près, il ne faut pas rater son coup. Une fois le tube confectionné, elle le place entre l'aorte et l'artère pulmonaire afin que le sang repasse dans cette dernière. Les gestes sont précis, minutieux. Dans le thorax de Mehdi, on voit son cœur battre doucement. Il n'a pas été ouvert, c'est ce que l'on appelle une « opération à cœur fermé ». Pendant toute l'intervention, Francine a travaillé sur les vaisseaux situés à la sortie du cœur, mais pas à l'intérieur.

– Ça va quand même bien l'améliorer. C'est sûr qu'un jour, ce sera peut-être insuffisant. Bon, eh bien, c'est fait. Maintenant, je vais déclamper et nous allons voir les chiffres remonter, sinon je me fais hara-kiri tout de suite.

L'opération aura duré quatre heures. Encore un « petit Mécénat » qui lui aura donné quelques cheveux blancs de plus : « Je ne suis ni immunisée, ni désabusée, ni fatiguée par rien. C'est incroyable. Je suis toujours fascinée de voir un cœur qui bat, passionnée par la série de gestes opératoires qui va permettre de remodeler ce cœur, terriblement peinée, plus que cela même, effondrée, lorsque nous perdons un enfant. Tout cela ne change pas, c'est étonnant, d'ailleurs. »

Après l'intervention, les enfants opérés dans le cadre de Mécénat ne passent jamais plus de vingt-quatre heures en réanimation, sauf si leur état l'impose. Ce qui est le cas de Mehdi qui, de complications en complications, y restera finalement cinq jours. Mais dès sa sortie, transporté par une ambulance de Mondial Assistance – un des premiers partenaires de l'organisation humanitaire, qui prend en charge gratuitement les enfants de Mécénat pour tout transport médical – et accompagné de Nadine et Eugène, il rejoint son frère au château des Côtes. Contrairement à Mehdi, Mourad est non seulement guéri, mais il n'est resté que vingt-quatre heures en réanimation et a très vite rejoint le centre de cardiologie infantile. Fidèle parmi les fidèles, le château des Côtes permet à Francine et à son équipe de réduire au strict minimum le coût de la prise en charge des enfants. Dans ce centre, situé à quelques kilomètres de Paris, dans les Yvelines, au milieu de la forêt des Loges-en-Josas, les enfants se reposent pendant une semaine, entourés d'une équipe médicale compétente et attentionnée.

Si Mourad, trois jours après son opération, marche, joue et mange de bon appétit, Mehdi, lui, souffre encore beaucoup. Il a de l'eau dans le poumon. Fragile, fatigué, il ne cesse de pleurer, de douleur, d'épuisement et de lutte. Allongé sur son lit, il réclame Nadine. Doucement, l'infirmière s'approche de lui pour vider la bouteille qui récupère le liquide pleural. Elle le console avec douceur : « Ne pleure plus, Mehdi, tu sais, on ne va pas te faire de misères ici. »

Les blouses blanches et les stéthoscopes, Mehdi en a marre ; pour lui, médecins et infirmières sont devenus synonymes de souffrance. Retenant difficilement ses larmes, Nadine le prend dans ses bras :

– Allez, mon bonhomme, ne t'inquiète pas. Bientôt tu n'auras plus mal.

« C'est terrible de le voir souffrir, on a mal comme si c'était son propre enfant. Pour moi, il n'y a aucune différence, c'est mon petit Mehdi. Mais il va aller mieux, et puis, si nous sommes inquiets, nous pouvons téléphoner à Francine. Elle a un boulot fou, mais si nous l'appelons, elle nous répond, elle nous rassure. »

Mourad, qui regarde son frère, ne sait plus quoi faire. Dans sa main, il serre la photo de ses parents.

– Montre à Mehdi papa et maman, lui dit Nadine.

Tendrement, presque timidement, il s'approche de son frère, s'appuie sur le lit, et lui tend la photo. Nadine la montre à Mehdi :

– Regarde papa et maman, tu leur fais un bossa ? Fais-leur un bisou.

Ravalant ses larmes, Mehdi embrasse la photo.

Cinq jours plus tard, Mehdi quitte le château, mais au lieu de rentrer chez Nadine et Eugène, il repart en urgence à Necker. Son état s'est aggravé, son anastomose débite trop, il lui faut subir une deuxième intervention. Francine doit réduire le tube qu'elle lui a placé lors de la première opération. Cette fois-ci, la réanimation ne dure que vingt-quatre heures, et Mehdi retrouve le château des Côtes. Il y passe huit jours au terme desquels il peut enfin retrouver ses frères et une vie de famille chez Nadine et Eugène.

Les petits Salloum resteront un mois de plus en France, le temps de récupérer des forces. Un mois pendant lequel ils découvriront Paris et sa région, ils iront à Disneyland, s'étonnant devant les effigies grandeur nature de héros mythiques qu'ils ne connaissent pas, se cramponnant dans les manèges, un peu inquiets dans ces drôles de machines qui montent et descendent, et qui pourraient bien, si l'on n'y prend garde, vous envoyer sur la lune...

Le soir, ils adorent prendre le bain tous les trois ensemble. Dans la baignoire jonchée de canards et de tortues en plastique, riant aux éclats, ils s'éclaboussent, plongent la tête sous l'eau. Une fois en pyjama, Mehdi et Abdel aiment regarder la télévision, tandis que Mourad, le plus gourmand, se dirige vers la cuisine où Nadine prépare le dîner. « Mourad aime beaucoup être avec moi quand je cuisine, il veut goûter à tout. Il connaît les noms des fruits, des légumes. »

– C'est quoi ça, Mourad ?

– Des carottes !

– Et ça ?

– Des poireaux !

Très vite, les enfants se sont sentis à l'aise, heureux chez les Bondy ; et dans cette maison chaleureuse, ils sont un peu comme chez eux. D'ailleurs, inutile de leur dire plusieurs fois de mettre le couvert : ils le font à Khalédia, c'est donc naturellement qu'ils le font aussi à Paris.

Après le dîner, c'est le grand moment du jeu familial : en général, c'est l'Acrobat qui a leurs faveurs, un jeu d'équilibre consistant à placer des pièces sur des tiges en forme de branches d'arbre sans les faire tomber.

A 21 h 30, enfin, c'est l'heure d'aller se coucher. Dans la chambre des trois frères, comme tous les soirs, Nadine prend les enfants tout contre elle et leur montre la photo de leurs parents :

– Bonsoir, papa, bonsoir, maman, disent-ils en chœur.

Pour Eugène et Nadine, être famille d'accueil, c'est apporter de la chaleur, un soutien ; c'est aussi une merveilleuse façon de recréer un cocon familial, dans une maison à nouveau pleine de cris et de rires.

Pourtant, tout cela doit prendre fin. Dans trois jours, si tout va bien, Mehdi, Mourad et Abdel vont quitter Paris. Mais auparavant, ils doivent revoir une dernière fois le chirurgien qui donnera, ou pas, l'autorisation du départ.

Dans le bureau, Francine regarde les dernières radios. Sur celle de Mehdi, on voit encore une petite lame de liquide, mais rien de grave, elle disparaîtra avec un traitement diurétique et tonicardiaque. Elle donne le feu vert : les enfants peuvent repartir chez leurs parents.

Dans quelques jours, Abdel, Mourad et Mehdi retrouveront le petit village de Khalédia où ils vivent heureux parmi les leurs. Pendant deux mois, ils auront goûté à une autre vie, ils auront évolué dans une société différente de la leur, plus riche, une société de consommation qu'ils ne connaissaient pas. En Syrie, s'il n'y a pas la guerre, règne l'instabilité politique et économique, comme dans beaucoup de pays d'où viennent une majorité des enfants de Mécénat. Abdel, Mourad et Mehdi vont donc repartir dans un monde où ils vont devoir se battre pour s'en sortir, un monde où la pauvreté intellectuelle et matérielle est beaucoup plus fréquente que la richesse. Tout cela, Francine le sait, et lorsque, trop souvent à son goût, on lui demande pourquoi elle s'acharne à sauver un enfant si c'est pour le renvoyer dans un monde fait de misère, de guerre et de violence, elle s'insurge : « Lorsque l'on soigne quelqu'un, quel est le but ? C'est de lui rendre, si possible, une bonne santé, pour lui permettre justement d'affronter la vie, parce que, où que ce soit, la vie, c'est une chose dure, très dure. Y compris dans nos pays favorisés. Il ne faut pas croire que, dans leur pays, il n'y a pas d'enfants heureux, même s'ils sont pauvres et qu'ils ne peuvent pas se faire opérer du cœur. Mais au moins, nous les mettons dans une situation où ils pourront partir sur la même ligne que les autres et pas en étant handicapés. Mais nous ne pouvons pas prendre en charge le bonheur futur de ces enfants que nous opérons, et c'est pareil pour les petits Français. »

Le visage rayonnant, Mehdi, qui a enfin compris qu'il allait pouvoir rentrer chez lui et retrouver sa famille, s'approche de Francine, un paquet dans les mains. A l'intérieur, une photo : trois visages éclatants, trois visages pleins de vie : ceux de Mourad, Abdel et Mehdi. Rien d'autre n'aurait pu lui faire plus plaisir et, serrant Mehdi dans ses bras, elle s'exclame :

Damas, novembre 2002

– Cette photo, je vais l'accrocher au mur dans mon bureau, car ces trois-là, c'est quelque chose, quand même !

Le 10 septembre 2001, à l'aéroport Roissy-Charles-de-Gaulle, Mourad, Mehdi et Abdel retrouvent Liliane, la convoyeuse d'ASF qui les avait amenés à Paris. En règle générale, un convoyeur ne fait jamais l'aller et retour, mais l'histoire de ces trois petits bonshommes ne ressemblant à aucune autre, à la direction d'Aviation sans frontières, on a accepté de faire une exception. Ce n'est pas la première fois que Liliane revoit les enfants : pendant leur séjour chez les Bondy, elle est venue leur rendre visite, aussi lorsqu'ils l'aperçoivent, les trois frères se précipitent et lui sautent au cou.

Sur les chariots, les valises s'entassent ; les enfants, qui n'étaient arrivés qu'avec un seul bagage, repartent avec cinq ! Dedans, on trouve pêle-mêle des vêtements, des jouets et des souvenirs des lieux magiques qu'ils ont découverts pendant leur séjour. Appuyée au chariot, Nadine, très émue, donne quelques dernières recommandations à Liliane, concernant les médicaments de Mehdi et d'Abdel.

Enfin, Liliane donne le signal du départ. Un à un, les membres de la petite équipe franchissent le contrôle de la douane. Main dans la main, Eugène et Nadine les regardent s'éloigner. La voix cassée, elle murmure à son mari :

– Tu vois, on a eu raison.

A Damas, cinq heures plus tard, Hamda et Mohammad serrent leurs enfants dans leurs bras. Des retrouvailles pudiques, sans grande démonstration. Mais cette fois, les larmes qui coulent sur le visage d'Hamda sont des larmes de joie : « Je n'aurai pas assez de toute ma vie pour remercier Mme Francine. Vous nous avez rendu la vie. »

Les bagages entassés dans la voiture d'un ami, la famille prend la direction de Khalédia. Dans le village où a été dressée une tente de bédouins, les quatre cents habitants, qui ont tué le mouton, attendent leur arrivée. Et dès que la voiture s'arrête, les enfants, à peine descendus, sont littéralement soulevés de terre, hissés sur des épaules d'adultes et amenés au centre de la place où, au son des tambours et des youyous, hommes et femmes se mettent à danser autour d'eux en tapant dans leurs mains. A Khalédia, Abdel, Mourad et Mehdi sont devenus le symbole de la renaissance.

*

En cette fin d'après-midi de novembre 2002, dans le patio du père Paul, Francine, l'air songeur, ausculte Mehdi. Se retournant pour s'adresser à Rouly, supposée demeurer à ses côtés pendant toute la durée de la consultation, elle ne la voit pas.

– Mais, ma parole, il n'y a plus personne !

Agacée, elle hausse le ton :

– Ho là ! Ce n'est pas l'heure de la récréation, j'ai besoin de vous, moi !

Rouly arrive en courant. La jeune femme n'a pas l'habitude de travailler avec des Occidentaux et la rigueur du chirurgien, ses mouvements d'impatience, voire ses légers coups de colère quand ça ne va pas assez vite et que les dossiers ne sont pas bien rangés ont tendance à l'effrayer. Car Francine, c'est aussi ça : sous un cœur immense, c'est quelqu'un qui peut, comme le murmurent mi-taquines, mi-sérieuses, certaines personnes de son entourage, « terroriser » les autres. C'est qu'elle n'aime pas que les choses n'aillent pas comme elle l'entend. Mais ses irritations ne sont que passagères et, toujours, sa bonne humeur finit par l'emporter. Ayant senti la crainte de Rouly, elle se radoucit et lui explique gentiment qu'elle a besoin de savoir comment se comporte Mehdi à la maison. Selon Mohammad, à qui Rouly vient de poser la question, l'état de son fils s'est plutôt dégradé par rapport à l'an dernier. Il y a deux mois, il a dû être hospitalisé pour une péricardite, ce qui signifie qu'il y avait du liquide entre le cœur et son enveloppe, le péricarde. Lors de cette hospitalisation, il a été mis sous respiration artificielle.

Francine regarde de nouveau la radio, puis prend sa saturation en oxygène : elle est à 50 %. Ce n'est pas assez. Elle va devoir le réopérer. Rouly demande alors au père s'il accepte que son fils reparte en France. Comme la dernière fois, tout sera pris en charge par Mécénat et Terre des Hommes. Mohammad n'hésite pas : c'est un oui ferme. Pour sa femme et lui, ce qui prime, c'est la santé de Mehdi.

Assis à ses côtés, le garçon semble avoir tout compris. Et lorsqu'elle lui demande s'il veut retourner à Paris, il sourit :

– Oui, avec Nadine.

Après Mehdi, c'est au tour de Mourad. Contrairement à son frère, il est en pleine forme et complètement guéri. Il a grandi et son visage est encore plus sérieux que l'année grandi et son visage est encore plus sérieux que l'année passée. Mourad a toujours eu du mal à trouver sa place entre Mehdi et Abdel. Un an plus tard, il semble ne pas avoir réglé cette difficulté.

Quant à Abdel, lui aussi a grandi. Il est toujours aussi vif, et sa vie poursuit son cours avec les aléas liés à sa maladie : la toux et la fièvre. Mais tout cela ne l'empêche pas de rire et de faire les quatre cents coups ; lorsqu'on le voit, jamais on ne se douterait que ce gai luron est atteint d'une grave maladie. Pour l'instant, il est encore rose ; dans quelques années, il deviendra bleu ; alors, il ne pourra plus ni courir ni jouer ni sauter ; il ne sera plus aussi insouciant, sa vie deviendra difficile et le moindre effort le fatiguera. Si Abdel avait vécu en France, il aurait été opéré très tôt, il n'aurait pas abîmé ses poumons et aujourd'hui, il serait guéri.

Il est 14 heures, c'est l'heure de la pause déjeuner. Enfants et parents ont quitté le patio et le silence est retombé sur les pierres. Tandis que les employés de Terre des Hommes disposent sur la table les verres, les assiettes, les couverts et la bouteille de Martini blanc – cadeau d'un visiteur français au père Paul – qui servira d'apéritif avec un zeste de citron et quelques glaçons, Francine refait le point de la matinée avec Rouly, Magda et Bassima.

L'automne est doux, la pluie qui tombe sur la Syrie semble avoir oublié Damas où de timides rayons de soleil viennent lécher doucement visages et bras nus. Le calme et la tiédeur incitent à la rêverie. Le regard de Francine est ailleurs. Appuyée contre le mur, laissant voguer ses pensées, elle semble ne plus rien entendre. Aurait-elle lâché son « *under control* » habituel ? Mais cette paix et cette tranquillité sont de courte durée. A la porte, un tohu-bohu invraisemblable secoue brusquement les esprits assoupis. Dans la confusion la plus totale, des hommes, des femmes voilées portant enfants, sacs et valises à bout de bras, descendent la rambarde du patio.

Damas, novembre 2002

On ne les attendait plus, on avait même perdu leur trace. Ces hommes et ces femmes, aux visages épuisés, aux habits froissés, sont irakiens. Ils arrivent de Bagdad. Leur venue à Damas, le père Paul la prépare depuis des mois. Il en avait déjà parlé à Francine l'an passé, lui expliquant qu'en Irak, beaucoup d'enfants atteints de cardiopathies congénitales ne pouvaient être opérés, faute de tout : de matériel, de compétences, de médicaments et, tout simplement, de salles d'opération correctes. Bien sûr, elle avait accepté de les voir lors de cette mission.

Le père Paul et son équipe vont à leur rencontre, on se serre la main, on se donne l'accolade. Les bagages sont entassés dans un coin, et mères et enfants sont amenés dans les chambres d'hôtes de Terre des Hommes où ils pourront se reposer d'un voyage qui a duré dix-huit heures.

Après un rapide brin de toilette, les deux responsables irakiens qui accompagnent les familles viennent se joindre au repas de l'équipe. Le premier est le représentant de Caritas Irak, une organisation humanitaire catholique ; le second est le responsable du Croissant-Rouge irakien. Autour de la table, on retrouve le père Paul, Francine, Rouly, Magda, Bassima, Armelle. Au chirurgien qui s'étonne de n'avoir dénombré que sept enfants alors qu'il était prévu qu'elle en voie une quinzaine, le père Paul explique en quelques mots la situation : les autorités irakiennes n'ont accordé des passeports et des visas que pour sept familles. Elles ont attendu leurs papiers cinquante jours, et seules les femmes ont été autorisées à quitter le pays, laissant en Irak leurs maris et leurs autres enfants : « On garde l'un pour que l'autre revienne... » conclut le père. En outre, il semble qu'il y ait eu un problème de communication et de compréhension entre Bagdad et Damas : les familles croient que les enfants vont être opérés ici, en Syrie ! Et, apprenant qu'il s'agissait de les envoyer en France, les mères se sont récriées. Elles refusent absolument que leurs enfants partent. Francine écoute, interdite. Il faut au plus vite remettre les choses au point. Quoi qu'il en soit, elle veut maintenant voir les enfants. Ensuite, on avisera.

Ces familles viennent de Mossoul, la région pétrolière de l'Irak, et de Bagdad, la capitale. Quatre d'entre elles sont musulmanes, les trois autres chrétiennes, mais toutes les femmes sont voilées, y compris les catholiques. C'est la nouvelle « mode » en Irak, depuis que le Raïs, Saddam Hussein, s'est découvert une vocation religieuse « politique ». Les catholiques habitent des quartiers pauvres à majorité musulmane et, dans le contexte actuel, les femmes doivent porter le voile si elles ne veulent pas être lynchées. Se fondre dans le paysage est préférable aux exactions.

Francine, qui n'a pas fini de déjeuner, veut commencer tout de suite, car le temps presse. Sur les sept enfants, seulement trois possèdent des radios. Les autres n'ont rien, pas même un dossier. Lorsqu'elle demande pourquoi les mamans des enfants ne veulent pas les envoyer en France, l'explication du père Paul la laisse sans voix : elles ont peur du trafic d'organes. Ces derniers temps, les journaux irakiens en font des gorges chaudes, et l'on peut régulièrement y lire des articles racontant comment on prélève les organes des enfants qui vont se faire soigner à l'étranger. Depuis, une véritable psychose s'est installée, et c'est pourquoi ces femmes ne veulent pas que leurs enfants partent si elles ne les accompagnent pas.

Devant autant d'absurdité, Francine décide alors de préciser deux ou trois choses aux responsables irakiens. Les deux hommes parlent et comprennent l'anglais, elle s'exprimera donc dans la langue de Shakespeare, afin qu'il n'y ait aucune confusion due à une traduction maladroite.

Le ton est ferme :

– Bien. Je me présente, je m'appelle Francine Leca, je suis chirurgien cardiaque en France, responsable du service de chirurgie cardiaque pédiatrique à l'hôpital Necker, à Paris. Depuis six ans, j'ai créé une organisation humanitaire qui se charge d'opérer des enfants du monde entier. Mon association les prend en charge, ils n'ont rien à payer, mais il y a pour cela deux conditions. Premièrement, les enfants viennent en France sans leurs parents. Deuxièmement, les parents, une organisation humanitaire, la famille, des amis, peu importe, doivent prendre en charge leur voyage. C'est une façon de responsabiliser les parents et de leur permettre de participer à la guérison de leurs enfants.

Le responsable du Croissant-Rouge, qui dit se prénommer Nazim, réplique que les familles irakiennes refuseront ces conditions. Mais Francine tient bon : il n'est pas question de changer quoi que ce soit au fonctionnement de Mécénat. Il n'y a jamais eu de dérogation et cela, quelle que soit la famille, quel que soit le pays : les enfants viennent seuls, elle ne discutera pas ce point.

L'homme insiste : personne n'avait compris qu'ils devaient partir en France. Se levant de table, elle coupe court à la conversation. Pour elle, il est temps de travailler. Après son diagnostic, les mères décideront.

A son tour, le père Paul tente de faire comprendre aux deux responsables irakiens l'opportunité merveilleuse, pour toutes ces familles, de la présence du chirurgien :

– C'est une grande chance pour ces enfants d'être vus par le Pr Leca. Les mamans doivent accepter la proposition qui leur est faite, elles doivent les laisser partir.

Les palabres peuvent encore durer des heures et Francine n'a pas le temps d'entrer dans ce jeu. C'est son dernier jour de consultation, elle repart demain aux aurores pour Paris. Elle se dirige d'un pas décidé vers son « bureau de campagne » et prie Rouly de faire venir les enfants qui sont en possession de radios. Quant aux autres, elle demande qu'ils se rendent au plus vite à l'hôpital français afin de faire des radios du thorax, de face. Une seule par enfant suffira.

C'est une petite fille fluette et apeurée qui se présente devant Francine. Huda a six ans, elle pèse treize kilos. Après avoir ausculté l'enfant, regardé sa radio et posé à la maman quelques questions sur son quotidien, Francine explique à Nazim, qui vient de la rejoindre, que la petite fille doit être opérée : elle a un trou dans le cœur, situé près de la valve aortique, et si l'on ne fait rien, cette valve va se détruire très vite. L'opération permettra de stopper l'évolution et d'empêcher ainsi le cœur de devenir de plus en plus gros. C'est une intervention délicate ; la maman accepte-t-elle que l'enfant parte en France ?

Pendant que Nazim traduit, elle observe la mère, dont les traits du visage se contractent au fil de la traduction.

– Elle ne veut pas, confirme Nazim.

Francine insiste :

– Pouvez-vous, s'il vous plaît, lui expliquer que cette opération est nécessaire pour la vie de son enfant ? Sinon, sa fille aura de gros problèmes cardiaques dans l'avenir.

La réponse de la mère, traduite par Nazim, est sèche :

– Si la France se dit un pays ami, elle doit être amie jusqu'au bout : tout payer, et me faire venir avec ma fille.

A ces mots, le sang du médecin ne fait qu'un tour :

– Je me donne un mal de chien pour que ces enfants aient un avenir et, si j'ai bien compris, elle est en train de me dire que je ne donne pas assez ? Non mais, je rêve ! Il faut qu'elle comprenne que ce n'est pas le gouvernement français qui s'occupe de ces enfants, mais une association qui collecte l'argent pour payer les opérations. Il est donc impossible de faire venir les parents.

Nouvelle traduction, nouveau refus.

« Bon, au suivant, s'impatiente Francine. On verra bien. Si elle change d'avis, je suis toujours prête à prendre sa fille. Allez, je m'énerve, mais il ne faut pas croire que je ne comprends pas cette femme. Je sais que pour laisser partir son enfant dans un pays qu'elle ne connaît pas, il faut avoir confiance, et cette confiance, pour l'instant, elle ne l'a pas. Qu'est-ce que je peux faire ? Si seulement je parlais l'arabe, je crois que je l'engueulerais... »

Le suivant est un garçon. Il s'appelle Qatham. Il aurait dû venir avec son frère jumeau, également atteint de cardiopathie congénitale, mais celui-ci est mort six mois plus tôt. Contrairement aux autres enfants, Qatham n'est pas venu avec sa mère. C'est un homme qui l'accompagne. Grand, le visage anguleux, le regard noir et brillant, il se présente comme son oncle, le frère de son père. Souriant, il inspire la sympathie.

Qatham est bleu et il a un ventricule unique : il faut l'opérer. L'homme accepte :

– Mon frère a dit qu'il pouvait même partir maintenant avec vous, le principal, c'est qu'il guérisse.

Nazim intervient :

– Dans combien de temps Qatham pourra-t-il venir à Paris ?

Francine réfléchit :

– Je ne sais pas, disons dans trois mois ; nous devons préparer son entrée en France. Vous savez, nous avons beaucoup d'enfants à opérer, il y a une liste d'attente, et l'association n'est pas assez riche pour pouvoir prendre tout le monde en même temps.

– Oui, je comprends, mais c'est très difficile en Irak en ce moment... Et si la guerre éclate, que va devenir l'enfant ? Il ne pourra jamais partir chez vous.

– Ecoutez, je vais faire mon possible pour le faire venir en janvier 2003. Mais pour cela, dès son retour à Bagdad, il doit se rendre à l'ambassade de France et faire sa demande de visa. Je m'occupe du reste. »

Qatham est kurde. Son père, employé par l'Etat irakien, est ingénieur, spécialiste de la construction des silos. L'oncle explique que son frère n'a pas été autorisé à quitter le pays : en tant que fonctionnaire, il n'a pas le droit d'avoir un passeport. Sa famille, composée de neuf personnes, sept enfants, son épouse et lui-même, vit dans un village près du barrage de Mossoul, au nord de l'Irak. Pour nourrir tout ce petit monde, il ne dispose que de 50 euros par mois : 25 en tant qu'ingénieur et le complément en faisant des petits boulots par-ci, par-là comme ouvrier agricole. Les enfants vont à l'école, d'ailleurs Qatham est un très bon élève :

– Mon frère a fait des études et il veut que tous ses enfants, les filles comme les garçons, aient de l'instruction.

L'oncle, dont nous ne connaîtrons jamais le nom, explique que, dans les hôpitaux irakiens, il n'y a rien : pas de matériel, ou alors qui date de plus de trente ans ; pas de médicaments non plus, et si certains pays leur en envoient bien, la population, selon lui, n'y a pas accès. Quant à leur quotidien :

– Nous ne savons pas ce qui nous attend. Parfois, nous n'avons même pas envie de travailler parce que nous ignorons de quoi sera fait demain. A part l'embargo, nous vivons comme les autres pays de la région. Nous ne souffrons pas plus que ça, nous sommes habitués, nous nous sommes faits à cette vie. Il est vrai que nous avons faim, c'est d'ailleurs pour cela que beaucoup de gens tentent de quitter l'Irak ; ils sont prêts à aller n'importe où, à occuper n'importe quel emploi, du moment qu'ils ont à manger.

Lui, en revanche, dit ne pas vouloir partir. Sa vie au village est différente de celle que mènent les habitants des grandes villes où règne une très grande misère. Il arrive toujours à se débrouiller pour nourrir sa famille. Tout au long de la conversation, il jette des petits coups d'œil méfiants de droite à gauche, il n'est pas à l'aise. Un peu plus loin, Nazim nous observe. L'oncle explique alors que le responsable du Croissant-Rouge est un officiel du gouvernement irakien. On ne quitte pas le pays librement, sans contrôle, poursuit-il plus bas. Il aimerait pouvoir en dire plus, mais, explique-t-il, « nous avons appris à ne plus parler, nous devons faire attention ».

Et pourtant, malgré ce carcan, ils soutiennent Saddam ! L'homme sourit :

– Les trois quarts du peuple disent l'aimer, mais la population n'est à ses côtés qu'en réaction contre les Américains qu'elle déteste. Je peux vous assurer que si demain, un autre arrive et le remplace, nous l'acclamerons. Nous, nous ne voulons que la paix.

Le dernier enfant amené à Francine doit, lui aussi, être opéré. Ibrahim, trois ans, est atteint d'un canal atrio-ventriculaire : un trou dans le cœur, plus une fuite de la valve mitrale. Mais comme la mère de Huda, celle d'Ibrahim refuse de le laisser partir.

Il est 18 h 30. Francine, qui vient de finir les consultations, fait le point avec le père Paul. Sur les sept enfants irakiens, trois devraient être opérés en France, et deux pourraient l'être en Syrie, car leur malformation est bénigne. Pour les deux derniers, un traitement médical sera suffisant.

Le problème, c'est qu'en dehors de l'oncle de Qatham, les deux autres familles refusent toujours le départ de leurs enfants pour Paris. En retrait, Armelle et Bassima tentent encore de les convaincre. Des mamans syriennes se sont également jointes à elles, leur expliquant que si leurs enfants à elles, aujourd'hui, étaient guéris, c'était grâce à Mécénat, et qu'il fallait faire confiance au médecin français ; que tout se passerait bien, qu'elles non plus n'avaient pas accompagné leurs enfants en France, mais que, là-bas, ils étaient heureux, car on s'occupait bien d'eux.

La mission de Mécénat s'achève. Pour Francine, c'était une mission comme une autre, et le fait d'avoir vu en consultation de jeunes Irakiens ne lui a donné aucune autre connotation que strictement humanitaire. Jamais la politique n'a interféré dans son action.

« Bien sûr, je sais que les Américains veulent taper sur l'Irak, mais lorsque je travaille, je n'y pense pas. Moi, je ne vois que des enfants qui sont handicapés, parce qu'ils sont bleus et qu'ils ont du mal à respirer. Il n'y a qu'une chose qui m'intéresse : c'est que, lorsqu'ils seront opérés, ils seront en principe guéris. Si Mécénat commence à mettre le nez dans la politique des pays d'où viennent tous les enfants, on ne s'en sortira pas. Aucun événement politique ni religieux n'influe sur mes choix et mon attitude. Alors, si l'on pense que je fais venir des Irakiens dans le but d'accomplir un acte politique, eh bien, on se trompe. A côté de cela, je suis navrée de voir la situation dans laquelle vit le peuple irakien ; navrée de constater que seules les mères ont pu quitter le pays et que l'on a gardé les pères en otages, alors que l'opération d'un enfant, c'est une décision qui doit se prendre à deux ; navrée de voir que les dossiers médicaux de ces enfants ne sont que de véritables torchons, avec de faux diagnostics ; navrée de voir ces pauvres femmes drapées dans leur tchador et leur misère ; navrée de tout cela, car au plan humain, c'est terrible. Et si je disais tout ce que je pense de Saddam Hussein, je crains malheureusement que les petits n'en pâtissent. C'est pour que ces enfants aient un avenir que je ne me mêle pas de politique. La seule chose que je peux dire, c'est que, pour moi qui suis une républicaine pure et dure, lorsque j'entends qu'il a été élu à 99 % des voix, je suis consternée. »

Sur le bureau du père Paul, Armelle a trouvé la photo d'une maman d'accueil et d'un petit Syrien. Le regard de cette femme sur l'enfant ne trompe pas : c'est un regard plein d'amour, de douceur et de tendresse. Sans hésiter, Armelle se saisit de la photo. C'est quasiment sa dernière cartouche. Si, avec ça, ça ne marche pas, pense-t-elle, c'est fichu. Son trophée à la main, elle revient vers les mères et le leur tend. En quelques mots, elle explique qui est la dame et qui est l'enfant. Qu'aujourd'hui, ce petit garçon est guéri, qu'il est rentré à Damas et mène une vie tout à fait normale. Si elles acceptent l'opération en France, il en ira de même pour Huda et Ibrahim. C'est leur chance, leur unique chance de sauver leur enfant, elles n'ont pas le droit de la laisser passer.

Est-ce le regard de cette maman sur la photo, ou le sourire de l'enfant ? Lâchant prise, les deux Irakiennes cèdent enfin. Armelle et Bassima échangent un regard : elles auront mis exactement deux heures pour venir à bout de leur résistance.

Les prenant par le bras, la jeune Française les amène à Francine, qui n'en revient pas. Elle n'y croyait plus. Par la bouche de Bassima, elle les félicite pour leur décision courageuse. Elle comprend qu'elles aient pu avoir des réticences, parce que c'est dur de se séparer de son enfant. Puis elle ajoute :

– J'ai de l'estime et de l'admiration pour votre attitude. Je sais ce que c'est, parce que vous aimez votre enfant, et que vous faites passer sa santé avant votre ressenti.

Les femmes n'ajouteront rien, seulement un « Merci », puis elles s'en iront.

En trois jours, Francine aura vu près de soixante-quinze enfants. Parmi les nouveaux, une vingtaine, dont trois Irakiens, arriveront en France au début de 2003, pour être opérés dans le cadre de Mécénat : Qatham, Huda et Ibrahim.

10.

Et demain ?

Depuis son clinicat jusqu'à aujourd'hui, Francine Leca a assisté et participé à l'évolution et aux progrès de la chirurgie cardiaque pédiatrique à cœur ouvert. Parmi les pathologies les plus rares et les plus complexes, celle qui, selon elle, a connu l'évolution la plus spectaculaire est la transposition des gros vaisseaux. Dans cette malformation, l'aorte sort du ventricule droit et l'artère pulmonaire du ventricule gauche ; chez un enfant normal, c'est le contraire. Cette maladie, à l'époque rapidement mortelle, est maintenant quasiment toujours guérie. Voici l'histoire.

Dans les années soixante-dix, les échographies anténatales n'existant pas, on ne s'aperçoit de la malformation de l'enfant qu'à un ou deux jours de vie : il est bleu et, bien souvent, il meurt quelques jours ou une semaine après sa naissance. Pour Francine, la transposition des gros vaisseaux, c'est le souvenir de réveils en pleine nuit et d'opérations en urgence sur des bébés qui n'ont que quelques heures d'existence. Dans ces années-là, on ne sait pas encore opérer un nouveau-né à cœur ouvert. Face à cette pathologie, les chirurgiens doivent donc pratiquer une opération à cœur fermé, extrêmement périlleuse. C'est ce qu'on appelle « l'opération de Blalock-Hanlon ». Si, dans un bon pourcentage de cas, elle permet de faire survivre l'enfant, les échecs, et donc les décès, sont également nombreux. L'opération consiste à créer un « trou » à l'intérieur du cœur, sans l'arrêter ni l'ouvrir. « C'était une intervention folle, lorsqu'on y réfléchit ! Sans arrêter le cœur, juste en pinçant, en excluant une partie des oreillettes, on pouvait faire un trou qui sauvait la vie, car il permettait aux sangs des deux circulations de se mélanger ; pas suffisamment, bien sûr, mais assez pour que l'enfant puisse envoyer un petit peu d'oxygène dans son organisme. »

Les nouveau-nés qui survivent à ce geste agressif sont réopérés à l'âge de deux ou trois ans. Cette deuxième intervention se fait, elle, à cœur ouvert, et consiste à rétablir un circuit sanguin normal : il faut que le sang bleu aille vers le poumon, et le sang rouge dans l'organisme. Le but est donc de croiser les sangs. Là, deux alternatives : soit on les croise à l'entrée du cœur, soit à sa sortie. Les deux options ont été tentées, abandonnées, modifiées, reprises pour, finalement, au terme de nombreuses années de tâtonnements, donner aujourd'hui d'excellents résultats.

Lorsqu'on croise les sangs à l'entrée, on pratique une intervention dite « intervention de Mustard » ou « de Senning ». Il s'agit en fait d'une remise en bon circuit des courants sanguins, mais sans modifier l'anomalie anatomique ; on parle d'ailleurs d'une « réparation » physiologique.

Mais l'idéal, les chirurgiens le pressentaient depuis le début, était de croiser les vaisseaux à la *sortie* du cœur. C'est le fameux « switch » décrit en 1975 par un Brésilien. Pour mettre cette opération au point, les chirurgiens se sont heurtés à d'énormes difficultés techniques, mais aussi physiologiques : surpris qu'on lui impose subitement un nouveau mode de fonctionnement, le cœur, en général, ne le supportait pas. On a donc pensé le préparer à cette nouvelle façon de fonctionner. Mais le préparer impliquait une intervention, et donc un risque supplémentaire. Puis, la technologie de la CEC évoluant chez le tout-petit, on a pu opérer à cœur ouvert quelques jours après la naissance : à ce moment-là, le cœur n'avait pas encore eu le temps de prendre ses habitudes de vie extra-utérine et l'on a alors pu « switcher » avec de très bons résultats, bien que cela reste une intervention délicate à cet âge. Ce magnifique résultat date de la seconde moitié des années quatre-vingt. Et de petit pas en petit pas, les chirurgiens sont parvenus à diminuer la mortalité des enfants atteints de cette pathologie de quasiment 99 % à moins de 3 %.

Ainsi, entre la chirurgie de son internat, puis de son clinicat, et celle d'aujourd'hui, on peut dire que c'est presque la nuit et le jour. Entre les deux, le soleil s'est levé progressivement. Il y a d'abord eu l'aube puis, peu à peu, le jour s'est éclairci.

Lorsque Francine débute, la chirurgie cardiaque est une chirurgie extrêmement risquée. A l'époque, on opère le plus souvent le soir ou la nuit, et toujours en urgence : « Je parlerais presque d'une “ chirurgie du roulement de tambour ”, je veux dire par là que le geste crucial que l'on devait pratiquer autour du cœur, sur un enfant qui allait mal, pouvait à chaque fois être fatal. » Prenons l'exemple d'une anastomose, cette intervention à cœur fermé dont le but est de renvoyer du sang dans les poumons : elle se pratique, dans ces années-là, sur des enfants à l'état de santé très précaire, fatigués, avec des petites tensions, déjà très bleus et donc très atteints. Pour ce qui est de la préparation opératoire, inutile de dire qu'elle est moins affinée qu'aujourd'hui. Et opérer un petit, cela fait peur : c'est difficile, compliqué, parfois aléatoire, et bien souvent, le cardio-pédiatre qui pose le diagnostic attend le dernier moment pour envoyer l'enfant à l'hôpital. D'ailleurs, le faire survivre le plus longtemps possible sans l'opérer est presque le mot d'ordre : la chirurgie paraît beaucoup trop risquée au médecin, il n'a pas vraiment confiance, et à juste titre, car à cette époque la mortalité est importante. Près d'un tiers des opérés ne survit pas. L'opération est donc l'ultime recours, on peut même dire qu'elle n'intervient qu'à l'approche de la mort.

Cette chirurgie cardiaque pédiatrique exigeait alors une très grande rapidité : les gestes exercés étaient des gestes agressifs, et le tout devait être exécuté extrêmement rapidement pour que le cœur supporte. « Je me souviens qu'à l'arrivée de l'enfant au bloc, les choses s'accéléraient. Il fallait que tout aille vite parce que, dès que le chirurgien avait posé les clamps, je peux vous assurer que le cœur ne frétillait pas de joie. Il n'était déjà pas en très bon état, mais en plus, on allait le tripoter sans l'assister. C'étaient des interventions à cœur fermé et sans filet. »

On assistait alors, dans les salles d'opération, à des dialogues anesthésiste-chirurgien assez improbables.

Francine : – Je peux y aller ?

L'anesthésiste : – Attends, je le ventile bien. C'est bon, vas-y !

Et vite, le chirurgien de placer ses pinces sur les vaisseaux.

« C'était irréversible. C'était la fuite en avant, j'étais engagée dans un processus. C'est comme lorsque vous traversez une rivière : il faut arriver de l'autre côté, vous ne pouvez pas vous arrêter en route ni rebrousser chemin. Il fallait donc avancer, réaliser le geste opératoire et, surtout, qu'entre-temps, l'enfant ne meure pas. »

Francine : – Tu tiens le coup ?

L'anesthésiste : – Oui. Vas-y, dépêche-toi, mais ça va, je tiens.

En même temps, il faut garder un œil sur le scope, les pressions sont toutes petites et l'enfant est très bleu.

L'anesthésiste : – Arrête une seconde, je ventile, je ventile.

Et il ventile, il ventile.

– C'est bon, j'ai récupéré une petite pression, tu peux continuer.

Et elle continue : les sutures, les branchements, avec toujours un seul but, oxygéner l'enfant et renvoyer du sang dans les poumons.

« On pratiquait ces opérations à cœur fermé à la volée. Dès que l'on avait réalisé le geste, on enlevait toutes les pinces, et le sang passait à nouveau. Le cœur qui, pendant quasiment toute l'opération, battait à toute allure ou, au contraire, se ralentissait dangereusement, reprenait un rythme normal. Et là, c'était le “ ouf ” de soulagement. C'était gagné. En fait, cette chirurgie cardiaque était celle des apprentis sorciers. »

Cette grande époque des pionniers est bien loin. Aujourd'hui, les chirurgiens travaillent dans un plus grand confort. Ce qui ne les empêche pas de connaître d'autres pressions, d'autres contraintes, d'autres angoisses, ne serait-ce que celle de la très faible marge d'erreur qui leur est concédée. Si, dans les années soixante et soixante-dix, et même le milieu des années quatre-vingt, on leur reconnaît le droit à l'échec, aujourd'hui, ce droit n'est pas loin de disparaître au profit du devoir de réussite à tout prix. Dans ces années-là, opérer un malade, c'était un peu comme repêcher un noyé : le chirurgien devait le sortir de l'eau par les cheveux, lui faire du bouche-à-bouche pour le ranimer; si ça marchait, c'était merveilleux, et si ça ne marchait pas, on disait : « Il a fait tout ce qu'il pouvait, et c'est bien. »

Aujourd'hui, un malade n'a plus le droit de couler. Le chirurgien doit le sortir de l'eau au bon moment, lui faire la bonne réanimation et le tirer d'affaire. Bien sûr, le risque, lui aussi, s'est considérablement affaibli : si Francine fait une anastomose sur un nourrisson (elle en fait de moins en moins) et que le malade ne va pas bien, il lui suffit de brancher la CEC pour l'assister et lui donner le temps de poursuivre tranquillement l'opération.

Comprendre comment on opère à l'intérieur du cœur, comment on l'arrête, comment on le vide de son sang est une chose, mais faire en sorte que tout se passe bien en est une autre. Les chirurgiens pionniers se trouvent donc face à une double problématique : la première est de remplacer la fonction du cœur pendant le temps où il sera arrêté; la seconde est de protéger le cœur, car notre pompe est un organe comme un autre, qui a besoin d'avoir sa propre circulation sanguine; et si on l'arrête sans le protéger, il meurt.

Outre la géniale machine cœur-poumons qui remplace le cœur pendant la durée de l'opération, les chirurgiens cardiaques vont développer, presque en même temps, une autre technique, appelée « l'hypothermie modérée de surface » : le refroidissement du corps. Cette technologie, un peu préhistorique et utilisée pour des cardiopathies simples, consiste à plonger le malade dans la glace ou à entourer son corps de glace, de façon à faire descendre sa température. Lorsqu'on abaisse la température d'un organe, le corps tombe dans une sorte d'hibernation ; ses besoins en oxygène deviennent alors moins importants, et il peut survivre plus longtemps sans en recevoir.

Dans la pratique de l'hypothermie, le moment le plus délicat est celui de l'abaissement de la température qui ne doit pas chuter trop vite, ni surtout trop bas, sinon le cœur risque de s'arrêter. Le refroidissement du malade dure d'une heure et demie à deux heures. Le thermomètre descend doucement : 37 °, 36 °, 35 °, 34 °... Au fur et à mesure que la température baisse, le cœur se ralentit. Lorsque le thermomètre atteint 32 °, on cesse le refroidissement. Une fois le malade « froid », les chirurgiens le sortent de la glace, ouvrent le thorax, pincent les vaisseaux à l'entrée et à la sortie du cœur pour interrompre l'arrivée et l'éjection du sang. Tandis qu'ils pratiquent toutes ces manipulations, le cœur, qui n'est qu'isolé de la circulation, continue de battre. Puis, le chirurgien répare le trou ; il ne met pas de pièce, car il n'en a pas le temps, mais il fait des sutures et, ensuite, il referme à toute allure, remplit le cœur de sang, le vide de son air, referme le thorax, puis réchauffe le malade. L'intervention sur l'organe proprement dit ne dure pas plus de dix minutes.

« C'était impressionnant de voir cette température baisser et les battements du cœur ralentir, se souvient Francine. Nous pratiquions cette technique sur les grands enfants, mais nous ne pouvions opérer que des malformations simples, pour des résultats de réparation très médiocres. C'était une chirurgie extrêmement stressante et, personnellement, je n'ai jamais été convaincue par ce système. »

L'hypothermie modérée de surface est encore utilisée de nos jours dans certains pays tels que la Russie, mais Francine, comme la majorité de ses collègues de Laennec, préfère utiliser la CEC. Elle sera de ceux qui vont s'atteler à sa modernisation et à la réalisation de sa miniaturisation.

Elle a aussi vécu la première transplantation cardiaque chez l'adulte. Cela se passait du temps de son internat chez Charles Dubost : « J'étais jeune interne, c'était mon deuxième stage en chirurgie, avant de rejoindre définitivement Jean Mathey. J'étais parmi les jeunes réanimateurs qui se sont occupés du père Boulogne, le premier transplanté parisien. C'est vrai que tout au long de ma carrière, j'ai vécu les progrès techniques qui ont permis de réaliser des opérations de plus en plus complexes, chez des enfants de plus en plus petits. »

Au XXIe siècle, la chirurgie des malformations intracardiaques ne connaît pratiquement plus de limites, et les chirurgiens peuvent s'attaquer à presque toutes les cardiopathies : soit ils les réparent, soit ils les pallient. Mais pour en arriver là, il aura fallu des années de pratique et de recherche. L'évolution de la chirurgie cardiaque est une évolution de longue haleine. « Et pourtant, s'émerveille Francine, tout a été réalisé en moins de cinquante ans. »

Tous les chirurgiens ne sont pas à l'origine de grandes inventions ni de technologies nouvelles. Mais presque tous développent ou inventent des petits procédés qui améliorent la pratique opératoire. Quelques-uns de ces « petits trucs » portent l'estampille Francine Leca. Le premier est la forme du patch, ce petit morceau de péricarde de cheval ou de porc dont se servent les chirurgiens pour boucher les trous, ou pour créer des chenaux destinés à dévier le sang à l'intérieur du cœur.

Au bloc, alors qu'elle assiste ses aînés, elle les voit régulièrement confectionner des patchs aux allures plus que bizarres : des demi-lunes, des tunnels, des losanges... Pourquoi pas. Le problème, c'est qu'au moment de coudre, pour peu qu'il y ait une suture qui tire plus d'un côté que de l'autre, ce qui doit se trouver à midi se retrouve à trois heures, et ce qui doit être à cinq heures se retrouve à deux heures ; au final, le patch est complètement tordu, ce qui peut provoquer des catastrophes. « C'était un peu comme si, voulant vous faire une robe, je prenais un coupon, je vous le mettais dessus, je le taillais et je le cousais sur vous : au bout du compte, vous auriez une robe immettable. »

Très pragmatique, elle se dit : « Pour qu'un patch tienne correctement à l'intérieur du cœur, il doit être rond. » Elle commence donc, lors de ses propres interventions, à mettre en pratique son idée ; tout d'abord avec un patron, puis, ayant un bon coup d'œil, sans patron, mais toujours rond. Très vite, les autres chirurgiens constatent qu'avec cette forme non seulement les sutures tiennent mieux, mais elles sont moins difficiles à réaliser. Aujourd'hui, ils sont nombreux à avoir repris sa technique.

« C'est vrai que je l'ai enseignée à tous les jeunes avec lesquels j'ai opéré. Je leur ai toujours dit : “ Vous devez tailler toutes vos pièces rondes, après en avoir calculé la taille. Ainsi, vous êtes sûrs qu'elles tombent toujours bien. " Autre intérêt avec cette pièce ronde, vous pouvez commencer à la coudre à partir de n'importe quel endroit. Bien sûr, je suis consciente que c'est epsilon, mais j'ai opéré un enfant, il y a quelques jours, d'une malformation un peu délicate, une opération que je n'avais pas pratiquée depuis longtemps. Il faut réaliser une véritable sculpture à l'intérieur du cœur, un véritable drapé. J'ai fait mon patch rond, et je m'en suis très bien sortie. Je sais que si je l'avais fait un peu allongé, ça n'aurait pas fonctionné, il aurait risqué d'être trop étroit là où je voulais que ce soit large, ou trop large là où je voulais que ce soit plus étroit. »

Outre le patch, elle met au point « l'ouverture sous bref arrêt circulatoire de la valve pulmonaire chez le nouveau-né ». En termes plus clairs : le bébé naît avec un rétrécissement à l'origine de son artère pulmonaire, et le sang ne passe pas. Il faut donc l'opérer en urgence, sinon il meurt. La technique habituellement utilisée consistait à introduire par le ventricule des « bougies », sortes de perforateurs. N'oublions pas que l'on ne sait toujours pas opérer avec sécurité un bébé à cœur ouvert, l'intervention se fait donc « à cœur battant ». Cogitant dans son coin, Francine se dit : « On peut mieux faire, et surtout, différemment. » Elle imagine alors de réaliser l'intervention en rétrograde par l'artère pulmonaire, c'est-à-dire de pratiquer un arrêt circulatoire. Pour cela, elle interrompt le sang à l'arrivée et à la sortie du cœur, ce qui provoque l'arrêt de la circulation mais pas celui de la pompe, et cela pendant quelques minutes. Pour être plus précis, on ne dispose que de deux minutes trente pour intervenir : si l'arrêt circulatoire se prolonge au-delà, l'enfant risque de graves lésions cérébrales.

Après avoir empêché le sang d'arriver au cœur, elle ouvre rapidement l'artère pulmonaire, puis, d'un coup de bistouri et de pince, elle fait craquer les petites valvules pour les ouvrir ; ensuite, il ne lui reste plus qu'à refermer.

« Pendant toute l'intervention, je pensais au temps qui s'écoulait : trente secondes, une minute, une minute et demie, deux minutes, et je me disais : “ Tu tiens le bon bout. ” C'était extrêmement stressant, mais cette technique était efficace, les résultats très satisfaisants, et à Laennec, tout le monde l'utilisait. »

Aujourd'hui, nouvelles technologies obligent, cette malformation est traitée par voie de cathétérisme. Et si le geste reste délicat, il est moins risqué.

« Ce qui est bien c'est que, lorsque vous êtes jeune, vous êtes plein d'idées. Ce n'est pas un hasard si les découvertes chirurgicales sont faites par des jeunes. Leur “ ordinateur ”, la cervelle, est tout neuf ; et puis, un jeune n'a peur de rien et, par définition, il fonce, c'est lui qui fait avancer le schmilblick. Les plus âgés sont plus prudents. D'ailleurs, pour être sûr de bénéficier d'une technique bien réglée, bien au point, avec de bons résultats, il vaut mieux se faire opérer par un vieux. Les jeunes, eux, ils innovent. »

Et tout au long de cette seconde moitié du XXe siècle, ils ont innové. En trente ans, l'avancée fut spectaculaire, due en grande partie à la biotechnologie et à l'engineering : CEC, valves artificielles, conduits prothétiques... Il n'est pas difficile de le constater, il suffit une fois encore de revenir trente ans en arrière, lorsque Francine commence le métier. A l'époque, la mortalité opératoire et postopératoire avoisine les 30 %. Elle est aujourd'hui inférieure à 3 %, c'est-à-dire qu'elle a pratiquement diminué de 1 % chaque année. On est alors en droit de se poser la question : atteindrons-nous le risque zéro ?

« Sûrement pas, répond Francine. Et j'ai coutume de dire : “ Y aura-t-il un jour un risque zéro à prendre sa voiture pour entreprendre un voyage de huit cents kilomètres ? ” Personne n'y pense, et pourtant, il y a pratiquement huit mille morts par an sur les routes ! C'est l'exemple que je prends souvent pour expliquer aux parents que si le risque est très faible, il n'est jamais nul. »

Et demain ? Pour Francine Leca, ni la cardiologie dite « interventionnelle », telle la dilatation, avec des petits ballonnets, des rétrécissements des artères et des valvules, ni l'échographie anténatale ne vont fondamentalement modifier la chirurgie cardiaque dans les années à venir. Il est cependant prévisible qu'à plus long terme, la prévention des maladies cardiaques, la progression constante des biotechnologies et la recherche fondamentale proprement dite sont les trois facteurs qui modifieront l'action des « plombiers » que sont encore aujourd'hui les chirurgiens cardiaques. Trois domaines dans lesquels résident l'avenir et ses espoirs.

La prévention doit être axée sur la maladie athéromateuse, l'athérome étant ce dépôt de cholestérol qui bouche les artères coronaires. Prévention aussi en ce qui concerne le rhumatisme articulaire aigu, une angine qui, non soignée, peut entraîner de terribles lésions valvulaires. Si, dans nos pays riches, cette maladie a quasiment disparu, elle fait encore d'énormes ravages dans les pays en voie de développement ; le tiers des enfants de Mécénat sont opérés pour cela. Quant aux anomalies congénitales, les progrès de la génétique devraient permettre, à plus long terme, de mieux les connaître et, peut-être, de les prévenir.

Dans les biotechnologies, le souhait de Francine est que l'on puisse améliorer la qualité des prothèses aujourd'hui implantées dans ou contre le cœur. Actuellement, elles restent imparfaites, peuvent s'abîmer et, bien sûr, elles ne grandissent pas lorsqu'elles sont implantées chez des petits. « Comme je l'explique souvent aux parents qui s'inquiètent de la nécessité de plusieurs interventions, je ne possède pas, et nous n'avons pas encore inventé, la prothèse “ Babygro ” qui pourrait grandir avec l'enfant. »

Reste la recherche dite « fondamentale » qui, selon Francine, aura encore longtemps besoin de la main du chirurgien pour s'adresser aux malades. Prenons le cas, fascinant et prometteur, du traitement du muscle cardiaque défaillant. La plomberie, les chirurgiens savent faire : il faut juste, pour que tout fonctionne bien, améliorer les pièces détachées ; mais lorsque la pompe elle-même, c'est-à-dire le muscle cardiaque, est atteinte, les chirurgiens sont assez démunis. Et c'est là qu'intervient la science.

Si les transplantations ont sauvé des vies, il reste qu'il faut attendre la mort d'un être humain pour la survie d'un autre ; ce qui, on en conviendra, est loin d'être la solution idéale. Alors, les chercheurs tentent de mettre au point différentes pratiques. Il y a tout d'abord le remplacement du cœur humain par un cœur animal (singe, porc...) : c'est ce qu'on appelle la xénogreffe. Malheureusement, le rejet est foudroyant et, aujourd'hui, les équipes travaillent d'arrache-pied sur ce problème.

Puis, il y a le cœur artificiel, un sujet toujours à l'étude, mais qui coûte cher et reste difficile à mettre en place. « Ce n'est pas pour demain, peut-être pour après-demain. »

Il y a aussi ces nouvelles techniques dont on parle beaucoup et qui paraissent, à nombre de chirurgiens, très séduisantes, comme traiter le propre cœur malade du patient, en lui permettant de régénérer ou créer de nouvelles cellules qui viendront renforcer ou remplacer celles qui sont défaillantes. Comme l'ensemble du milieu médical, Francine oriente aujourd'hui ses espoirs vers la thérapie génique et la thérapie cellulaire, des techniques complexes qui commencent à donner des résultats chez l'animal mais n'ont pas encore été expérimentées chez l'homme.

« La recherche, conclut-elle, c'est du travail, de la persévérance, de la connaissance, du hasard aussi, mais comme le disait Pasteur : “ Le hasard ne favorise que les esprits préparés. ” » Elle souhaite à l'avenir que l'on cesse de raconter n'importe quoi, en pratiquant trop la « vulgarisation médiatique » qui induit en erreur, et peut faire tomber le malade et ses proches dans des espoirs inhumains : « Il faut cesser de dire des bêtises pour ensuite laisser les gens démêler le vrai du faux. Prenons un exemple : on a laissé croire à la population que la chirurgie fœtale cardiaque existait; or, c'est faux, totalement faux, elle n'existe pas. C'est comme lorsqu'on parle des robots en chirurgie : on se croirait dans *La Guerre des étoiles* ! Il est malhonnête de dire aujourd'hui que l'on peut correctement, et avec sécurité, réaliser une chirurgie cardiaque à l'aide d'un robot. Peut-être que, demain, certaines opérations seront au point, dans des domaines précis et limités. On pourra peut-être coudre quelques coronaires. Alors, la robotique, oui, mais à condition qu'elle soit pratiquée par des jeunes qui en font leur spécialité, qui s'entraînent, qui se forment sur des animaux, et non pas, comme aujourd'hui, par des gens qui n'ont aucun entraînement et la pratiquent directement sur l'homme. Moi, je ne me ferais pas opérer par un robot, et je considère qu'il ne faut pas appliquer aux autres ce que l'on ne voudrait pas pour soi-même ni pour ses proches. »

Tout cela, c'est pour l'avenir de la chirurgie cardiaque. Mais son avenir à elle, Francine Leca, quel est-il ?

Loin de tenir en un seul mot, il y en a toutefois un qui, sans dessiner son futur, en donne la teinte. Ce mot fait partie de ceux qui fâchent, qu'elle a du mal à prononcer et qui, si on lui demandait de revisiter la langue française, serait sûrement celui qu'elle bannirait le premier. Un mot qui, pour elle, ne veut rien dire, et contre lequel elle se bat.

« On me demande souvent d'évoquer mon avenir, et l'on utilise toujours le même terme : la *retraite*. On me parle de jardin, et de planter des tomates, et après, on s'étonne que je ne veuille pas répondre à la question : " Madame, demain, lorsque vous serez en retraite, que se passera-t-il ? "

D'abord, ce n'est pas demain. Tant que j'en aurai la force, je continuerai à mettre un pied devant l'autre. Comme l'artisan que je suis, je continuerai à opérer tant que ma main ne tremblera pas. Je préfère soigner un cœur que de jouer au golf – et pourtant j'aime ça ! – ou d'aller en Chine.

On me demande aussi si j'ai des regrets. Je parlerai plutôt d'un petit remords : j'aurais pu mieux entourer mes enfants, gagner plus d'argent pour les aider davantage, donner plus de temps aux êtres chers qui me supportent avec amour et indulgence. J'aurais pu...

Peut-être que demain, je changerai d'avis. Pourquoi voulez-vous absolument un programme ?

Professeur Leca, chirurgien du cœur

J'ai toujours aimé cette phrase de Scarlett O'Hara dans *Autant en emporte le vent* : " Demain est un autre jour. " Ce qui est sûr, comme le disait mon père, c'est qu'il faut un jour savoir quitter la table. Moi, j'ajoute : mais qu'est-ce que c'est dur lorsqu'on a encore faim ! »

Epilogue

L'opération de Nicolas s'est très bien déroulée, il a repris le chemin de l'école et se porte bien.

Lucas et Théo sont guéris. Ils ont quitté l'hôpital et sont retournés dans leurs familles.

Qatham est arrivé en France le 20 janvier 2003. Atteint d'une tétralogie de Fallot, il a été opéré le 31. Après vingt-quatre heures en réanimation, il a passé une semaine au château des Côtes. Qatham est guéri, et si la guerre n'a pas éclaté, il repartira dans son pays, en Irak, début mars.

L'arrivée de Huda et Ibrahim est, elle aussi, suspendue à cette guerre. Ils sont attendus à Paris le 3 mars et devraient, en principe, être opérés les 10 et 11 du même mois.

En ce qui concerne Mehdi, la décision de Francine a été arrêtée : il sera réopéré et son arrivée en France est prévue pour le mois d'août 2003. Nadine et Eugène Bondy l'attendent.

Mécénat-Chirurgie cardiaque-Enfants du monde

Adresse postale :
Mécénat-Chirurgie cardiaque-Enfants du monde
Service du Pr Leca
Hôpital Necker-Enfants Malades
149, rue de Sèvres
75015 Paris

Information médicales :
01.44.38.18.64

Informations familles d'accueil :
01.44.49.52.54

Informations donateurs, mécènes, partenaires, manifestations et événements :
33, rue Saint-Augustin
75002 Paris
01.49.24.02.02

Site internet :
www.mecenat-cardiaque.org

E-mail :
Info@mecenat-cardiaque.org

Table

Cet ouvrage a été réalisé par

FIRMIN DIDOT

GROUPE CPI

Mesnil-sur-l'Estrée

pour le compte des Editions Anne Carrière
104, bd Saint-Germain 75006 Paris
en février 2003

Imprimé en France
Dépôt légal : mars 2003
N° d'édition : 258 – N° d'impression : 62671